人力资源管理 从入门到精通必备丛书

培训管理
从入门到精通

马成功　梁若冰　鲍洪晶　著

清华大学出版社

北　京

内 容 简 介

如何进行战略性人才培养及储备？如何提高员工岗位胜任力？如何通过培训促进经营目标达成以及绩效提升？如何萃取与沉淀组织智慧？如何建立培训体系？如何创建企业大学？这些都是培训管理者开展培训管理工作时要思考的问题。本书从培训师、培训经理、企业大学管理者的工作职责、工作内容、职业能力及工作中的各种实际问题出发，为读者提供全方位的培训管理方案。

本书从实战角度出发，是一本指导培训管理有效实施的工具书；本书有一定的理论深度，能让读者洞悉培训管理工作的本质。本书分为入门篇、提升篇、精通篇三大部分。入门篇主要介绍作为企业培训师，应该如何开展课程培训需求调研、课程研发、授课、课程效果评估等工作，不断自我修炼和提升专业水平，胜任并卓越地完成工作；提升篇主要介绍作为培训经理，应该如何思考和规划部门工作，达成个人绩效目标的同时带领部门达成企业内部人才培养目标；精通篇主要介绍企业大学如何创建与运营，我们将这些年运作企业大学的经验总结并呈现出来，希望能给后来者一些帮助。

本书可作为人力资源从业人员、培训从业人员的学习用书，也可作为企业各级管理者的借鉴资料，还可作为企业培训师、管理咨询师以及高校相关管理专业本科生和MBA的参考用书。

本书封面贴有清华大学出版社防伪标签，无标签者不得销售。
版权所有，侵权必究。举报：010-62782989，beiqinquan@tup.tsinghua.edu.cn。

图书在版编目(CIP)数据

培训管理从入门到精通 / 马成功，梁若冰，鲍洪晶 著. —北京：清华大学出版社，2019（2022.6重印）
（人力资源管理从入门到精通必备丛书）
ISBN 978-7-302-53490-7

Ⅰ. ①培… Ⅱ. ①马… ②梁… ③鲍… Ⅲ. ①企业管理—职工培训 Ⅳ. ①F272.92

中国版本图书馆 CIP 数据核字(2019)第 179548 号

责任编辑：施 猛
封面设计：李志伟
版式设计：方加青
责任校对：牛艳敏
责任印制：朱雨萌

出版发行：清华大学出版社
网　　址：http://www.tup.com.cn，http://www.wqbook.com
地　　址：北京清华大学学研大厦A座　　邮　编：100084
社 总 机：010-83470000　　邮　购：010-62786544
投稿与读者服务：010-62776969，c-service@tup.tsinghua.edu.cn
质 量 反 馈：010-62772015，zhiliang@tup.tsinghua.edu.cn

印 装 者：三河市铭诚印务有限公司
经　　销：全国新华书店
开　　本：185mm×260mm　　印　张：19　　字　数：338千字
版　　次：2019 年 9 月第 1 版　　印　次：2022 年 6 月第 6 次印刷
定　　价：59.80元

产品编号：078240-01

人力资源管理从入门到精通必备丛书

编写委员会

■ **潘平**(丛书首席顾问，负责编写《上承战略 下接人才——人力资源管理高端视野》)

硕士，高级经济师，资深人力资源专家，高级人力资源管理师，中国机械工业企业人力资源管理研究会理事会副理事长，北京国际人才交流协会常务理事，中国十大创新型汽车企业人力资源总监，对外经济贸易大学等高校导师，现任北汽福田汽车股份有限公司总经理助理兼人力资源本部本部长。二十多年来一直从事企业管理、人力资源管理相关工作，在人力资源战略、集团化人力资源管控、人才发展、绩效与薪酬等方面拥有丰富的管理实践经验，对人力资源管理前沿有较深入的研究，并在多家期刊报纸上发表相关文章，其管理成果多次在北京市企业管理创新成果评选中获一等奖。

■ **贺清君**(丛书主编，负责编写《招聘管理从入门到精通》)

工学学士，管理学硕士，吉林松原人，北京市社会保障信息系统指标体系与数据结构标准起草专家组成员。多年来在国企、民企、外企和上市公司担任人力资源总监职务。擅长公司治理架构、组织结构设计、人力资源管控体系构建、激励与绩效管理、薪酬管理以及人才培养体系构建，具有多年人力资源工作管理经验，曾接受《环球人物》和《企业观察报》等多家媒体采访，实战派人力资源管理专家，是畅销书《企业人力资源管理全程实务操作》《人力资源常见管理问题解决方案及风险防范》和《绩效考核与薪酬激励整体解决方案》的作者。

■ **胡劲松**(负责编写《绩效管理从入门到精通》)

工学学士，管理学硕士，实战派人力资源专家，曾就职于中国海洋石油总公司、华为技术有限公司，现任网秦移动集团人力行政高级总监。擅长公司研发管理、公司治理架构、研发流程设计、组织结构设计、人力资源管控体系建立、激励与绩效管理、薪酬管理以及人才培养体系构建。在华为十余年工作期间，历任培训经理、终端研发分部部长、人力资源总监等职位，曾从零起步协同打造全球排名前三的智能移动终端研发团队，具有业务管理和人力资源管理的复合经验，早年曾在《中外管理》《中国石油月刊》等多家媒体从事记者、编辑工作，发表多篇重要文章，并与著名管理科学家杨沛霆合著《科技技术是第一生产力》等书。

■ **闫轶卿**(负责编写《薪酬管理从入门到精通》)

毕业于北京大学，获经济学硕士学位，后就读于北京大学人力资源总监班，曾在北大青鸟集团、博雅软件集团担任高级管理职务，具有十多年现代企业中高层管理经验及人力资源管理工作经验，对现代企业管理理论及人力资源管理理论有深入的研究，并在多年的工作中结合实践经验不断积累、不断总结，尤其在企业人力资源管理中的招聘、薪酬福利、人才培养及企业发展变化中的管理体系建设方面有独到的见解。

■ **张银昆**(负责编写《员工管理从入门到精通》)

劳动经济学学士，人力资源管理在职研究生，MBA，在国企、民企、外企有近二十年的HR从业经历，积累了丰富的HR实战经验，现为北京合纵科技股份有限公司人力资源副总裁，并担任中关村人才协会人力资源委员会主席，善于发现企业人力资源管理存在的本质问题，能根据企业的战略和实际情况提出有针对性的解决方案并推动实施，在人力资源战略、组织发展、人才培养、招聘、绩效体系等方面有深入的研究，在《人力资源》《职场》《HR经理人》《管理@人》等专业杂志和中国人力资源开发网上发表文章多篇，部分文章被广泛转载。

■ **马成功**(负责编写《培训管理从入门到精通》)

现任谷仓学院总顾问，近20年的工作都致力于帮助组织打造人才发展环境以及助推人才在组织中的成长和成功，曾任京东大学执行校长，万达学院培训发展总经理。

中国(北京)电商人才促进中心发起人之一，中国企业大学联席会委员，中国管理科学研究院学术委员会智库专家。曾获得《培训》杂志2014年度颁发的"十年贡献奖——最受欢迎演讲嘉宾"，《商业评论》年度"最佳管理行动奖"以及中国企业大学联盟2014年度"十佳企业大学校长"。

代表作有《重新定义组织：用户如何与企业联盟》和《构建学习生态》。其中，《重新定义组织：用户如何与企业联盟》深入剖析如何打破组织禁锢、激活组织创新能力，被誉为"深度解读并重构企业组织模式的方法论读本"。

■ **杨岗松**(负责编写《岗位分析和评价从入门到精通》)

工商企业管理本科，工程硕士，二十年人力资源从业经历，曾在机械制造、互联网、电子商务、媒体等领域的国企、民企和外企公司服务，现任全球最大的母婴垂直网站"宝宝树"(www.babaytree.com)人力资源副总裁，具有全面统筹规划公司人力资源战略和人力资源管理平台运营的能力，在企业战略、商业策略、组织发展与组织诊断、人力资源管理和文化变革、领导力发展、人力资本开发等方面具有丰富的实战经验，擅长组织架构设计以及以任职资格管理系统为基础的人力资源体系的建设，典型的实战派人力资源管理专家，曾发表《企业薪酬管理与激励机制的研究》《某电力企业内控管理系统设计与实施》《物联网技术综述》等论文和科普文章。

■ **于丽萍**(负责编写《企业人力资源全程法律顾问》)

工学学士、法律硕士，北京诵盈律师事务所合伙人，中华全国律师协会会员，北京市律师协会会员，从业8年，常年担任企业法律顾问，主要业务涉及企业人事用工风险防范与争议解决、企业改制、股权激励等与公司法相关的以及经济合同纠纷等领域，曾为奇正藏药集团、周林频谱、小豆餐饮集团等企业提供人力资源与劳动关系处理或法律顾问服务，熟悉人力资源法律法规及办案规则，尤其是在企业高管解聘谈判及裁员方案策划、员工薪酬制定及股权激励设计、员工关系管理以及劳动争议案件的处理等方面，积累了丰富的执业经验。擅长办理各类复杂、疑难的劳动仲裁和诉讼案件，能凭借专业优势为客户提供最优的应诉方案，切实维护客户的正当权益。

实战派丛书助推企业人力资源管理更上一层楼

欣闻一套由企业高层人力资源管理工作者编写的实战派丛书——"人力资源管理从入门到精通必备丛书"即将在清华大学出版社出版,借此机会表示衷心祝贺!

在经济全球化的今天,各个国家、地区和企业间的竞争不再单独依靠物质资本投资和规模经济等传统方法,而是通过加大人力资本投资,改善人力资源管理水平,从而推动创新,这已成为提高企业竞争力的制胜法宝。

近些年来,企业人力资源管理地位日趋上升,强调工作地点的人和事相匹配,重视员工的培训与开发,建立科学的绩效管理制度等,已成为企业管理的普遍现象。这也迫使人力资源工作者不断学习新理念、新方法、新思路,客观上也促进了近些年人力资源管理领域各种图书的热销。

本套丛书具备与其他人力资源管理丛书完全不同的特点和优势,其中最大的特点和优势,是作者都是目前在职的大企业人力资源总监或人力资源副总裁(《企业人力资源全程法律顾问》作者为资深律师)。他们所推崇的理念、思路、方法代表了国内人力资源管理实践发展的最新进展。书中,各位高管分岗位、分职位对人力资源管理知识体系和管理体系进行梳理,整套丛书内容丰富、体系完整、易于理解、操作性强。

我国企业人力资源管理正在经历一个不断发展和进步的过程。20世纪80年代,我国逐步引进了国外先进的管理思想和技术,处于"跟着做"的阶段;20世纪90年代,国内学者和管理实践者逐步将国外先进的管理思想和技术与我国国情相结合,发展出适合我国企业的管理方法和管理体系,处于"接着做"的阶段;进入21世纪,我国企业家已能将这些先进的管理思想与我国传统文化融会贯通,创造性地应用于企业管理实践,助推我国企业不断做大做强,以华为、联想、海尔为代表的中国企业的崛起,让许多跨国竞争对手折服,可以毫不夸张地说,在某些方面我们已经处于"领着做"的阶段了。

本套丛书的作者来自各行各业,有传统制造业的,有高新技术企业的,有服务行业的,具有很强的代表性。如此多的在职大企业高管齐聚一堂,共同撰写体系如此齐全的人力资源管理实战派丛书,殊为不易!无论对于我国企业人力资源管理实践工作者,还是高校人力资源管理及其相关专业的本科生和研究生,乃至于各高校从事人力资源管理教学的教师群体来说，这套丛书都是一套非常有价值的参考读物！

　　管理的最高境界是做到知行合一以及科学与艺术的有机统一。作为人力资源管理者，必须站在企业人力资源管理战略的高度，具备审视全局的视角，完美阐述人力资源各个模块的精髓，针对企业常见的管理难题提出系统化解决方案。在清华大学出版社出版的这套丛书中，我非常欣慰地看到了这一点。

　　衷心祝愿本套丛书的出版能对我国企业人力资源管理实践和理论的发展产生更大的推动作用！

中国人民大学劳动人事学院教授、博士生导师　曾湘泉

人力资源进入实战派管理新时代

由清华大学出版社出版的由企业HR实战派人士编写的系列图书——"人力资源管理从入门到精通必备丛书"即将面世,本人非常高兴。

这套丛书主要由企业人力资源总监或人力资源副总裁级别人士编写。这些作者至今仍然奋战在企业管理第一线,写作素材来自多年的企业管理实践。由于这套丛书的内容与企业管理零距离接触,让读者读完就能懂,拿来就能用,具有极强的可操作性。

本套丛书有以下5个非常明显的特点,值得人力资源从业者学习和借鉴。

(1) 注重体系完整性。本套丛书从企业战略和人力资源管理战略的高度审视各个模块的相互联系,每个模块都有非常完整的体系性设计,让读者能从企业经营的整体视角去理解人力资源管理各个模块的内容,让读者"既见树木,又见森林"。

(2) 实例及素材丰富。本套丛书提供了丰富的操作实例和表单模板。这些制度、合同、方案、表单等对于人力资源新手来说是非常有用的,他们可以将这些素材直接或略加修改运用到工作中,能够节省很多时间,也能够提高相关工作的科学性。

(3) 注重实践和可操作性。本套丛书的作者都是企业一线的高级管理人员,他们对企业人力资源的运作流程十分熟悉,了解各项工作的难点。因此,通过本套丛书学习人力资源管理,就像跟人力资源老手学习,书中会直接告诉你怎么做才是最好的,针对企业的实际情况如何作出取舍,非常有利于工作的顺利开展。

(4) 分享了很多管理经验。本套丛书的作者大都在这个职业上奋斗了十年以上,管理经验十分丰富,在系统介绍每个模块操作方法的同时,又通过"管理经验分享"或"小贴士"的方式对一些工作中的难点进行分析,为读者提供了很多行之有效的工作方法,对于提高读者的工作效率是非常有帮助的。

(5) 全面融入企业最先进管理实践。本套丛书很多作者来自各行业的领军企业,他们中很多人从基层的人事助理一步一步做到人力资源高管,经历过各种管理改革和创新,能将这些最先进的经验和做法传授给广大读者。

在有些人看来,人力资源管理的工作并不难,但很多人力资源老手还是无法独立胜任人力资源主管的全部工作,他可能只会做一些发工资、招聘之类的简单工作。如果上级领导要他拿出一个招聘或考核方案，他就拿不出来了。本套丛书提供了这种思路，让基层人员认识到自己的差距和改进之路在哪里。人力资源主管会做什么？人力资源总监会做什么？策略如何制定？制度如何影响员工？这些内容看似简单，要想成功运用却并非易事。

"学而不思则罔，思而不学则殆。"读者在学习与借鉴的过程中，要善于举一反三，将这些实操方法与自己企业的实际情况相结合。不同行业的企业，不同规模的企业，不同企业文化的企业，不同劳动者素质的企业，所能采取的人力资源管理方法是截然不同的。例如，高新技术企业与传统制造企业，其所采取的招聘策略、薪酬策略、绩效考核策略等，都是完全不同的。令人欣慰的是，读者从这套丛书中，都可以找到适合自己企业的相应方法，但要想成功运用，还要多下功夫，仔细区分不同方法的适用范围及其达成的效果。

俗话说"读万卷书不如行万里路，行万里路不如阅人无数，阅人无数不如名师指路"，这套丛书为HR管理者提供了解决实际问题的途径和方法，能提升人力资源从业者的实战能力。还有一句俗语说得好"师傅领进门，修行靠个人。"这是告诫我们，有好的老师，有好的图书，是否能在人力资源这个职业上有所成就，就看读者的个人悟性与努力了！

相信本套丛书必将成为HR从业者的良师益友和案头宝典！

腾讯集团高级副总裁　奚丹

企业人力资源管理只有接地气才能体现核心价值

非常高兴能为这套"人力资源管理从入门到精通必备丛书"作序,对于这套完全由企业人力资源总监或人力资源副总裁级别的高端人力资源管理人士编写的、系统性极强的人力资源专著的问世,我由衷地表示祝贺!

作为市面上第一套由企业HR"实战派"编写的丛书,其最大特色就是丛书的定位非常鲜明:读完就能懂、拿来就能用,图书内容具有实用性和可操作性,既有对具体工作方法的介绍,又有详细的整体方案设计和配套落地工具。

目前,市面上的人力资源管理图书基本上都以阐述比较老套的传统管理理论为主,缺乏对入门者、主管、经理以及高级招聘管理人员围绕职业生涯路线的业务知识的系统化指导。本套丛书全面覆盖人力资源管理最经典的管理模块,包括招聘管理、绩效管理、薪酬管理、培训管理、员工管理、岗位分析与评价以及企业人力资源法律事务,覆盖了企业人力资源管理各个维度,相信这套丛书一定能拓宽企业管理者的视野。

作为"实战派"专家,本套丛书的各位作者对企业人力资源管理的业务和流程非常熟悉,因此才能分岗位、分职位对企业人力资源管理的相关业务进行梳理,使读者通过每一本书都能清晰地看到人力资源从业者的职业发展路径——职员、主管、总监,明白自己在各种职位、各种岗位所应掌握的知识和能力,也为各企业针对人力资源部员工进行培训提供了岗对岗、职位对职位的优秀培训体系,开创了人力资源管理"实战派"图书的先河。

本套丛书的作者可谓精挑细选,全部为具有硕士研究生以上学历、人力资源总监以上职位(《企业人力资源全程法律顾问》作者为资深律师)、从事人力资源工作从基层起步一步一步走上企业高管职位的专业人士,每个作者至少具备10年以上工作经验并且都任职于著名大型企业,而且都是热衷社会公益事业的人士……这些典型的特点,让这套丛书更加富有内涵。

本套丛书作者经过十多年的企业人力资源职场历练和磨砺,对人力资源乃至企业各种疑难问题的解决可谓举重若轻,身经百战依然奋斗在企业人力资源管理的第一线,每位作者都担得起"人力资源实战派管理专家"的美誉。能为本套丛书作序,我深感荣幸。

企业要寻求发展，在企业管理方面任何先进的理论只能起指导作用，理论最终要归于实践的本源并为实践服务。本套丛书将万事回归本源、复杂问题简单化处理，是一套非常接地气的专著，绝大多数的企业人力资源管理难题，都能从本套丛书中找到相应的解决方案。

企业人力资源管理是科学更是艺术，管理实践必须接地气，与企业管理实践实现零距离接触，只有这样才真正具有价值。近年来，无论校企合作还是高校教师深入企业研究管理课题，无不深刻地推进企业管理理论和实践的紧密融合，因此，这套实战性的管理专著定能引起管理者的共鸣！

市面上人力资源管理图书很多，本套丛书却独具特色。它完全由企业实战派人士编写，其中，每本书中的思想光辉、核心理念、丰富的管理流程、超级实用的管理工具，都让这套丛书阐述的管理理念零距离接近企业管理实践，这些先进的管理理念都是难能可贵的创新。

本套丛书汇集了企业人力资源管理实践的精华，它紧密结合企业管理实践，提炼出很多有价值的管理经典，为人力资源从业者提供了实实在在的指南。丛书内容不仅适合企业中高层管理者、人力资源从业者学习，也适合高校教师、大学生零距离研究企业人力资源管理实践，是绝佳的学习资料。

再次祝贺本套丛书全新问世！

是为序。

北大纵横管理咨询集团创始人　王璞

我在培训管理岗位18年的成长与收获

我的职场足迹：

2000—2003年，神州数码(中国)有限公司(以下简称"神州数码")培训部：从培训专员到培训主管；

2004—2010年，李宁体育用品有限公司(以下简称"李宁")学习发展中心：从培训专业经理到培训高级经理；

2011—2013年，大连万达地产有限公司(以下简称"万达")学院教学部总经理；

2013—2015年，京东集团(以下简称"京东")大学执行校长；

2015—2017年，乐视控股有限公司(以下简称"乐视")培训中心总经理。

2000年，我毕业于中科院心理所的工业与组织心理学(IO Psychology)专业，毕业前到联想科技实习，负责绩效管理工作。当公司改名为"神州数码"后，我开始从事培训工作，正式开启了培训领域的职业生涯。

在神州数码："入模子"培训，在培训发展的路上启程

自2000年进入神州数码，我从新员工"入模子"培训项目做起，做了近四年时间，前三年负责员工"入模子"培训，最后一年负责经理"入模子"培训。这是因为当时柳传志要求来自不同背景的人进入联想体系，必须遵循斯巴达克方阵，要有统一的文化理念和工作方式，旨在形成公司的强文化凝聚力。

在神州数码四年的工作实践中，我结合管理心理学和领导力学，研究和总结出一些让不同的人在培训中发生变化的方法，包括如何提升职业素养、领导力和团队意识等。比如，当时设计了"入模子"培训的四个阶段。

第一个阶段：开头打压。很多新员工为自己能够加入神州数码而感到自豪，所以在开场时我们会用一个小活动让大家意识到其实个人最优并不等于团队最优。这样就能帮助大家从培训开始就有一个空杯的心态，从而快速进入学习状态。

第二个阶段：分组PK。在培训中我们设置了各种各样的竞赛活动，每个小组成员都会努力争取为小组加分。有的人为了争分甚至会互相告黑状，或是质疑游戏评分规则。当达到这种程度时，有很多培训官会有点恐慌，觉得不好控制。我倒觉得这对于"入模子"培训来说是非常好的，因为这说明大家已经开始把自己的所有能量投入培训中。

第三个阶段：跨组融合。当小组之间的竞争发展到恶性竞争时，我们微调了游戏规则，增加了一些新做法，让每个人跳出本组去欣赏其他组，能看到并说出他人的好处就可以获得加分。这时，大家从竞争关系变成合作、包容、欣赏的关系，展现出友爱和力量，逐渐地融合在一起。通过这个环节，每个人都能更深刻地理解联想的文化——"跳出画面看画"，能够跳出自己的视角、小组的视角、部门的视角，站到更广阔的企业视角、行业视角来看待问题。

第四个阶段：淬火出营。这个方法是我结合"入模子"培训所做的创新，后来被沿用下来。淬火，就是钢打完之后趁热浇一盆凉水，这样打出来的钢才更加坚韧，我把这个环节称为"泼冷水"环节。设置这个环节是为了让大家知道现在的美好状况可能是短暂的，在真实的商业环境中可能并非所有人都能这么关爱你、帮助你。之前有些优秀的毕业生在工作过程中扛不住压力，或是碰到一些底线问题没处理好就"阵亡"了，或是中途离开，或是碌碌无为……这样做可以让他们知道如何在残酷的现实面前把握好自己，如何在真实的环境中做好自己，并慢慢影响别人。

在三天两夜、四个阶段的"入模子"培训过程中，我们几乎把当时能用到的所有培训手段都用上了，确实为当时的神州数码的快速成长奠定了坚实的基础。

另外，神州数码对培训预算和引进项目很重视，所以，那些年我们几乎把行业里能接触到的优秀课程和资源都引进来了，而在那个阶段我们自身的学习成长速度也很快。当时，公司想把我们培养成顾问级讲师，专门请了西门子管理学院(SMI)来做了四天的TCCE认证培训。这次培训于我而言，最大的收获就是开阔了眼界。

通过这四年扎扎实实的"入模子"培训工作，我逐渐发现了培训的真正价值，并且收获了在培训这一专业领域快速成长的能力。

在李宁：塑造培训品牌，让培训融入企业文化

当我看到培训在塑造与改变员工方面的价值和在促进公司发展方面的价值，就越来越喜欢培训。只有发自内心的热爱，才能走得越来越坚定、越来越执着。

2004年，我离开神州数码去了李宁，这一做就是七年。刚去时担任培训专业经理，主管级，离开时是培训高级经理。在此期间，我完整地搭建了一个类似企业大学的部门，当时称学习发展中心(Learning Development Center)，包含培训和文化两个模块。培训关注的是企业让员工学什么，而学习发展中心关注的是每个员工自己想学什么。所以，2004年我在李宁工作时，就已经开始应用"要我学VS我要学"的逻辑了。

用产品化思维做培训

我在李宁的那七年，公司的营业额从20多亿元一直增加到近百亿元，在传统零售行业内画了一条非常漂亮的曲线。在李宁的第一年我有些被动，毕竟公司文化不同，领导也变了，我原来擅长的事情在新环境中也不一定被认可，或者施展不出来。幸好当时的领导很包容，虽然批评我，但也信任我。有一件事令我非常难忘：第一年公司给部门的培训预算是400万元，最后花了270万元；第二年我们向公司申请350万~400万元的预算，而领导看完我们的培训规划后，直接拨了600万元的预算。看到公司对培训的重视以及对我和团队的信任后，我非常感动，体现我们整个学习发展中心价值的行动在第二年正式开始。

首先是塑造部门品牌。我们为学习发展中心设计了Logo，彰显李宁学习发展中心的品牌主张。借助李宁的标识"L"，用草书的"人"的形状作为标识，既代表了李宁公司，又代表了"学习"和"以人为本"。

不仅如此，我还带领团队围绕部门的品牌主张，以员工的视角制作了主题为"我的学习，我的发展，我的李宁"的学习发展手册，让每位员工感受到公司对他的重视。在手册中，有CEO的寄语、整个培训课程体系、包括分层级的学习项目、激励大家不断学习的政策、内部讲师名录、游学项目等，形成一个关于培训的产品包。当我们把这本手册发给全公司五百多人后，整个学习发展中心在公司内可谓人尽皆知。

每到一家新公司，我都会把培训部、企业大学等当作一个品牌来运作，把培训课程以产品化的方式进行包装和设计，让每个员工都能够感受到公司培训部门的专业性。

另外，值得一提的是与企业文化建设有关的项目，比如公司年会，我们把它当作传递公司战略的载体。每年的年会都是我们团队负责举办的，关键是精心策划年会主题，不仅要和公司价值主张一致，而且听起来要朗朗上口。只有这样，员工才能在年会现场保持情绪高昂，从而记忆深刻。

每年年会，我们都会大力创新，采取不同的团队共创方法来做活动。2007年，我们把员工分成若干个小组，50人一组，让各组在现场用半小时的时间来画一幅主题为"2008年的李宁"的油画，画出自己部门的未来愿景。等大家画完展示后，效果令人震撼，每一组都非常有创意。后来，我们将那些作品挂在公司地下室的墙上。这样的团队共创形式，不仅让每个人都有参与感，而且非常有成就感。还有一年，我们让大家用"荣耀与遗憾"来做一年的总结。员工被分成若干组，我们部门内部事先培训了一批人员，让他们到各个组里带领大家去做过去一年的回顾和对来年的展望。先回顾自己去年感觉荣耀和遗憾的地方，写出来用磁片贴到墙上，再以部门为中心谈一下新年里最想做的三件事情。大家做完之后，都很兴奋地拍了照片。我们当天晚上就把所有讨论的内容梳理成册，按照顺序分部门整理，然后找印刷厂连夜印刷出来，放在大家的座位上。第二天早晨大家走进会场，发现这本智慧分享的小册子，都感觉特别开心。通过这样团队协作方式，公司内部形成了很强的凝聚力。

在万达学院：做有用的培训，进行动态知识萃取与管理

2011年，我离开李宁公司去了大连万达集团。

当时，大连万达集团(以下简称万达)准备成立万达学院，在廊坊买了两百亩地，配备了宿舍、食堂、足球场、游泳馆等各种设施，拟建成一座实体企业大学。每年会有五千多名管理干部在万达学院轮番做封闭式培训。

作为万达学院的建设者之一，从房屋建设、教室建设，到课程体系搭建、第一个培训班的开设和运营，我全程参与。

万达对管理人员的培养方式与很多公司都不一样，这开阔了我看待培训的视角。"万达之道"其实是通过灵魂的触及，来推动每个人去思考要用什么样的方式工作和生活。万达学院的校训是"有用"，院长由业务出身的总裁陈平担任，他要求做人才培训必须能直接产生价值，即带来业绩的变化。

万达的核心人才都是从外面招聘来的，入职后需要通过培训让他们了解万达的文化和语言，从而更快地融入团队，产生绩效。在万达，最受欢迎的是业务类课程，所以我们精心设计了很多与业务相关的学习活动。在学习活动中，让每个学员都把自己的问题抛出来，让大家投票。同时，每个人再给其他人的问题作答，再进行投票。学员也可以小组为单位把工作中让他们最头疼的问题提出来，向其他人求助，大家一起出谋划策。通过这样的方式，让团队成员之间实现智慧共享，共同成长。

因此，在万达，培训更像一个知识萃取的过程。拥有经验的管理者把他们的困惑、好的想法，以文字、音/视频的形式呈现，纳入万达内部的知识系统，供更多人学习，以便大家可以"踩在巨人的肩膀上"往前走。

培训部的工作不单是设计和运营培训课程，还要帮助公司把最鲜活的知识萃取出来，形成文字或音/视频，放在一个共享的平台上让更多人看到。让每个员工都来贡献知识，同时享有知识，在这个过程中，慢慢把组织内部的经验显化出来。显化的能量越大，个人就越离不开这个知识系统。

此时，我们的培训工作已经提升到了一个新水平——知识萃取与管理。

我在万达工作的最大收获是从行动学习等培训技术视角跳到了一个对培训而言更贴近本质的视角，即培训是否真的有用，是否有价值，是否能够帮到学员，是否能让学员的领导觉得培训有价值。

在京东大学：脚踏实地走好三阶段

从2012年开始，实体经济受到了互联网的巨大冲击。京东作为互联网物流的领头羊，在2012年开始规模倍增。大量人员进来之后因为能力、文化、管理水平的问题，不能满足业务快速发展的需要，于是，京东高层决定成立京东大学。

我于2013年加入京东，可以说一手把京东大学从无到有建立起来。领导对我也很信任，很多工作放手让我去做。在万达操盘过企业大学体系构建的我，此时也胸有成竹，做事更加淡定从容。

第一阶段：做服务品牌

在创办和运营京东大学的过程中，我的核心管理思想其实已经形成。第一年先给我的团队定了一个小目标，就是要做服务品牌，在内部通过服务帮助很多部门、很多人，而且服务者要保持谦卑心态，脏活、累活主动做，不争功、不求利。

当时，培训团队的很多同事不太理解这个要求，我跟他们分析了非常关键的价值所在：

一是诚恳地提供服务，能和业务部门建立良好的合作关系，甚至关系能近到让业务部门觉得欠我们，之后他们就会在很多事情上主动帮助我们。

事实证明，这种做法很有成效。京东大学当时在公司内部口碑非常好，大家都觉得京东大学的人跟别的部门不一样，服务意识特别好，从而理顺了和各部门之间的关系。加上京东大学也是掌控培训预算的部门，所以很多部门更愿意跟我们合作了。

二是我们在服务的过程中，会越来越了解这个组织。第一年，我们团队会定期去了解各部门的发展情况，看大家都在担忧和顾虑什么、擅长什么、有哪些资源，基本上把整个组织梳理了一遍，然后内部再作进一步整理。

正是这关键的两步，为京东大学开展培训工作奠定了良好的基础。

第二阶段：做精品项目

服务好客户，有了良好的群众基础，只是完成了培训价值创造的第一步。要想为公司创造战略价值，还需要用心设计一些优秀的精品项目，通过有目共睹的培训效果来证明你的价值。

所谓精品，就是与公司战略相关的培训项目。我对团队提出的要求是第二年至少要打三到五场硬仗，一定要帮公司在某个战略上做出突破，让这个战略的核心VP(ViCe President，副总裁)主动来感谢我们。做服务品牌一般是从下往上走，而做精品项目则是从上往下走，先要把相关的"老大"搞定才行。

京东大学在公司属于一级部门，能非常清楚地知道公司的战略，以及背后涉及的部门和涉及的能力成长要求。当时，我带着团队去梳理每个战略对公司高管和员工能力的新要求，再加上过去一年在服务中对组织各部门探侦式的洞察，所以很清楚地知道哪一个战略更有群众基础、更容易实现。只有基层蓄势待发，领导一声令下，大家才能干劲十足。如果缺乏群众基础，你投入的时间再多，项目也不一定有好结果，可能会受制于许多因素，比如激励机制不到位、核心人员不匹配，都可能会导致项目发展受阻。

后来，我们很快锁定了几个与战略相关的培训能力成长项目，然后与相关的业务领导谈，从上往下梳理。我印象比较深刻的是，帮助配送团队做"农村电商"这个战略。"农村电商"是京东用来制衡阿里的一个战略，因为阿里是从三四线、五六线城市发展起来的，京东是从超大一线城市发展起来的，想通过"农村电商"来跟阿里PK。

众所周知，任何一个重要的战略单靠一个副总裁(VP)推动很难完成。公司一旦指定一个VP负责一个战略，也就意味着其他VP不用负责，大家都不去配合他，那么这个战略基本上难以达成，所以这位VP当时最苦恼的就是如何让更多的高管参与到"农村电商"的战略中来。当时，正好有一个高管的培养项目还没有确定主题，所以我们和这位VP一拍即合。

经过精心策划与筹备，我们把高管们一起拉到河北的一个农村，分成几个小组，让各个组以50元的成本生活一天，同时推广我们京东的电商项目。通过近距离感受"农村电商"这一公司战略级的项目推动，他们发现了各方面的问题，体会了其中的困难所在，也意识到了自己所给予的支持与配合不够。通过这种身临其境的体验，我们把其他高管拉了进来，纷纷为这位VP建言献策、贡献资源，最终形成了一个高管整体参与的"农村电商"模式。到了年底，这个战略执行得特别好，这位VP非常感激我们，亲自给我们送来了一面锦旗。

我们团队用实践结果证明了培训工作的价值。这种价值不是别人赋予的，而是在助推公司战略落地的过程中彰显出来的。

第三个阶段：做"推手"

从第三年开始，我让团队把这些做培训的方法理清楚，通过开阅读会和年会的形式，把这些总结经验分享出来，传达到各个业务部门的培训人员手里，帮助他们去做自己部门体系内特别有价值的培训项目。这个阶段叫"推手"，即"赋能"。

为了激励他们成长，我们每个月让他们把自己做得最好的项目以PPT的形式提交上来，共享在公司的知识库里。此外，还在公司内部举办培训项目竞赛，请三个京东大学的人、三个业务端的人，一起给各地培训部门的项目打分，看谁的项目做得好。在培训项目PK中获得第一名的部门，可以给部门增加一万元预算，第二名增加六千元，第三名增加四千元。如果想在下个月反超，必须先研究一下别人做的项目。这种方式是为了让大家明白，只要在工作中创造更多价值，就可以帮助团队增加预算。通过这个阶段的助推，公司里的重点优秀学习项目数量很快从五个增加到二十多个。由此可见，分享和竞争机制对于培训团队而言，都是不错的赋能方式。

在京东大学两年半的时间，我通过这三个阶段的培训实施和运营，以及在互联网+培训方面的创新，使京东大学在公司内部获得了非常好的口碑，并体现出非凡的战略价值。

在乐视：做企业学习生态，让培训从封闭走向开放

2015年我加入乐视，当时的乐视正处于快速发展的阶段。在乐视的两年时间，我做的是企业学习生态培训。在这里最大的收获是，不再以封闭的视角看待一个组织，而是从生态的视角来看。

智慧和经验流动起来才更有价值，企业外部的用户也很有价值。所以，可以让用户参与企业内部的创新与改善，让企业内部的经验、知识流到用户那里。企业不应该与用户建立厚厚的壁垒，而要像细胞壁一样通透，让公司内外信息与知识资源不断地流动。因此，我觉得未来的培训一定要进入用户层面和供应商层面，帮助企业外部的细胞单元快速成长，从而滋养企业内部。企业的核心知识不能只在内部留存，应该不断地向组织外扩散，从而给企业存活的环境和生意伙伴都带来更多的机会。

在我的观念里，企业应该打造一个内外通透的培训部，培训部的学员不仅仅是内部的全职员工，还要考虑到企业外部的合作伙伴和潜在客户，以及现在正在服务的用户，提高他们的能力就是在帮助企业创造价值。

乐视这两年来的收获，有三个方面可以借鉴。

第一是生态的思想。不管是企业还是人的成长，都可以借鉴生物圈的特点。我刚进入乐视就发现了这一点，还专门研究了珊瑚礁、亚马逊丛林等自然界中的物种，它们的生机勃勃和环境开放的共享模式有很大关系。现在很多企业强调封闭、支持独有，其实这并不利于组织成长。

第二是"三轮驱动"。互联网公司有个核心能力叫三轮驱动，最上面的轮是老板，中间的轮是公司高管，最下面的轮是一线员工。大多数企业的情况是，老板的轮子转得非常好，另外两个轮子不能同步。那么，怎样推动另外两个轮子一起快速运转？一是相信高手在民间，即相信员工这个轮子能创造价值，给他机会，赋能给他；二是建立无边界组织，即把用户拉到企业内部参与企业的一些研发项目；三是共创空间，即让基层员工和用户不断地在一起创造新的可能性，然后在内部做孵化。

第三是塑造环境。现在我看待培训，已经不仅仅把它看成人力资源部的一个培训职能，我选择从组织发展的角度去考虑。从推动员工最大限度地释放潜能和把公司内部经验传播到公司外部等方面来帮助用户成功，同时把用户的观点和想法引入公司内部，以此打造内外通透的环境，从而营造良好的学习生态。

马成功
辛庄小院
2019年3月10日

目录

第1篇 入门篇

- 第1章 企业培训师的自我认知 ·········· 3
  - 1.1 企业培训师的职业生涯规划 ·········· 3
  - 1.2 企业培训师的核心工作内容 ·········· 6
  - 1.3 企业培训师的核心能力 ·········· 8
- 第2章 课程培训需求调研 ·········· 12
  - 2.1 确定调研对象 ·········· 12
  - 2.2 确定调研目的 ·········· 14
  - 2.3 选择调研方法 ·········· 18
  - 2.4 实施调研 ·········· 36
  - 2.5 需求调研分析 ·········· 36
- 第3章 培训课程研发 ·········· 39
  - 3.1 课程需求分析 ·········· 39
  - 3.2 确定课程标题 ·········· 39
  - 3.3 编写课程目标 ·········· 41
  - 3.4 设计课程内容 ·········· 43
  - 3.5 设计课程形式 ·········· 44
  - 3.6 开发课程资料 ·········· 53
- 第4章 培训课程讲授 ·········· 60
  - 4.1 了解成人学习特点与偏好 ·········· 60
  - 4.2 授课准备 ·········· 61
  - 4.3 开场及破冰 ·········· 62
  - 4.4 互动及控场 ·········· 63
  - 4.5 总结及回顾 ·········· 67
- 第5章 培训课程实施 ·········· 69
  - 5.1 培训前准备 ·········· 69

	5.2 培训中现场管理	80
	5.3 培训评估、总结与跟踪	83
第6章	**课程效果评估**	**87**
	6.1 课程效果评估的目的	87
	6.2 确定效果评估层次	87
	6.3 选择效果评估方法	90
	6.4 评估结果分析	93

第2篇 提升篇

第7章	**培训经理的自我认知**	**97**
	7.1 培训组织的管理模式	97
	7.2 企业培训经理的职业生涯规划	97
	7.3 企业培训经理的核心工作内容	98
	7.4 企业培训经理的角色及核心能力	99
第8章	**年度培训需求调研**	**102**
	8.1 制定培训需求调研方案	102
	8.2 确定培训需求调研目标	105
	8.3 确定培训需求调研对象	107
	8.4 选择培训需求调研方法	109
	8.5 实施培训需求调研	112
	8.6 分析培训需求调研结果	116
第9章	**培训计划管理**	**118**
	9.1 培训计划制订依据	118
	9.2 培训计划制订	119
	9.3 培训计划总结	122
	9.4 培训计划管理关键	126
第10章	**培训预算管理**	**128**
	10.1 确定培训预算编制方法	128
	10.2 确定编制科目和预算标准	129
	10.3 培训预算编制	130
	10.4 培训预算执行监控	137
	10.5 培训经费决算	138

10.6　培训预算管理关键 ··· 139

第11章　培训项目设计 ··· 141
11.1　培训项目设计原则 ··· 141
11.2　采用多元学习技术 ··· 146
11.3　培训项目设计四大要点 ··· 150

第12章　课程研发管理 ··· 156
12.1　课程研发立项 ··· 156
12.2　课程研发实施 ··· 162
12.3　课程试讲与验收 ·· 163

第13章　师资管理 ·· 167
13.1　内训师之"选" ·· 167
13.2　内训师之"用" ·· 169
13.3　内训师之"育" ·· 172
13.4　内训师之"留" ·· 173

第14章　线上系统运营 ··· 174
14.1　移动互联网对企业培训的影响 ·· 174
14.2　线上系统运营要素与培训原则 ·· 174
14.3　数字化企业教学应用案例——钉钉授客学堂 ··························· 178

第15章　培训体系建设 ··· 188
15.1　培训体系建设目标 ··· 188
15.2　培训体系建设流程 ··· 189

第3篇　精通篇

第16章　企业大学概述 ··· 199
16.1　企业大学简介 ··· 199
16.2　企业大学对于企业的意义和价值 ······································· 199
16.3　企业大学和人力资源培训部门的区别 ·································· 200

第17章　企业大学成长发展及中国企业大学实践 ····················· 202
17.1　企业大学成长发展历史 ·· 202
17.2　企业大学成长发展趋势 ·· 202
17.3　新时代企业大学的特点 ·· 205
17.4　中国企业大学实践 ··· 206

第18章 企业大学创建与运营管理 ············ 209
- 18.1 企业大学创建前期工作 ············ 209
- 18.2 选择企业大学创建方式 ············ 214
- 18.3 确定企业大学的服务对象 ············ 216
- 18.4 确定企业大学的角色定位 ············ 218
- 18.5 确定企业大学与人力资源部门的隶属关系 ············ 222
- 18.6 设计企业大学的组织架构 ············ 223
- 18.7 企业大学运营管理 ············ 229
- 18.8 企业大学成熟度评估 ············ 230

第19章 优秀企业大学实操案例分享——京东大学 ············ 232
- 19.1 京东TV ············ 232
- 19.2 灯笼模型及实施 ············ 233
- 19.3 在线学习平台建设的三个核心 ············ 237
- 19.4 对话栏目 ············ 241
- 19.5 螺丝系统LOS ············ 242

第20章 做好企业大学的经验和展望 ············ 244
- 20.1 学习新生态的五大趋势 ············ 244
- 20.2 学习搭建人性化 ············ 254
- 20.3 培训设计产品化 ············ 257
- 20.4 培训管理运营化 ············ 263
- 20.5 培训机制多样化 ············ 269

第1篇 入门篇

　　企业培训往往由一系列培训课程和学习项目构成,培训管理工作者必须做好相应的工作,体现培训工作的价值。在入门篇,我们将围绕培训课程的需求调研、研发、讲授、实施和评估来展开。这也是每一个培训管理工作者都必须掌握的基本功,只有做好这些工作才能成长为企业内部的培训师。

第1章 企业培训师的自我认知

1.1 企业培训师的职业生涯规划

1.1.1 不断精进的学习之路

所有有志于从事培训工作的人员,包括培训专员、刚毕业的新员工等,都可以先踏上培训师之路,通过努力成为企业培训师。但事实上,我们会发现,在我们身边,只有那些具备一定的工作资历与工作经验、在某些领域取得一定成绩或在主讲课程领域有一定的真知灼见的人,才能成为优秀的企业培训师。比如,有一部分培训师是从销售岗位成长起来的;有一部分培训师就是优秀的管理者,属于"管而优则讲"。

想成为培训师,需要明确自己擅长的领域,包括在该领域的经验。比如,讲授中高层管理技巧的培训师,一般应具备中高层管理经验和解决实际管理问题的能力;讲授销售技巧的培训师,应具备独特的销售经验和技巧。所以,要向职业培训师的方向发展,需要根据自身的情况,找准自己的定位,找到自己的优势深入下去,如此才能成为专家。

企业培训师由于工作的特殊性,需要持续了解更多新知识、发展趋势、前沿资讯等,适应知识和技能的不断更新,以便把所学的知识分享给更多的人,也能应对职场的竞争压力,促进职业生涯的发展。特别是在信息时代,大家了解咨询的速度更快,知识获取成本更低。因此,一个人成为企业培训师,就意味着他踏上了不断精进的学习之路,必须坚持学习。成为优秀培训师的学习方式有以下几种。

1. 多看书

培训师既要懂培训,还要懂业务和管理。这要求培训师不仅要读人力资源和培训领域的书籍,还要阅读一些业务和管理类书籍。书籍的系统性和理论性较强,有助于搭建培训师的理论体系。这里推荐8本VUCA(V: Volatility,易变性;U: Uncertainty,不确定性;C: Complexity,复杂性;A: Ambiguity,模糊性)时代管理者的必读书,培训师有时间也可以多看看,具体如图1-1所示。

图1-1　VUCA时代管理者的必读书推荐

2. 多听课

讲好课的前提是听过足够多的好课,正如俗话说"熟读唐诗三百首,不会作诗也会吟"。培训师只有听过足够多的好课,才能对好课有直观的感受。时间久了,便能获得从量变到质变的结果。那么听什么呢?我建议主要可以听三类课程:一是优选版权课,比如"高效能人士的七个习惯""情境领导""四个魔法球""行动学习""4D领导力";二是线上课程,比如"得到""樊登读书会""混沌大学""喜马拉雅""吴晓波频道"都有很多不错的课程,大家可以根据自己的需要和喜好进行选择;三是公司内部讲师的课程,可以去线下听,也可以看课程视频。

3. 多讲课

"不登高山,不知天之高也;不临深溪,不知地之厚也。"培训师应该抓住一切授课机会进行工作实践,因为精品课程是在一遍又一遍的讲授中雕琢打磨出来的。很多优秀的讲师都是从认真准备10分钟的会议演讲开始的,他或是模仿高手的演讲,或对着镜子练习,观看自己的肢体语言是否合适,或安排家人当观众反复演练。

4. 多总结

多看书、多听课、多讲课之后,还要学会多总结。只有通过总结才能逐渐摸清事物背后的发展规律,梳理出属于自己的一套方法论,从而使自己快速成长。企业培训师可以应用AAR(After Action Review,任务后复盘),在每次授课后总结发生了什么、为何发生及如何保持优点并改正缺点,从而提高课程的精彩程度,精进企业培训师的个人能力。

为了更快实现个人职业发展目标或能力发展目标，企业培训师可制订个人发展计划(Individual Development Plan，IDP)，有目标、有计划地推进个人成长。个人发展计划表如表1-1所示。

表1-1 个人发展计划(IDP)

姓名		性别		年龄		学历	
集团/区域		部门		职位		入司日期	
个人现状总结							
优势/专长								
当前不足								
目前负责的工作/项目	工作/项目名称		具体内容			工作评价(自评)	
个人发展目标							
职业发展目标								
能力发展目标								
个人发展计划							
发展方式	发展项目		具体内容		发展成果衡量标准	发展成果检验时间	
在岗成长(50%)							
自学(20%)							
人际学习(20%)							
正式培训(10%)							

1.1.2 培训师的职业发展前景

企业培训师按工作性质与职责的不同，可分为专职培训师、兼职培训师。专职培训师、兼职培训师的工作职责如表1-2所示。一般情况下，专职培训师有两条发展路径：

一是发展为职业培训师(或称为商业培训师);二是发展为培训管理岗,如培训经理、培训总监等。这两者均是不错的发展路径。兼职企业培训师很少发展为培训管理岗,一部分人员会在本职岗位上晋升为高管,另一部分人员会在工作中激发出对培训的热情而逐步成为职业培训师。

表1-2 企业培训师的类型与工作职责

培训师类型	工作性质	工作职责
专职培训师	工作岗位是培训师,专门从事企业培训工作	● 根据工作需求和实际问题编制培训规划 ● 开发培训课程、培训教材,编写培训教案并讲授,这是专职讲师主要的、核心的工作职责 ● 针对培训学员的情况,及时调整培训思路和方法,确保培训效果 ● 设计培训评估体系并组织或协助评估培训效果 ● 培训效果的整理、分析、汇总及保存
兼职培训师	培训师岗位之外的其他岗位员工兼任培训师工作,多为管理层或骨干员工	● 接受培训管理部门、培训组织者的邀请,或按领导安排,开展培训工作(讲课或开发课程等)

近些年来,人力资源管理在我国发展较快,企业对人才的重视达到了一个前所未有的高度。打造优秀人才成为企业提高竞争力的一项重要工作,培训正是在这样的基础上发展起来的。相较于国外来说,我国的培训市场起步有些晚,发展到目前还有很多不规范的地方,但也因为不规范而蕴藏着机会。

随着社会分工越来越精细化,各行各业的竞争日益加剧,企业之间已经从资金、技术的竞争,上升到知识、人才的竞争。越来越多的企业领导者意识到,企业长期发展的核心竞争力来源于员工素质的不断提升,因此对培训也越来越重视。

随着企业培训需求的不断增强,企业培训师越来越受重视,也有更广阔的发展前景。在国外,企业培训师被称为"钻石职业"。

1.2 企业培训师的核心工作内容

每个企业培训师的工作职责不同,所开展的核心工作内容也略有不同。总体来说,企业培训师的核心工作包括两类:第一类是以课程讲授为代表的组织经验及智慧的传播,第二类是以课程研发为代表的组织经验及智慧的沉淀。部分企业培训师的核心工作是作为引导师,主持结构化研讨。

1.2.1 组织经验及智慧的传播(课程讲授等)

组织经验及智慧的传播是企业培训师的核心工作内容。在这一方面,主要的工作形式是企业培训师作为课程讲师,向学员传递知识、技能以及经验,达到赋能予人的目的,这就需要讲师能够做好以下三项工作。

> 调研课程培训需求,了解培训背景、目的等。
> 设计与开发培训课程,即确定课程培训目标、分析培训内容、设计培训形式等。
> 评估培训效果,不断改进和完善培训课程和培训方式。

下面举个我在京东的实践案例。在培训中,我们给内部专家搭建了一个平台——"京东Talk",模仿TED的18分钟改变世界的演讲方式,给京东每个专家18分钟的时间,讲他的"Know How(诀窍)",如图1-2所示。为了使这个平台更加有舞台感,我们专门配备了"京东Talk"三件套,即半人高的灯箱、置于脚下的18分钟倒计时器、PPT的显示器及展板。"京东Talk"是一个很好的分享工作经验和智慧的平台,18分钟的时长对这些兼职内部讲师来说压力也不大,它推动了京东内部资源的互动和分享,而且形成了一个庞大的、鲜活的专业案例数据库。目前,这个平台已经逐渐形成了口碑,业内甚至流行这样一句话:没有在"京东Talk"上分享过案例和话题的人,就别说你是专家。

图1-2 "京东Talk"现场图

1.2.2 组织经验及智慧的沉淀(课程研发等)

在企业内部,尤其是产品技术团队,在经历多年的实践、创新和迭代后,积累了大量的经验及最佳实践,这时,便需要企业培训师队伍扛起重任,在培训管理部门的组织下,将这些组织智慧汇总、提炼,将团队绩优人员或核心骨干的"内隐知识"变成整个组织的"外显知识",把原先点状化的知识汇总形成体系,并以面试课、在线视频或文档资料等不同形式呈现。具体的沉淀方式包括课程研发、案例研发、教材编写等。

我在京东大学工作时，就定期组织业务专家封闭开发专业课程，在内部戏称为"关小黑屋"。京东为什么这么重视内部课程开发？这是因为在2013年，电商是新兴行业，即使在高校，开设的专业课程也寥寥无几，而京东的十年电商之路，为课程研发积累了大量宝贵的资源。因此，京东的专业课程基本都是内部挖潜，即由业务部门主攻课程的开发和讲授，京东大学负责组织课程开发研讨会，并设计培训流程和讲课技巧。

通常，京东的每个课程大纲和关键内容的开发只用一天，工作如此高效，一方面得益于业务部门负责人的支持，另一方面得益于课程开发的"小黑屋"效应。京东将负责不同课程开发的团队成员分别安排在不同的房间"闭关"一天，整理课程体系中的关键内容，并形成干货目录，一定要把实际运用的工具、方法讲清楚。

1.3　企业培训师的核心能力

美国"培训培训师"的先驱者、被公认为培训界的思想大师、被评为过去40年最受欢迎的培训师鲍勃·派克说过："培训师应该是一种专业职业。"那么，培训师是什么样的？应该具有哪些能力呢？

1.3.1　企业培训师的胜任力

一个好的企业培训师，需要长时间的积累和历练。在专业能力方面，企业培训师要重点打磨自己的研发能力、授课能力和咨询能力；在通用能力方面，企业培训师要重点围绕四大能力不断提升自己，即学习能力、沟通能力、组织能力和逻辑能力。企业培训师的核心能力如表1-3所示。企业培训师核心能力自评表如表1-4所示。

表1-3　企业培训师的核心能力

专业能力	研发能力	一场好的培训，不仅需要好的讲师，同样需要好的课程产品，讲师要具备课程研发能力，研发出精品课程
	授课能力	培训授课具有一定的挑战性，课堂上可能出现学员开小会甚至质疑讲师等突发状况，讲师要迅速做出应对。同时，讲授课程内容时，讲师应具备一定的感染力和影响力，以便学员更好地接受。因此，授课能力是培训师必须具备的专业能力之一
	咨询能力	好的培训师应具有一定的咨询能力，能根据培训需求挖掘培训目的并设计培训方案，保证培训效果

(续表)

通用能力	学习能力	在移动互联网高速发展的时代，新思想、新技术、新产品更迭之快，超乎我们的想象。培训课程需要保持鲜活性，即案例鲜活、理念领先，这就需要培训师不断学习，具备超强的学习能力，从而不断迭代、更新培训课程，具体包括：一是要学得快，思维敏捷、触类旁通；二是要学得勤，能接纳不同意见，融合中有创造，提炼出精华内容；三是要学得巧，有扬弃、有主次、有先后，与时俱进，通过修炼，增强"内功"，增加职业含金量，开发出应时、应市的特色课程。 此外，还可以向学员学习，在与其他学员的互动过程中获得成长
	沟通能力	课程讲解要做到条理清晰、深入浅出；讲故事要有声有色、打动人心；案例解读要一针见血、分析透彻；学员互动要关注学员反应、及时答疑解惑。这就需要培训师具有较强的沟通表达能力。好的培训师三言两语就能把复杂的事情讲清楚，课程永远那么生动。通过类比，让晦涩难懂的概念瞬间生活化，通俗到没有学历的界限。作为一个培训师，你的一言一行都代表了你的实力。在沟通过程中，你必须扮演谦虚的"专家"角色
	组织能力	当前的培训课程，往往不是培训师"一言堂"，而是要采用小组研讨、案例分析等团队学习方式，甚至运用"世界咖啡""开放空间"的引导技术，在培训课程一开始要开展破冰活动。这些都需要培训师来组织。因此，培训师的工作是非常考验组织能力的
	逻辑能力	成人学习有两个特点：一是先理解，才会记住并掌握；二是结构性的、有逻辑的内容，更容易被理解和掌握。因此，讲师要具有超强的逻辑能力，在课程开发和讲授时做到内容衔接紧密、结构清晰

表1-4　企业培训师核心能力自评表

培训师的工作职责			
培训师的工作内容			
核心能力自评			
评估指标		自评得分 (1～10分，10分最高，1分最低)	目标分值
专业能力	研发能力	1 2 3 4 5 6 7 8 9 10	
	授课能力	1 2 3 4 5 6 7 8 9 10	
	咨询能力	1 2 3 4 5 6 7 8 9 10	
通用能力	学习能力	1 2 3 4 5 6 7 8 9 10	
	沟通能力	1 2 3 4 5 6 7 8 9 10	
	组织能力	1 2 3 4 5 6 7 8 9 10	
	协调能力	1 2 3 4 5 6 7 8 9 10	

1.3.2　不同企业培训师的胜任力模型

在不同的企业中，企业培训师担负的工作职责、扮演的角色不同，所需要的胜任力也有一定差别。下面，我们通过两个案例来说明。

案例1-1 国药大学："5+1"能力画像

国药大学将企业培训师的胜任力分为专业技能和通用能力两个方面。国药大学的企业培训师胜任力模型如图1-3所示。

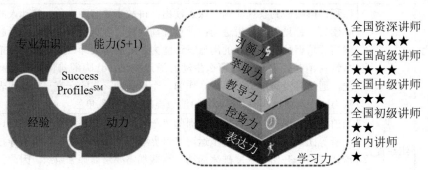

图1-3 国药大学的企业培训师胜任力模型

首先，需深入理解医药知识或某条线的专业知识，熟练掌握专业技能，并拥有良好的人际交往能力。

其次，要具有"5+1"项能力，即表达力、控场力、教导力、萃取力、引领力以及学习力。

> 表达力：按照内训师手册中对于标准课的要求，将课程演绎好。

> 控场力：在课堂中适当发挥，高效提问、互动，并能够处理一些突发情况。

> 教导力：首先，拥有教学设计能力，即针对一门课程，能够利用标准化工具进行教学活动的二次设计，兼顾授课节奏、学员注意力等方面；其次，学会利用引导工具或技术，对教学活动开展结构化研讨，并能有效把控时间。

> 萃取力：通过学习，萃取课程开发的方法论，能自主开发出标准课程或案例，且通过评审。

> 引领力：萃取新业务领域中商业运营模式的案例或标准流程，沉淀为内部可推广的资料。

五项能力之外，还有一项基础能力——学习力，即能够持续学习与复盘，及时更新自己的知识结构。

案例1-2 北汽福田:"钻石模型"

为了选拔和有针对性地培养出合适的企业培训师,北汽福田开发了新的选拔标准——"钻石讲台"企业培训师胜任力模型,如图1-4所示。

图1-4 北汽福田企业培训师胜任力的"钻石模型"

该模型注重"软硬兼施",既对硬性的工作经验和专业优势做出界定,也有软性的基本素养要求,具体包括表达力、研发力和内驱力三个部分。

➢ 表达力(外在显性基本力)。表达力是讲师的外在显性基本力,是讲师能力在讲台上的直接呈现,是第一时间被学员体验的能力。课程交付能力是主项能力,辅以讲师的知识宽幅和综合素质两项基本能力。

➢ 研发力(内在显性硬实力)。研发力是讲师的硬实力,是工作经验上升到理论高度的关键一步,研发力影响表达力。研发力包括课程研发能力、专业能力、构建主义学习力。

➢ 自驱力(内在隐性驱动力)。自驱力主要指感恩分享、激情绽放。自驱力是讲师的核心原动力,是驱动讲师积极、持续进行授课分享及课程研发的能力,以感恩之心反哺组织成长,以激情之姿分享绽放。

第2章 课程培训需求调研

课程培训需求调研就是在培训课程实施前,由企业培训师对学员领导、培训管理人员、学员等开展需求调研,了解培训背景、培训目标、培训成果及学员信息等,在此基础上研发课程或完善现有课程,以保证培训效果。

2.1 确定调研对象

2.1.1 影响课程培训效果的人员

对一门培训课程来说,关系人包括学员直接领导、学员及培训师。这三类人群在培训前、中、后三大阶段对培训效果的影响程度各有不同,按从高到低排序,对培训效果影响最大的是培训前的学员直接领导,其次是培训前的培训师,再次是培训后的学员领导。了解培训课程关系人以及影响力之后,方可确定课程培训需求调研对象。培训关系人对培训效果的影响如表2-1所示。

表2-1 培训关系人对培训效果的影响

关系人	培训前	培训中	培训后
学员直接领导	NO.1 1. 定期与员工讨论,为了做得更好,员工还需要做什么。 2. 认真、仔细地选择受训学员。 3. 向学员简要介绍培训的重要性和课程目标、内容、流程以及如何运用到工作中	NO.8 1. 减少对学员学习时的各种干扰。 2. 把工作任务分配给其他员工。 3. 监控学员受训时的参与情况	NO.3 1. 降低培训后的工作压力,引导学员重新融入工作环境。 2. 为员工提供运用和展示新技能的机会。 3. 提供必要的工作支持
培训师	NO.2 1. 培训要匹配人力资源和组织战略。 2. 了解学员的培训目的和需求。 3. 让主管参与到需求分析的过程中	NO.4 1. 确保不同学员同等程度地参与到培训中。 2. 有足够的互动活动。 3. 提供安全的环境鼓励学员尝试新技能	NO.9 1. 运用皮革马利翁效应(你得到的是你所期望的)。 2. 进行评估调研,给学员和经理提供反馈。 3. 要求学员提供讲解如何使用新技能的报告总结
学员	NO.7 1. 为培训计划提供意见。 2. 参与需求评估。 3. 学员课前参与活动	NO.5 1. 开放心态学习。 2. 为自己的学习负责。 3. 参与互动	NO.6 1. 实现自我管理。 2. 回顾培训内容和所学的技能。 3. 与导师建立联系

2.1.2 需求调研对象的范围

课程培训需求调研对象一般包括学员直接领导、培训管理人员、有代表性的学员(比如绩优员工，骨干员工，有观点、有想法的学员)等。如果培训需求提出人不是学员领导或培训管理人员，则访谈对象还包括培训需求提出人。具体的调研对象如表2-2所示。

表2-2 调研对象表

关系人	部门	职位	姓名	手机	邮箱
学员直接领导					
培训管理人员					
骨干员工					
绩优员工					

1. 学员直接领导

学员直接领导是最清楚培训对象的绩效要求、能力要求以及学员工作表现和能力的人员。因此，学员直接领导是最重要的访谈对象。通过学员直接领导可以了解到：为什么要开展这场培训？希望通过培训实现什么目标？学员现有能力与岗位胜任力的差距有多大？同时可以了解到：哪些学员的绩效表现比较好？哪些学员比较有观点、有想法？上述这些信息都是确定课程培训目标、分析培训内容的重要依据。

2. 培训管理人员

培训管理人员是培训师讲好课程的重要同盟。通过培训管理人员，可以了解到：为什么要开展这场培训？通过这场培训要实现什么目的？学员有哪些风格和特点？培训注意事项有哪些？学员是否有既往培训经验？等等。

3. 绩优员工或骨干员工

有一定定制化要求的培训课程，需要使用学员实际工作的业务场景、工作语言，聚焦学员在工作中存在的痛点和问题，这些内容需要通过骨干员工获取。要萃取组织经验的培训课程，应将绩优员工的工作思路、经验萃取并复制给其他员工。因此，在很多培训课程中，绩优员工也是重要调研对象。

2.2 确定调研目的

2.2.1 培训能解决的问题

培训日益受到公司的重视。然而，培训管理人员要清晰地知道培训能解决什么问题，不能解决什么问题，对培训有一个清醒的认识，从而对培训需求进行甄别和筛选，以最大限度地发挥培训价值。培训能解决问题，但培训不能解决所有问题。

问题一般分为四类，即该不该、知不知、会不会、想不想，如图2-1所示。一般来讲，培训只能解决"知不知"——应知、"会不会"——应会的问题，这些属于理论知识和实践技能。至于"该不该"，那是职责和流程的问题。"想不想"，则是选人和激励机制的问题，很难通过培训直接改变。

图2-1　问题类型

要想通过培训解决问题，应遵循以下两个步骤。

第一步：必须在培训开始前分析产生问题的原因是什么。原因不同，解决方法也不同。应不断深挖引发问题的根源，抓住正确的"问题点"。

第二步：确定是否使用培训的方式来解决。因为不是所有的问题都可以用培训来解决！可从以下三个问题入手进行判断。

问题1：问题的出现，是由员工不具备相关知识或技能导致的吗？

问题2：在解决这个问题的所有措施中，培训是最优选择吗？是唯一选择吗？

问题3：确定使用培训来解决这个问题之后，有相应的转化保障机制吗？

如果三个问题的答案都是肯定的，那么就可以选择用培训的方法来解决。如果不是,那就应该再考虑其他的可能性。比如,优化工作流程、改进工作机制、加强文化影响等方法。也就是说,当问题出现的时候,应该第一时间去分析产生的原因,然后确认是否使用培训的方法来解决问题。但原因很多,哪个才是主因?如何抓住核心问题点呢?

问题,往往就是表象,导致问题出现的原因有很多。如何从纷繁复杂的成因中逐层分析,找准问题点,往往是作为企业管理者必备的核心能力之一,即"发现问题→界定问题→解决问题"的能力。

那么,如何透过现象看本质,找到核心问题点?有一个TEC思考模型可供参考,如表2-3所示。以下为应用TEC模型分析客诉培训问题的案例。

表2-3 TEC思考模型

Target:目标	你要解决什么问题?你的目标是什么?
Expand:全面性	你要达成目标可通过哪些途径? 问题出现的原因有哪些?
Contract:优先级	在达成目标的途径中,哪一个值得最先尝试? 在导致问题的原因中,哪一项是最主要、最核心的原因?

案例2-1 客诉培训问题分析

某公司培训部门收到降低客诉率这一培训需求,组织了"让学员掌握如何处理客诉"这一培训。但是,培训结束后,客诉率并未明显降低。

这一案例中,客诉只是表象,而引起客诉的原因有很多种。对于不同的原因,解决办法是不一样的。这时,我们可以尝试使用TEC模型进行分析。

T:目标

本次培训需求是降低客诉率。如果培训目标是"让学员掌握如何处理客诉",与降低客诉率并没有直接相关性。

E:全面性

要降低客诉率,就要分析导致客诉发生的原因是什么。实际上,导致客诉发生的原因很多,服务流程、菜品、个性化需求、服务时效、员工形象等都有可能引发客诉。

接下来,你需要进一步分析这些原因,明确哪些原因是主要的,有以下三种方法。

第一种:可以通过分析近期客诉类型的比率得出。比如,最近10起客诉中有8起都是因为服务时间太长导致的,那解决办法应该是提升服务效率,或加强员工掌握服务流程的熟练度。

第二种：PND大法，即"拍脑袋"，也就是依靠管理人员的管理直觉和经验来判断。但这种办法有时会比较片面，主观性太强，未必能够抓住真正的问题点。

第三种：采用多维度、分层级的方法进行评估，即分层权重法。这种方法较全面、客观，但操作略微复杂一点。

C：优先级

这么多种原因，哪一种是最主要的？应该从解决哪个问题入手呢？

通过分层权重评分，对每一种可能的原因进行评分统计和排序，综合得分最高的为最优先项。

接下来，就可以选择解决这些问题的方法。

如果经过分层权重法的评估，发现"员工形象"这一项的评分是最高的，那就可以先从"改善员工形象"这一点入手去解决客诉率过高的问题。比如，加强仪容仪表培训、加强班前班后检查、加大惩罚力度等，而不是进行"如何处理客人投诉"的培训。

如果问题点可以通过培训的方式来解决，那就要着手进行培训设计、实施并关注后续的转化。但是，如果这个问题点从一开始就没有抓准，后面的设计和实施的方向也必然会与最初的目标南辕北辙。

这种"目标明确地解决问题+刻意地全面思考"就是系统思考的方法，称为TEC思考模型。

当然，本书中所列的方法并不是唯一的。但不管是什么方法，其核心都是要找准问题点。找到问题点之后，再确定是否采用培训的方式去解决。因为培训可以解决问题，但不能解决所有问题！

2.2.2 确定课程需求调研目标

课程培训需求调研的目标是回答5W1H，具体如表2-4所示。

> Whom：培训对象是哪些人？包括培训对象基本信息，比如部门、职务、岗位等。

> When：什么时间组织培训？培训时长是多少？晚上是否适宜安排培训活动？

➢ Where：在哪里开展培训活动？

➢ What：培训什么内容？主要有哪些业务场景？学员的痛点是什么？

➢ Why：为什么要培训这些内容？培训要达成什么目标？

➢ How：如何进行培训活动？需注意，How不是需求调研必须达成的调研目标。如果调研对象有想法，可以请调研对象提出期待。如果培训管理人员在需求调研时就有清晰的关于How的想法，也可以提出建议与需求调研对象进行沟通。

表2-4　课程需求调研目标

培训对象	培训日期	培训时长	培训地点	培训内容	学员工作场景	学员痛点	培训必要性	培训目标	培训方式

在上述"5W1H"中，最重要、最关键、最能体现培训价值的是Why，这也是需求调研的难点，甚至是容易被忽视的点，为什么这么说呢？

绩效改进模型认为组织中存在4类需求，这4类需求相互联系、逐层推导。需求的4个层次如图2-2所示。

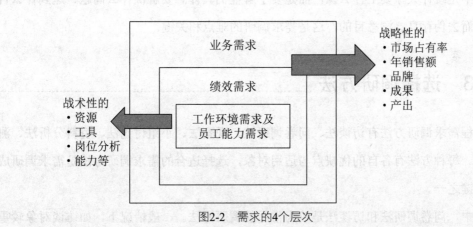

图2-2　需求的4个层次

业务需求是组织为了获得成功而必须达到的业务目标，是可以量化的。例如，市场占有率、销售业绩、客户满意度、营业利润等，都属于高级别需求，其他所有需求都应该发源于业务需求。

绩效需求是为了完成组织业务目标和经营战略，个人或团队必须要做出的行为和成绩。绩效需求的直接表现就是KPI，包括产品、质量、销售等。

工作环境(组织内部环境)需求是指对激励制度、工作流程、工作氛围等软环境，以及对办公设备、生产设施等硬环境的需求。

员工能力需求是指为完成工作个人所需具备的知识、技能、体能和智商等。

这4类需求中，业务需求和绩效需求直接使业务或组织受益，关注结果达成，属于战略性工作；工作环境需求和员工能力需求致力于消除影响绩效达成的障碍，聚焦原因分析和设计解决方案，属于战术性工作。绩效改进的思维模式是组织往往不能直接满足战略性需求，而是通过先满足战术性需求，去支撑战略性需求的实现。

培训与这4类需求如何挂钩？事实上，培训仅仅能满足战术性需求中的员工能力需求，工作环境需求需要靠其他干预手段去满足。

需求部门向培训部门提出的培训需求也往往是员工能力方面的需求。事实上，需求部门提出的员工能力需求是否能支持绩效需求乃至组织的业务需求，以及需求部门提出的员工能力需求是否是达成绩效需求、业务需求的关键，答案往往是不一定的。因此，培训需求调研需要培训管理者具备一双"火眼金睛"，能够洞悉业务部门提出培训需求的目的，进而帮助需求部门识别真正的培训需求及培训着力点。作为培训工作人员，我们需要进一步了解在这个需求背后业务部门真正想解决的问题。培训工作者调研培训需求，绝不是统计大家要上什么课，而是要了解他们具体想要解决什么问题、达到什么目标，从而去伪存真、洞悉目的，这是需求调研的难点和关键。

2.3 选择调研方法

课程需求调研方法有访谈法、问卷调研法、观察法、小组讨论法、资料分析法、测验法等。每种方法有各自的优缺点与适用对象，选择适合的需求调研方法是需求调研成功的关键之一。

其中，问卷调研法和访谈法是较为常用的调研方法。一般情况下，如访谈对象较重要，应采用访谈法；如调研对象规模较大，则应采用问卷调研法。

2.3.1 访谈法

访谈法是很多企业常用的调研方法，是采用面对面、电话、微信语音等方式与受访人交谈，以此获取培训需求信息的一种调研方法。在应用过程中，工作人员可以与企业管理层面谈，以了解组织对人员的期望；也可以与有关部门的负责人面谈，以便从专业和工作角度分析培训需求。

一般来讲，在访谈之前，应先确定到底需要何种信息，然后准备访谈提纲。访谈中提出的问题可以是封闭性的，也可以是开放性的。封闭式的访谈结果比较容易分析，但开放式的访谈常常能意外发现更能说明问题的事实。

访谈可以是结构式的，即以标准的模式向所有受访人提出同样的问题；也可以是非结构式的，即针对不同受访人提出不同的问题。通常把两种方式结合起来使用，并以结构式访谈为主，以非结构式访谈为辅。

采用访谈法了解培训需求，应注意以下几点：确定访谈目标；准备访谈提纲；营造融洽的、相互信任的访谈气氛；与问卷调查一起使用。

A. **访谈法的优点：**

- 有利于发现培训需求的具体问题及问题的产生原因和解决方法。
- 为调查对象提供更多自由表达意见的机会。

B. **访谈法的缺点：**

- 耗时较长。
- 多为定性资料，后期整理任务繁重，分析难度大。
- 需要水平较高的访问者，否则易使访谈对象紧张或心生警惕，从而导致受访人不敢据实相告，以至影响所得信息的可靠性。

下面，我们以"商务演讲"课前培训需求访谈问卷为例来说明，如表2-5所示。

表2-5 "商务演讲"课前培训需求访谈问卷

尊敬的同事：

您好！为了提升相关同事在向政府作报告时的演讲水平，我们计划举办一期演讲培训。考虑到PPP业务和听众对象的特殊性，培训师希望在培训前访谈表现优秀的同事，深入地了解学员的实际情况，以便在培训中加强针对性，采取更有效的方法帮助学员提升演讲技巧。

为了让此次访谈更有效，特列出以下访谈纲要，供您在接受访谈前先行回顾、思考、总结。您无须事先填写相关答案，培训师将会在访谈过程中作记录。

在此先感谢您的关注与付出！期待访谈时详细交流。

Q1：各常见报告场景的具体情况：
场景1：汇报规划方案、图纸设计。
场景2：针对PPP相关条款的交流。
场景3：工作小组的工作汇报。
场景4：……(若有)

(续表)

场景	报告时长	听众对象(角色/职务/年龄/专业背景)	报告想达成的目标	听众在听报告时的关注点	面对该听众的注意事项(加分项&减分项)
场景1					
场景2					
场景3					
场景4					

Q2：我们在向政府作报告时，以上哪个场景对演讲者要求比较高？为什么？

Q3：是否有听众在您演讲的过程中或结束后向您提问？这些问题通常关于哪些方面？

Q4：在Q3的情形下，您碰到过比较棘手的问题吗？如果有，您碰到的最难以回答的问题是什么？你当时是怎样处理的？为了让我们的同事更好地应对类似情况，您有什么建议给他们？

Q5：将以下几个演讲技巧用在向政府作报告中，您认为哪个更重要(请排序)？您这样排序的原因是什么？
台风：自信、坚定的表现，如眼神有交流、有适当的手势、有坚定的语气……
讲清晰：能够清晰、明了地表达。
讲生动：能够把很专业、很复杂的内容用生活化的语言表达出来。
吸引听众：开场激发兴趣，所讲内容与听众相关联。
应对异议：面对现场的提问能自如地应对。
其他：(若有，请补充)

Q6：除了以上问题，要让我们的同事在面对政府人员作报告时表现更佳，您还有其他的想法和建议吗？

2.3.2 问卷调研法

问卷调研法可以同时在不同范围内开展，有助于获取大量信息，往往是培训管理者获取培训需求信息的主要渠道。它以标准化的问卷形式列出一组问题，要求调研对象就问题进行打分或做选择。当需要进行培训需求分析的人较多，并且时间较为紧急时，就可以精心准备一份问卷，以电子邮件、传真或直接发放的方式让对方填写，也可以在面谈和电话访谈时由调查人自己填写。

A. 问卷调研法的优点：

➤ 可在短时间内收集到大量的反馈信息。

➤ 成本较低。

➤ 采用无记名方式，可使调查对象畅所欲言。

➤ 所得到的信息资料比较规范，容易分类汇总处理。

➤ 在标准条件下进行，相对较客观。

B. 问卷调研法的缺点:

  ➤ 针对性太强,无法获得问卷之外的内容。

  ➤ 需要花费大量的时间和寻求特定的技术支持。例如,设计技术和统计分析技术。

  ➤ 易导致回收率低、夸大性回答、回答与问题无关和不适当等问题。

  ➤ 很难收集到问题产生的原因和解决问题的方法等方面的准确信息,因为许多人并不愿意提供具体的答案。

"商务演讲"课前培训需求调研问卷如表2-6所示。"项目管理课程"课前需求调研问卷如表2-7所示。

表2-6 "商务演讲"课前培训需求调研问卷

尊敬的同事: 　　您好!为了提升相关同事在向政府作报告时的演讲水平,公司计划举办一期商务演讲技巧培训。培训师需要在训练课前了解您在演讲(工作汇报)中遇到的实际情况,以便能在培训中加强针对性,采取更有效的方法帮助您提升演讲技巧。请您在百忙中抽空填写下面的问卷,谢谢! 您的姓名:_____　　所在部门:_____ 职务:_____　　在本岗位工作年限:_____ 1. 您在什么场合演讲?是否包括非正式会议?(可多选) (1) 本部门内部会议 (2) 跨部门会议 (3) 客户交流(介绍、总结、汇报) (4) 向政府部门汇报 (5) 同行业交流 (6) 其他(请注明场合)_____ 2. 请选择您演讲/汇报的对象。(可多选) (1) 本部门同事 (2) 跨部门同事 (3) 领导 (4) 客户决策层 (5) 客户中层经理 (6) 客户技术工程师 (7) 政府部门(若选此项,请注明什么部门、什么级别的人员)_____ (8) 其他(请注明详细人员)_____ 3. 在大多数情况下,当您完成演讲/汇报后,假设听众给您客观打分(1～5分,1分最低,5分最高),您觉得听众会打_____分,为什么? 4A. 请选择您在演讲/汇报时期望达成的目的。(可多选) (1) 展示自己的工作成果,获得领导与同事的认可 (2) 介绍新技术、新流程及新工具,让听众认可其对工作有帮助并尝试使用 (3) 让听众接受你推荐的项目、产品并对其感兴趣 (4) 对项目执行中的问题进行分析提炼,为听众提供有用的方法避免再次出现问题

(续表)

(5) 汇报项目进程，获得工作支持
(6) 鼓舞听众的工作积极性
(7) 其他(请注明详细描述)＿＿＿＿＿＿＿＿＿＿＿＿＿＿

4B. 请在上述目的中选出3个较难达成的目的，大致描述难以达成的原因。

序号	目的	难以达成的原因
1		
2		
3		

5. 正常情况下，您演讲/汇报的频率是多少？
(1) 1次/月
(2) 2～5次/月
(3) 5～10次/月
(4) 10次以上/月
(5) 1次以下/月

6. 一般情况下，您在演讲/汇报之前，需要准备多长时间?(单选)
(1) 30分钟内
(2) 30分钟～1小时
(3) 1～2小时
(4) 2小时以上
(5) 没时间准备，使用现有的PPT

7. 您在演讲/汇报之前，将详细考虑或准备以下哪些项目？(可多选)
(1) 我的目的
(2) 台上风采的展现
(3) 幽默故事
(4) 技术内容讲解清晰
(5) PPT有效呈现方法
(6) 内容材料逻辑安排
(7) 案例、数据等材料
(8) 问题的处理方法
(9) 听众是谁
(10) 听众的目的
(11) 听众感兴趣的呈现方法
(12) 了解听众的担心与困难
(13) 其他(请说明)＿＿＿＿＿

8. 您觉得您在准备演讲的过程中，碰到的最大或最难以解决的问题是什么？

(续表)

9. 您觉得您在演讲的过程中，碰到的最大或最难以解决的问题是什么？(可多选)
(1) 紧张
(2) 不自信
(3) 对内容不熟悉
(4) 技术内容很枯燥
(5) 没时间准备
(6) 自认为很内行，但是听众不理解
(7) 演讲内容没有涉及最重要的工作
(8) 欠缺演讲技巧
(9) 不知道该讲什么，没思路
(10) 大家都不重视，水平差不多
(11) 听众不爱听
(12) 其他(请说明)_____

谢谢您的支持！期待课上与您会面！

表2-7 "项目管理课程"课前需求调研问卷(学员填写)

说明：
本表将用于了解贵公司的情况以及对培训课程的期望与要求，有助于我们量身定做培训课程以符合贵公司的真正需求，希望您能详细且真实地填写。
衷心感谢您的合作，并预祝合作愉快！

姓名： 　　　　年龄： 　　　　性别： 　　　　学历：

1. 您在公司担任哪一类职务？
总经理□ 销售□ 市场□ 财务□ 生产运营□ 采购□ 物流仓储□ 研发□ 人力资源□ IT/IS□ 后勤管理□ 其他□(请详细说明)_____

2. 您在现任岗位从事本职工作的时间有多长？
一年以下□ 一至三年□ 三至五年□ 五年以上□

3. 在过去的一年里，您参与过本课题内容的培训吗？如有，请告知我们取得了怎样的效果？存在什么不足？
有□ 没有□
_____
_____

4. 贵单位现在的项目类型有哪些？您做哪一种类型的项目更多？
说明：常见的项目类型有研发类、工程类、生产类、咨询类……
_____
_____

5. 您过去是否参加过相关项目管理的培训课程？如有，请说明参训情况。
_____
_____

6. 您认为公司项目管理现状如何？
_____
_____

(续表)

7. 在企业项目管理工作中,您面临哪些困惑?希望本次培训重点研讨的问题是什么?请列出:
_____
_____

8. 本次培训,您的期待是什么?
_____
_____
_____

9. 您还有其他更多的建议吗(如授课重点、形式、可提供的资料和案例)?如有,请列出:
_____
_____
_____

学员姓名:_____

案例2-2 "项目管理课程"课前需求调研问卷

(由企业的培训组织部门、高级领导、部门领导填写)

"项目管理课程"课前需求调研问卷如表2-8所示。

单位全称		网址		地址	
培训信息	企业主营业务				
	参训学员的所属部门及主要岗位说明:				
	本次培训学员的教育背景:				
	本次培训学员的年龄段:				
	本次培训希望能解决的问题:				
	本次培训期望达到的目标:				
培训要求	培训时间如何安排?		培训地点		
	培训对象有哪些?		培训人数		
	对讲师有哪些要求?				
	希望以哪种方式来培训?				
	关于培训内容及授课重点的要求有哪些?				
培训背景	如有授课案例要求,请提供相关案例给我们或把案例要求告知我们				
您的其他建议					

2.3.3 观察法

观察法是指研究者根据一定的研究目的、研究提纲或观察表,到观察对象的工作场所,直接观察员工的工作表现,以此发现问题并获取信息数据的一种调研方式。

A. 观察法的优点:
- 基本上不妨碍被考察对象的正常工作和集体活动。
- 所得的资料与实际培训需求之间相关性较高。

B. 观察法的缺点:
- 观察者必须十分熟悉被观察对象所从事的工作程序及工作内容。
- 观察者个人成见对观察结果影响较大。
- 若观察对象意识到自己被观察,可能故意做出种种假象,这会使观察结果出现较大的误差。因此,观察时应该尽量隐蔽并进行多次观察,这样有助于提高观察结果的准确性。当然,这样做需要时间和空间条件允许。比如,这种方式适合需要实际操作的工作,或者可跟踪项目进程的工作。

运用观察法时应注意5点:一是观察提纲力求简便;二是深刻理解观察对象的工作;三是不能干扰被观察者的正常工作;四是观察法适用范围有限;五是必要时可请陌生人进行观察。

某通信公司神秘访客观察表如表2-9所示。某院线神秘访客观察表如表2-10所示。

表2-9 某通信公司神秘访客观察表

店铺名称			城市				柜台类型		
访问日期	进店时间	离店时间	得分						
			总体	进店接待	硬件部分	促销员销售技巧	离店道别	产品知识及演示	物料/价格/促销	满意度得分
基础资料									
截图资料	店铺门粘贴处	促销员头像粘贴处	柜台全景粘贴处		柜员姓名		柜台类型		
检测日期			店铺地址				店面编号		
进店时间			店铺名称				渠道类型		
离店时间			城市				是否是专促		
专促排表上班时间			下班时间			休息时间		有无专促照片	

(续表)

常规基础考评项					
得分情况填写标准：1-满分； 2-得一半分；3-扣分；4-不考评			分值	得分情况	扣分描述状况及备注
进店接待	A1	柜台是否有人在岗	4		选1：当神秘顾客走到柜台前，发现有人接待，满分。
		标准：店内，在柜台前等待20分钟，如无人则视为不在岗；如柜台前没人，需要在右边记录等待几分钟才有服务人员来柜台接待			选3：当神秘顾客走到柜台前，无人在岗，且在附近遥视20分钟后也没有人接待，扣分
	A2	促销员主动问候走近柜台的顾客	4		选1：促销员主动用标准话术问候顾客，一字不差，满分。
		标准：主动使用标准话术"您好，欢迎光临"			选2：促销员主动打招呼，但说的不是标准话术，得一半分。
					选3：未向顾客打招呼，扣分。
					选4：电信渠道，移动渠道，不考评
	A3	促销员问候顾客	4		选1：促销员面带微笑，满分。
		标准：语态亲切，面带微笑			选3：促销员面无表情，接待顾客态度冷淡，扣分
	A4	促销员身穿干净整洁的制服并佩戴工牌	4		选1：促销员工装整齐，同时佩戴工牌，满分。
		标准：工服整齐、干净、合体、美观，佩戴工牌			选2：促销员有的戴工牌，有的没戴工牌，得一半分。
					选3：促销员都没有戴工牌，扣分。
					选4：不考评
	A5	促销员柜内形象规范	4		选1：促销员在柜台内不倚靠柜台，不聚众聊天，不吃东西，不打私人电话，接听电话两分钟内挂断，满分。
		标准：站姿规范，无歪斜、倚靠柜台、懒散等现象；未在做其他与工作无关的事情；未接打私人电话，未吃东西、吸烟、聊天、嚼口香糖			选3：促销员违反以上任意一点，扣分
促销员销售技巧	C1	促销员是否主动询问顾客需求	5		选1：促销员主动询问顾客的购买需求，满分。
		标准：主动询问顾客需求			选3：促销员没有询问顾客需求，扣分
	C2	促销员是否主动邀请顾客进行演示体验	5		选1：促销员主动演示并邀请顾客进行真机体验，满分。
		标准：主动邀请顾客亲自上手体验真机			选3：店内有真机，但促销员未能演示真机并邀请顾客进行真机体验，或店内无真机，扣分
	C3	在演示过程中，该促销员是否对顾客进行操作指导	5		选1：促销员正确回答顾客提出的问题，满分。
		标准：对顾客感兴趣的功能，进行操作指导			选3：促销员没有准确回答顾客提出的问题，或店内无真机，扣分

(续表)

常规基础考评项				
得分情况填写标准：1-满分；2-得一半分；3-扣分；4-不考评		分值	得分情况	扣分描述状况及备注
促销员销售技巧	C4	促销员推荐产品时是否利用顾客不愉快的手机使用经历，更好地激发顾客购买兴趣 标准：促销员使用销售技巧，在介绍卖点时根据顾客实际情况，能够利用顾客前期不愉快的使用经历来推荐手机。举例：您以前开会时，电话突然很大声地响起，现在您只需要及时将机身翻转过来铃音就会自动变小	5		选1：促销员推荐产品时，使用情景化的案例进行介绍，满分。 选用：促销员推荐产品时，未使用情景化的案例进行介绍，扣分
离店道别	D1	顾客离店时，促销员是否面带微笑向顾客道别，并使用礼貌道别语(感谢您光临) 标准：1. 使用标准语束"感谢您光临"道别；2. 微笑、亲切	5		选1：促销员主动用标准话术向顾客道别，一字不差，满分。 选2：促销员主动打招呼，但说的不是标准话术，得一半分。 选4：电信渠道、移动渠道，不考评
	D2	在观察时段内，未发现促销员与其他工作人员闲聊，或中途无故离开去做与工作无关的事情 标准：没有销售员聊天或无故离开的情况	5		选1：促销员没有聊天或无故离开的情况，满分。 选3：促销员在接待顾客的同时，有聊天或无故离开的情况，扣分

表2-10 某院线神秘访客观察表

Q1：服务A1 服务仪容仪表(4分)
1. 影城员工按着装标准统一穿着制服、深蓝色牛仔裤、黑色或白色帆布鞋，管理组为西装套装及黑色皮鞋；
2. 服务工牌位于左胸口前，名字清晰，工牌完整干净；
3. 女员工的头发如过肩需扎马尾，不得留刘海，化淡妆；男员工的发型以整洁、长短适中为宜；
4. 服务人员无配饰，耳环(女员工小耳钉除外)、项链、戒指(婚戒除外)、手链均不可暴露在外。
□ 是
□ 否

Q2：服务A2 服务语言(4分)
1. 主动问候客户，使用礼貌招呼语和询问语，如"您好，欢迎光临"；
2. 购票完成后，主动与顾客道别，如"谢谢，祝您观影愉快"；
3. 全体服务人员友善沟通、语气平和。
□ 是
□ 否

Q3：服务A3 第三方服务岗位要求(4分)
1. 保安、保洁人员不能做与工作无关的事情，如聊天、玩手机等；

(续表)

2. 保洁人员着装干净、整齐，清洁过程中没有给顾客带来不便，如准备清扫卫生间时，先敲门询问，确认无顾客再进入；
3. 安保人员着装干净、整齐，无背手巡视、玩安保工具现象。
□ 是
□ 否

Q4：服务 A4 服务铃(4分)
1. 在自助取票机、寄存柜、卫生间、各影厅门口、VIP厅休息区等区域中顾客可视的明显位置安装；
2. 顾客按铃后15秒内有工作人员到现场提供帮助。
□ 是
□ 否

Q5：服务 A5 大堂服务(2分)
1. 影城大堂内设置客户服务台，有标准的"Customer Service" Logo公示；
2. 公示服务项目(按照院线统一图标制作)；
3. 大堂服务人员能够解答顾客咨询；
4. 服务台无人时，有服务铃可呼叫服务人员。
□ 是
□ 否

Q6：服务 A6 电话服务(2分)
1. 咨询电话服务时间为9∶30—21∶30(记录拨打时间)；
2. 通话过程中能将礼貌用语及规范用语贯穿始终，能正确使用欢迎语及结束语；
3. 熟悉业务知识，能够及时、耐心地解答顾客疑问，对影片上映时间、促销活动、影城地址等信息了解清楚；
4. 能及时调整语气、语调，对客户表现出亲切感。
□ 是
□ 否

Q7：售票 B1 票房显示屏(2分)
售票信息在屏幕上显示正常，无黑屏，无播放异常。
□ 是
□ 否

Q8：售票 B2 购票引导(4分)
1. 服务人员能够引导顾客选座，在支付前与客人确定场次及金额等；
2. 无论顾客选择何种支付方式，如现金、刷卡、兑换券等，均可熟练操作。
□ 是
□ 否

Q9：售票 B3 售票及解说(2分)
售票人员熟悉影片制式、营销活动等内容，能清楚回复顾客疑问。
□ 是
□ 否

(续表)

Q10：售票 B4 唱收唱付，双手呈递和找零(4分)
1. 如顾客现金购票，需唱收唱付，准确提供找零服务；
2. 如顾客刷卡购票，需告知消费金额；
3. 售票完成后，双手呈递影票和找零。
□ 是
□ 否

Q11：取票 B5 网购票取票秩序(4分)
1. 售票低峰期未出现排队情况，高峰期排队(5人以上)有隔离带；
2. 取票便捷，从顾客开始排队到取票成功，10分钟内能够完成。
□ 是
□ 否

Q12：取票 B6 自助取票机(4分)
1. 自助取票有宣传告知操作方法；
2. 自助取票机无故障，能正常使用。
□ 是
□ 否

Q13：黄牛 B7 黄牛问题(不计分)
1. 在影城购票过程中是否遇到黄牛骚扰(勾选黄牛的活动区域——影城大堂、电梯口、广场、其他)；
2. 黄牛售卖的形式(电影票、团购码、兑换券等)。
□ 是
□ 否

Q14：卖品硬件 C1 卖品价目表(2分)
卖品价目表亮灯正常，价目表清晰，显示正常。
□ 是
□ 否

Q15：卖品硬件 C2 柜台卫生及陈列(4分)
1. 卖品柜台干净整洁，无积尘、无污渍，前后柜台物品摆放整齐；
2. 食品陈列整齐且符合统一性原则(不同品类的食品不混杂摆放)。
□ 是
□ 否

Q16：点膳流程 C3 点膳建议(2分)
主动向客人推荐商品或提供搭配建议，如"您只需加××元，就可以换购××产品"等。
□ 是
□ 否

Q17：点膳流程 C4 提供完整、正确的食品配件(4分)
1. 向购买爆米花的客人赠送湿巾；

(续表)

2. 吸管等配件可自取。
□ 是
□ 否

Q18：产品品质 C5 对爆米花口感的评价(4分)
1. 爆米花分量符合标准，盛满时与爆米花桶口相平；
2. 爆米花香味浓郁，脆而不油腻，色泽金黄，甜度均匀，入口即化，未膨胀的玉米粒较少。
□ 是
□ 否

Q19：食品安全 C6 食品安全(4分)
1. 食品制作及装盛人员佩戴透明口罩；
2. 工作人员接触现金后不直接触碰食品。
□ 是
□ 否

Q20：影厅服务 D1 检票(2分)
1. 迅速核对影票，准确指引影厅方向；
2. 检票口有秩序，不混乱。
□ 是
□ 否

Q21：影厅服务 D2 引座及散场(4分)
1. 如顾客是在开映关灯后进场，服务人员需手持电筒指引顾客到影厅内就座；
2. 电影结束后，有影城服务员做散场指引，并使用送别语"请带好您的随身物品，欢迎下次光临"。
□ 是
□ 否

Q22：3D眼镜 D3 3D眼镜(4分)
1. 每一个眼镜有单独包装袋，眼镜清洁干净，无手指印；
2. 进场时，工作人员在影厅门口发放眼镜，并佩戴白色手套。
□ 是
□ 否

Q23：放映效果 D4 准时放映(3分)
电影正片按照电影票上的放映时间准时放映。
□ 是
□ 否

Q24：放映效果 D5 保证视听(3分)
1. 电影正片开始时影厅内照明灯光熄灭；
2. 如顾客做出不文明观影行为，有工作人员及时制止。
□ 是
□ 否

(续表)

Q25：影厅设施 D6 影厅设施(2分)
1. 厅门无破损现象；
2. 台阶侧面PVC板无脱落，台阶灯无破损，能正常使用；
3. 座椅椅面号牌清楚；
4. 座椅无破损。
□ 是
□ 否

Q26：影厅设施 D7 空调温度(2分)
温度适宜，冬季温度维持在14℃~16℃，夏季温度保持在24℃±2℃，空气无异味。
□ 是
□ 否

Q27：大堂 E1 大堂卫生(4分)
1. 休息区桌椅等设施无破损，摆放整齐；
2. 地面、墙面干净整洁，无垃圾；
3. 绿植茂盛，无浮灰及败叶，花盆无破损；
4. 宣传品摆放整齐。
□ 是
□ 否

Q28：影厅 E2 影厅清洁(4分)
1. 杯托干净无残渣；
2. 地面无垃圾；
3. 影厅走廊地面无垃圾。
□ 是
□ 否

Q29：卫生间 E3 卫生间环境(3分)
1. 地面无明显垃圾、积水、灰尘、脏渍、脚印等；
2. 洗手台干净整洁，无明显水迹、污迹；
3. 灯光明亮，无损坏的灯具；
4. 无明显异味，保持通风；
5. 镜子无破损，干净无污渍。
□ 是
□ 否

Q30：卫生间 E4 卫生间设施(2分)
1. 水龙头、干手器、蹲位冲水器、门锁等设备能正常使用，设施无故障；
2. 提供卫生纸、洗手液。
□ 是
□ 否

(续表)

Q31：卫生间 E5 卫生间垃圾桶(2分)
1. 垃圾量不超过容器的二分之一；
2. 没有明显污迹、损坏，装有垃圾袋。
□ 是
□ 否

Q32：卫生间 E6 清洁工具(2分)
抹布、扫帚、清洁剂等清洁工具/用品等应放置在工具间/保洁间，门呈关闭状态。
□ 是
□ 否

Q33：卫生间 E7 卫生间消毒(3分)
1. 卫生间应定期除垢消毒，洗手池、小便池、蹲位等洁具无沉淀、污迹等；
2. 卫生间墙身、地面无污垢，无异味。
□ 是
□ 否

Q34：雷区 F1 服务禁忌(10分)
影城各岗位员工、管理组在服务客户过程中，出现与客户争执、吵架甚至对客户使用伤害性语言等现象。
□ 是
□ 否

Q35：雷区 F2 放映质量(10分)
1. 观影过程中，出现声音不清楚、画面模糊、放错影片等问题，造成影片中断时，工作人员未能及时出面处理并做出合理解释；
2. 因3D眼镜镜片磨损引发画面模糊等影响观影问题。
□ 是
□ 否

Q36：惊喜 G1
观影体验中有无超出您期待的服务点？有无让您惊喜或感动的事情？请简要写下惊喜点或感动事例，如无可不填写。
□ 有
□ 无

Q37：电子购票体验 H1 注册登录
1. 用户信息注册简单，能及时收到验证信息，指引清晰；
2. 很容易登录成功，选择城市及影城易操作。
□ 是
□ 否

Q38：电子购票体验 H2 购票查询
1. 通过App/网站等电子渠道能方便、快捷地查询影片、排片、影厅、版本等信息；

(续表)

2. 售票价格公示清晰。 □ 是 □ 否 Q39：电子购票体验 H3 选座支付 1. 选座过程流畅，选座完毕后，15分钟内完成支付即可； 2. 支付方便，无支付故障发生。 □ 是 □ 否 Q40：电子购票体验 H4 完成购票 完成支付环节后，能及时收到取票短信等信息。 □ 是 □ 否 Q41：如有扣分上传扣分照片，格式：服务 A1+图片 【选择文件】(5MB以内) Q42：如有扣分上传扣分照片，格式：服务 A1+图片 【选择文件】(5MB以内) Q43：如有扣分上传扣分照片，格式：服务 A1+图片 【选择文件】(5MB以内) Q44：如有扣分上传扣分照片，格式：服务 A1+图片 【选择文件】(5MB以内) Q45：如有扣分上传扣分照片，格式：服务 A1+图片 【选择文件】(5MB以内)

2.3.4 小组讨论法

小组讨论法是在调查员的指导下，以小组为单位，围绕某些问题展开讨论，了解员工看法，并对讨论内容加以记录，用于后续的数据分析的一种调研方法。

A. 小组讨论法的优点：

- ➢ 允许当场发表不同观点，畅所欲言。
- ➢ 利于最终形成决策。
- ➢ 由于数据分析是(或者可能是)由几个人共同完成的，因此降低了调查对象对调查员的依赖。
- ➢ 有助于调查员成为好的问题分析者或者好的倾听者。

B. 小组讨论法的缺点：

> 费时、费钱。

> 在公开场合，有些人可能不愿表达自己的观点和看法，影响反馈信息的可靠性。

> 得到的数据很难整合和分析，特别是在讨论缺少结构性的时候。

2.3.5 资料分析法

资料分析法是利用企业现有的有关企业发展、培训、职位责任和工作人员的文件资料来综合分析培训需求的一种调查方法。

A. 资料分析法的优点：

> 耗时少。

> 成本低，资料便于收集。

> 信息质量高。

B. 资料分析法的缺点：

> 不能明确导致问题的原因和解决办法。

> 资料反映的大多是过去的情况而不是现在的真实情况或变化。

> 要从技术性强、纷杂的原始材料中整理出明确的模式和趋势，需要技术娴熟的分析专家。

2.3.6 测验法

测验法是使用一套标准的统计分析量表，对各类人员的技术知识熟练程度、观念、素质等进行评估的一种调查方法。根据评估结果，可确定培训需求。

A. 测验法的优点：

> 可帮助工作人员确定一个已知问题是由员工能力低还是由员工态度不好造成的。

> 测验结果容易量化和比较。

B. 测验法的缺点：

> 如测验项目数量少，有效程度低。

> 如测验项目数量多，费时费力。

某保险公司核保/核赔技术序列职务考试试卷(节选)如表2-11所示。

表2-11 某保险公司核保/核赔技术序列职务考试试卷(节选)

本卷分第Ⅰ卷和第Ⅱ卷两部分,满分120分,考试时间150分钟。
注意事项:
请用蓝色或黑色钢笔、签字笔作答。
答卷前请将密封线内项目填写清楚,卷内除了作答不得留有任何标记,否则试卷将做作废处理。
请直接在卷面相应处作答。

试卷	Ⅰ卷:基础知识	Ⅱ卷:专业知识	合计
分数			

第Ⅰ卷:基础知识(共40分,答题时间30分钟)
一、填空题:本大题共11小题,每小题1分,共11分。把答案填在题中横线上。
1. 国务院《关于保险业改革发展的若干意见》明确,保险具有_____、资金融通和社会管理的三大功能。
2. 胡锦涛同志在党的"十七大"报告中指出,科学发展观,第一要务是_____,核心是以人为本,基本要求是全面协调可持续发展,根本方法是统筹安排。
3. _____和目标市场管理是阳光公司特有的经营管理模式。
4. 在目标市场管理中,要体现政策的差异化导向,特别是对"红线"和"浅红"业务要推行_____政策导向。
5. 上级公司及后援部门要实现对销售工作的整体支持,要积极营造上级支持下级、_____、全员支持销售的良好氛围。
6. 理赔工作的"五个一"工程是指统一的原则、统一的理念、统一的队伍、_____、统一的模式。
7. 保险承担赔偿或给付保险金的最高限额是_____。
8. 保险合同的当事人是指_____。
9. 财产保险的保险费率可以分解为纯费率和_____两部分。
10. 财产保险公司对于每一个危险单位,即对一次保险事故可能造成的最大损失范围所承担的责任不能超过其实有资本金与公积金之和的_____。
11. 财产保险合同是以_____为保险标的的保险合同。

二、单选题:本大题共10小题,每小题1分,共10分。在A、B、C、D四个选项中,只有一项是符合题目要求的。请将答案写在题目的括号内,在其他处作答无效。
12. 2008年是阳光财险公司三年战略目标的最后一年。公司的三年战略目标为:将公司打造成为(　　)的新兴保险公司。
A. 最优秀的、最具品质和实力
B. 最具品质和实力
C. 中国最优秀的、最具成长能力
D. 具有强大市场拓展能力
13. "双核"岗位作为公司的核心管理岗位,要按照阳光文化要求,做(　　)的人。
A. 最诚实可靠
B. 最值得信赖
C. 最公正诚信
D. 最能创造价值
14. "红黄蓝"盈利模式和目标市场管理的衡量标准是(　　)。
A. 赔付率(再保前,不含IBNR)
B. 综合赔付率(再保后,含IBNR)

C. 边际成本率
D. 经营成本率
15. 2008年是公司客服理赔工作的( )。
A. 理赔基础建设年
B. 理赔基础强化年
C. 客户服务满意年
D. 理赔贡献年

2.4 实施调研

完成访谈提纲或调研问卷后,开始进入需求调研实施阶段,收集培训需求。在这个阶段,通常可能出现以下几类问题。

➢ 被调研人员不予配合,或者应付了事。这是由于培训师和调研对象思想认识不统一,对需求调研的目的、内容、方法认识不统一,导致协作困难。

➢ 调研方法和工具欠合理。调研过程中发现调研工具不够严谨甚至漏洞百出,导致被调研者不知道如何配合或产生抵触情绪,因此无法准确地获取所期望的信息,这与最初工具的设计与开发密切相关。

➢ 调研流程不顺畅。比如,调研时间安排不合理,沟通反馈的机制和流程不顺畅。

➢ 人员能力不匹配。培训师的访谈能力、数据统计分析能力、沟通能力等不足,影响了需求调研的顺利开展和结果分析的准确性。

以上问题需要在制订调研计划时进行周密考虑,并提前做好相关的风险防范措施,提升调研人员的专业能力。

2.5 需求调研分析

课程培训效果在很高程度上取决于需求分析的准确性和有效性。培训需求分析的最终目标是要回答本书在需求调研目标部分所提的"5W1H"。另外,还要区分培训影响圈和非影响圈。

2.5.1 调研分析的目标:回答5W1H

课程培训需求调研的目标是回答"5W1H"。

➢ Whom:培训对象是哪些人?

> When：什么时间组织培训？培训时长是多少？晚上是否适宜安排培训活动？
> Where：在哪里开展培训活动？
> What：培训什么内容？主要有哪些业务场景？学员的痛点是什么？
> Why：为什么要培训这些内容？培训要达成什么目标？
> How：如何进行培训活动？需注意，How不是需求调研必须达成的调研目标。

如果调研对象有想法，可以请调研对象提出期待。如果培训管理人员在需求调研时就有关于How的想法，也可以提出建议并与需求调研对象沟通。

2.5.2 区分培训影响圈和非培训影响圈

本书前文介绍了培训能解决的问题。作为培训人士，必须清楚哪些问题培训能解决，哪些问题培训不能解决，这样才能做到心中有数、有的放矢。

1. 培训影响圈

培训能够解决的是人的问题，是关于员工会不会和知不知的问题，是解决由于人的知识、技能方面的差距造成的企业绩效问题。培训能解决的问题，我们称为"培训影响圈"。

2. 非培训影响圈

在企业中，制度、体制、环境等非人为因素导致的问题是很难通过培训解决的，我们称为"非培训影响圈"。这些问题如果想通过培训来解决，必须将其分解为由于人的知识、技能、态度等方面的差距造成的问题。

关于员工专业技能和素质能力的问题，属于"会不会"的类别，是可以通过培训解决的；关于意愿和认识是态度问题，属于"想不想"的类别，培训对其起到的作用更多是施加影响；关于资源和体系的问题，属于"可不可以"的类别，它不能通过培训来解决。

2.5.3 制作培训需求分析报告

如果课程需求调研只是用于培训师了解培训需求，从而设计或完善培训课程，则无须制作培训需求分析报告；如果培训师还要征求学员领导对培训需求分析结果的处理意见，或需要和培训经理讨论，则需要制作培训需求分析报告。培训需求分析报告如表2-12所示。

制作培训需求分析报告的目的在于描述培训需求分析的过程和结果。通常，较为正式的培训需求分析报告应该包括对调研目的和背景的描述、调研方法和工具、调研有效性、调研数据的统计呈现、调研数据的分析结果以及培训计划制订的指导建议。

以下四部分信息是培训需求分析报告中必须涵盖的内容。

➢ 第一部分信息：培训需求调研背景。这部分信息往往来源于对培训需求提出者的访谈。

➢ 第二部分信息：实施培训需求调研的目的。

➢ 第三部分信息：用数据描述实施培训需求调研的结果。这部分信息往往来源于对调研问卷进行不同维度、不同层级的分析所得出的数据。

➢ 第四部分信息：培训需求分析结果的应用，即培训课程如何体现课程培训需求。

表2-12　培训需求分析报告

××课程课前培训需求分析报告

一、培训需求调研目的

二、培训需求调研所得信息
1. 领导对学员的改进期待

2. 优秀学员与普通学员之间的异同

序号	差异项	优秀学员做法	普通学员做法

三、调研信息在本次培训中的应用

调研人：×××
调研时间：××××年×月×日

第3章 培训课程研发

培训课程是企业培训师的产品。一门课程从无到有再到打磨成精品课程，需经过一系列流程。

新课程研发有两种情况：一是应邀开发新课程，即有明确的目标学员、课程主题时，研发新课程；二是自行研发新课程，即在没有明确的目标学员及课程主题时，研发新课程。这两种情况的研发流程略有不同，核心研发工具和方法基本一致。

企业培训师一般是应邀研发新课程，所以本书以有目标学员及课程主题时的课程研发流程为基础，介绍新课程研发的内容。

3.1 课程需求分析

培训管理者邀请企业培训师研发新课程时，往往会提供明确的适用对象、课程时长、课程研发背景和课程目标等信息。但是，即使有这些"比较明确"的课程研发需求信息，作为课程主题所在领域的专家，为了保证课程品质，仍要开展需求调研工作。

3.2 确定课程标题

课程标题就是课程名字，它是课程内容的概括，一般包括主标题和副标题。

3.2.1 主标题

主标题一般揭示课程的价值、意义与特色，因此，越生动、越具有艺术性的主标题越好。

主标题也要聚焦课程主题，切忌为了调动学员学习兴趣，偏离课程主题或夸大课程价值。

如图3-1所示，某危机公关课程的主标题是"一个错误成就的精彩"，看起来很生动、艺术性很强，但没有聚焦课程主题，在不知道副标题的情况下，会让学员感到"不知所云"。如图3-2所示，某提高超级经济舱客座率课程的主标题是"让'超经'火起来"，看起来就恰当很多。

图3-1　课程标题示例(一)

图3-2　课程标题示例(二)

3.2.2　副标题

副标题一般比较写实，即揭示课程主题内容。因此，好的副标题应达到聚焦主题、内容具体的要求。

如图3-3所示，某高效会议管理课程的副标题是"业务小白如何撬动业务大咖，高效召开业务调研会"，看起来就很写实、聚焦、具体，但需注意，副标题不宜过长。

图3-3　课程标题示例(三)

3.3 编写课程目标

课程目标决定了课程内容的深度和广度以及采用的课程形式，同时揭示了课程研发的必要性以及课程的价值。因此，课程研发需求调研结束后，需要编写课程目标。

3.3.1 教学目标分类

掌握教学目标分类有助于更好地编写课程目标。企业培训师的课程内容包括知识、技能、态度三大方面，据此本书简要介绍下布鲁姆的教学目标分类方法。

布鲁姆将教学目标分为认知、情感和动作技能三个领域，每个领域又分为多个层次，如表3-1所示。其中，布鲁姆认知领域教学目标分类如图3-4所示。

表3-1 布鲁姆教学目标分类

认知领域	含义	举例
知道	获得的实际信息	回忆、说出、写出、标明等
领会	掌握知识的意义	转化(转换)、解释、推断、改写等
应用	知识应用于新情境	计算、解答等
分析	知识分解，找联系	要素分析(如论文组成) 关系分析(如因果分析) 组织原理的分析(如语法结构分析)
综合	将零碎知识整合成系统知识，强调创造能力	编写创造性的故事 设计科学程序，制定方案，解决问题
评价	对材料做价值判断	说出……的价值、评定、证明
情感领域	含义	举例
接受	愿意关注某事件或活动	注意、察觉等
反应	主动参与活动，获得满足感	如感兴趣，心情愉快地主动阅读课外资料
评价	对知识给予态度和信念的正面肯定	态度、欣赏等
组织	不同的价值观组合，不同的价值体系	人生哲学等
个性化	自己的价值观	品德等
动作技能领域	含义	举例
知觉	通过感官，明确对动作等的意识能力	观看游泳的演示
模仿	学生重复示范动作	观看后，学生能以一定的精确度演示动作
操作	学生独立操作	练习后，学生能在10级操作成绩中达到7级
准确	错误减少到最低程度	精确、有控制、无误
连贯	按规定顺序和协调要求调整行为	流畅、和谐、协调、有节奏
习惯化	自动或自觉地做出动作	自动的、自然的、完美的

图3-4 布鲁姆认知领域教学目标分类

3.3.2 教学目标表述

很多企业培训师都采用"知道……"(例如"知道跨部门协作的障碍")、"掌握……"(例如"掌握跨部门协作的关键要点")等形式编写课程目标。这一目标揭示的是学员学习课程的结果,即从"内容"层面编写课程目标。事实上,课程目标编制有两种:一种是"内容"层面;另一种是"结果"层面,即学员学习完本课程后,会有哪些行为改变以及会发生哪些结果,比如"提高跨部门协作意识""能将开发建设周期控制在70天内"等。一门课程同时具备这两种不同指向的课程目标,才能发挥课程目标的指向、评估和激励作用。

在课程目标编写方面,本书将介绍"行为目标的ABCD表述法",ABCD目标表述法四要素如表3-2所示。

表3-2 ABCD目标表述法四要素

主体(Audience)	学员,课程目标表述中的主语
行为(Behaviour)	学习者应做什么,目标表述句中的谓语和宾语
条件(Conditions)	上述行为在什么条件下产生
程度(Degree)	上述行为的标准

例如,外卖骑手的导航软件培训课程,符合ABCD表述法的课程目标是"通过学习'导航软件使用培训'课程,骑手能够在导航软件的实时导航支持下,将外卖送达下单地址的准确率提高到100%"。其中,行为主体是"骑手",行为是"将外卖送达下单地址",条件是"在导航软件的实时导航支持下",标准是"达到100%的准确度"。

3.3.3 确定课程特色

上述教学目标分类、教学目标表述是从课程开发的角度所做的考虑。作为企业培训师,在确立课程目标时还要思考课程特色,即课程与相同课程主题的其他课程相比的差异性与独特性。对于课程特色，可以从课程目标、课程内容、课程形式甚至主讲人资历与经验等多方面描述，一要体现课程的特点、差异性，二要体现课程的亮点和价值。

课程特色也将影响课程内容以及课程形式。比如，课程特色是实战，即聚焦学员业务难点及卡点，并萃取组织经验与智慧，则课程内容必须包括学员的业务场景，并且基于业务场景揭示业务难点及卡点，在此基础上展开课程内容，而且内容必须务实，即有具体的措施和办法。

某房地产公司课程特色海报如图3-5所示。

图3-5 某房地产公司课程特色

3.4 设计课程内容

课程内容的分析与设计主要关注课程内容的层次和逻辑及最终呈现，这是课程研发的核心工作。成人的学习特点是有逻辑、结构化的，对自己能理解的课程内容掌握得更好。因此，课程内容必须结构化、有逻辑。

课程内容主要有三大类来源：第一类是组织内部经验萃取，即通过调研、访谈骨干员工及内部专家等人群萃取组织内部的经验及方法；第二类是外部专家、行业标杆的经验及方法；第三类是经典的学科内容。

3.4.1 课程内容分析

课程内容划分方法一般有要素法、流程法、认知递进法等几种。无论哪种方法，都要注重上下层级关系且要符合MECE(Mutually Exclusive Collectively Exhaustive)原则，避免出现混乱。课程内容分析示例如表3-3所示。

表3-3　课程内容分析示例

要素法	认知递进法	流程法
高效沟通：向上沟通／向下沟通／水平沟通	高效沟通：沟通重要性／沟通障碍／沟通技巧	高效沟通：确认目的／阐述观点／处理异议／达成协议

3.4.2　课程内容呈现

要呈现每个模块的课程内容，除了要考虑课程内容的结构性和逻辑性，还要考虑学员记忆能力、学员兴趣等因素。对于教学内容的呈现，本书推荐加涅提出的"教学九事件"。

加涅(1992)指出，学习的条件有内外之分。内部条件是学生具有必要的智慧、技能和学习动机与预期；学习的外部条件就是"教学九事件"。加涅提出的"教学九事件"适用于各课程主题领域，与学习的内部过程相对应，具体包括以下方面。

- 引起学习者注意。
- 告知学习者学习目标。
- 激励学习者回忆先前掌握的知识。
- 呈现新知。
- 提供学习指导。
- 引出行为。
- 提供正确行为的反馈。
- 评估行为。
- 促进保持和迁移。

3.5　设计课程形式

依据知识、技能、态度等不同性质的课程内容，以及知道、领会、掌握等不同的课程目标，应采用适合的课程形式将其呈现给学员。比如，对于需要学员记住的知识类内容，宜采用考试、竞赛或讲授等方式呈现；对于需要学员掌握动作技能、操作要点的技能类课程内容，宜采用示范、观摩、演练等形式呈现；对于需要学员理解并应用的能力类内容，宜采取案例分析、小组辩论等形式呈现。下面，本书介绍一些主要的、常用的课程呈现形式。

3.5.1 案例教学

案例教学(Case Method)是由美国哈佛法学院前院长朗代尔(C.C.Langdell)于1870年首创，后经哈佛企管研究所所长郑汉姆(W.B.Doham)推广，并迅速从美国传播到世界许多地方，被认为是代表未来教育方向的一种成功的教育方法。20世纪80年代，案例教学引入我国。当前，案例教学是国内企业培训的主流培训形式。

案例教学是一种高度开放与互动性强的教学方式。要开展案例教学，需做好以下工作：在课程研发阶段，要经过周密的策划和准备，要使用特定的案例；在课程实施阶段，要在课前指导学员提前阅读案例，在课上组织学员开展讨论，学员和培训师之间应多多互动与交流。需注意，案例教学一般要结合一定的理论，通过各种信息、知识、经验、观点的碰撞来达到启示理论和启迪思维的目的，即让学员"知其然，知其所以然"。

在案例教学中，所使用的案例既不是"杜撰"出来"讲道理"的故事，也不是写出来阐明事实的事例，而是为了达成明确的教学目的，基于一定的事实而编写的故事，将其用于课堂讨论和分析之后会使学员有所收获，从而提高学生分析问题和解决问题的能力。

在案例教学中，案例一般分为总结型案例、决策型案例，分别对应不同的教学设计结构，如表3-4所示。

表3-4 案例教学课程结构

案例类型	案例类型介绍	教学设计结构
总结型案例	所谓总结型案例，即已经真实发生，且有阶段性结论，也就是事件背景、事件问题、问题解决措施、问题解决结果等信息全部具备的案例	典型的教学设计结构：学员阅读案例(全部案例信息)—学员思考案例所提问题(比如，案例主人公为何采取这种措施、案例主人公处理措施的利弊)—学员回答讲师提问或分组研讨。 总结型案例也可采用开放型案例适用的教学设计结构，即学员只阅读案例事件的背景与问题，然后开始思考问题
决策型案例	所谓决策型案例，即案例所揭示的事件背景、事件问题已经发生，但该事件如何解决、解决措施效果如何还未知	典型的教学设计结构：学员阅读案例—学员思考案例所提问题(比如，如果你是案例主人公，你将采取何种措施，为何采取这种措施)—学员回答讲师提问或分组研讨。 在分组研讨阶段，除采用头脑风暴法外，还可以采用艺廊街、开放空间等更多的结构化研讨方式

表3-4介绍的案例教学模式，均是研发难度一般、培训师授课时驾驭难度一般的教学形式。讲师也可以采用逐一抛出问题、问题层层递进、引导学员分析、最终实现教学目的的方法，这种方法的课程研发与授课难度相对较高。

案例3-1　总结型案例(沟通案例节选)

(场景一)需技术经理入场

时间回到一个月前……

"项梅，其他两个厂商安排的15名开发人员至今都还留在现场，而你们只剩下9人，亏你们还承接了这个项目最关键、最难做的一块。这次我们要求技术经理一周后入场，你们可别出问题，一周后领导来视察，别说我没提醒你啊！"和项梅一起用餐的柯菊说。

客户的这个项目由三家厂商共同完成，客户要求每家厂商都派驻15名开发人员入场。让项梅倍感骄傲的是，在客户如此坚持的情况下，朗新仍旧可以撤出6名人员支持其他项目。客户虽然颇有微词，但每次工作考核，给朗新的评价都是优秀。项梅暗想，自己既要考虑客户需求，也要考虑朗新需求。

"必须入场吗？远程工作行吗？系统设计在哪里都能做好的。"项梅深知公司近期启动了好几个大型项目，不乏战略性项目，听说技术部门的同事都忙疯了，已经没日没夜地加班一个多月了。并且，和公司同期的其他项目相比，这个项目只有百余万元的合同额，这时让公司安排一个技术经理入场比较难，所以她才试探着问柯菊。

"你又和我讨价还价，技术经理入场这可是合同规定的，并且你看看最近的需求变更和工作量，不来现场还怎么工作？何况我们领导下周来视察，其他厂商的技术经理都在，就你们的不在，你觉得合适吗？"柯菊不悦地反问道。

"好，下周入场，我们朗新的工作质量是最好的，什么时候让你们操心过？"项梅自信满满地说。

项梅虽然做出保证，但心里一直在打鼓，真的不好协调啊！

季总是技术部总监，负责技术部所有工作和人员的安排，说服季总是关键。季总在朗新工作十余载，大家普遍认为季总拥有战略远见，说话直接，目标明确，做事情讲究效率。

思虑再三，项梅决定给季总写一封邮件……

(场景二)技术经理拒入场

邮件发出不久,项梅就收到了季总的回信:"季竹负责此事。"

季竹!这是让项梅又恨又爱的一位同事。项梅与季竹曾经打过交道,这个项目的初期设计就是季竹负责的。季竹专业知识丰富,业务能力强,工作效率高,敢说敢做,就是有些傲慢,大局观和全局意识稍微差些,和客户及同事的配合不那么密切,而且做事缺乏主动性,对自己觉得不重要的工作有些敷衍。项梅回忆起之前的合作经历,依然心存芥蒂。

果然,季竹很快就回复了邮件:"电脑坏了,修好再去!"

看到这封邮件,项梅差点没背过气去,同时又觉得好笑。多年的工作经验告诉项梅,情绪是杀手,越是这样越要冷静。换个角度想,也许季竹真有难处呢?比如,也许他真的在修复电脑,很快就能修好;也许最近项目太多压得季竹喘不过气;也许……想着想着,项梅的心情平复了很多。

这时,邮件图标又在闪烁,季总回复邮件:"电脑修不好你就不去了吗?"字里行间,隐隐透着季总的怒气。

项梅深知依靠权力影响人是最不得已的策略,权利带来的只是服从,影响力造就的是合作。既然季总有了安排,自己该找季竹谈谈了。否则,带着情绪也难以开展工作,客户更不会满意。项梅拿起电话,随即又放下。常听人说"如果谁让你没面子,往往是你自己先让人家没面子"。项梅想:是不是自己的某些做事方式不妥?为什么季竹会这么抗拒入场?他有哪些难处?对于入场这件事,季竹有什么看法?他会提出哪些理由呢?我们怎么解决问题呢?我能接受的底线在哪里?自己和季竹不在一个部门,还是同级,怎样才能说服他呢?思考良久,项梅又拿起了电话。

"季竹,你看我正身处龙潭虎穴呢?电脑都快震坏了。"项梅打趣道,希望能消除季竹的"敌意"。

"有话直说,你是催我过去吧!你看我们这里现在的项目,哪个金额不比你那个项目高!这种情况都没有让我入场呢!资源是有限的,应该投入在重要项目上。"季竹将听筒夹在胳膊和脑袋之间,两只手还在快速地敲打键盘,冷冷地说。

"你说得很有道理,我在给季总的邮件中也解释了需要技术经理到场的原因,季总转给你了吗?并且你看,虽然这个项目金额小,但也是咱们公司实力的体现啊!如果这个你口中的小项目我们都无法让客户满意,客户怎么会想谈大项目呢?这会影响咱们公司和客户的关系。下次销售怎么拿项目?并且这个客户也是你负责的,这次入场也是你和客户建立关系的好契机啊！而且在这个项目之后，确实有一个大项目等着咱们挖掘。项目一期的设计客户特别满意，客户现在充满期待……"项梅解释道。

季竹没有言语，心里嘀咕："你也不和客户争取一下，客户提什么要求你们都同意！也许远程支持就可以呢！"

项梅仿佛听见了季竹的腹诽，说道："我已经努力说服客户了，看有没有其他办法……"

"好吧，你总有道理！可是我得晚一周去，我手里还有一些紧急方案要做，这周内必须出来。"季竹坚持说。

"据我了解，客户要求技术经理下周就进场，并且客户领导下周来视察，还要谈系统设计问题。你晚一周入场，我很难办啊！"项梅解释道。

"我手里的工作下周内必须做完，你请季总安排其他人去吧！"季竹将球踢了回来。

项梅强忍不快，说道："我同意你的观点，我这里也有一个蛮好的主意，你看我们这样做行吗？你先按客户要求的时间进场，进场后兼顾你手里的工作，这样问题不就解决了嘛！再说，季总已经做出了决定，安排你来，你能不来吗？你了解季总的。"

"好吧，我过去，不过跟你干活太辛苦了，你总承接其他厂商不愿意做或者特别有难度的活。"季竹抱怨。

"太好了，那你下周就过来，记得给季总回个邮件！"项梅提醒季竹，接着说，"咱们也好久没见了，正好聚聚，这里附近开了一家你最喜欢的火锅店，有时间请你吃火锅！"

就这样，季竹接受了任务，如期入场。

请思考： 项梅是如何说服季竹的？

案例3-2　决策型案例(沟通案例节选)

"项梅，其他两个厂商安排的15名开发人员至今都还留在现场，就你们只剩下9人，亏你们还承接了这个项目最关键、最难做的一块。这次要求技术经理一周后入场，你们可别出问题，一周后我们领导来视察，别说我没提醒你啊！"和项梅一起用餐的柯菊说。

这个项目由三家厂商共同完成，客户要求每家厂商都派驻15名开发人员入场。让项梅倍感骄傲的是，在客户如此坚持的情况下，项梅项目团队仍旧可以撤出6名人员支持公司的其他项目。客户虽然颇有微词，但每次工作考核，给项梅项目团队的评价都是优秀。项梅暗想，自己既要考虑客户需求，也要考虑自己公司的需求。

　　"必须入场吗？远程工作行吗？系统设计在哪里都能做好的。"项梅深知公司近期启动了好几个大型项目，不乏战略性项目，听说技术部门的同事都要忙疯了，已经没日没夜地加班一个多月了。此外，和公司同期的其他项目相比，客户的这个项目合同额较小，只有百余万元。这时让公司安排一个技术经理入场比较难，所以她才试探着问柯菊。

　　"你又和我讨价还价，技术经理入场可是合同规定的，你再看看最近的需求变更和工作量，不来现场怎么工作？更何况我们领导下周来视察，其他厂商技术经理都在，就你们不在，你觉得合适吗？"柯菊不悦地反问道。

　　"好，下周入场，我们的工作质量是最好的，什么时候让你们操心过？"项梅自信满满地说。

　　项梅虽然做出保证，但心里一直在打鼓，真的不好协调啊！项目一期的设计是季竹负责的，客户对项目一期的设计很满意。若协调技术经理入场，季竹是最适合的人。可提起季竹，不禁让项梅又恨又爱。

　　季竹专业知识丰富，业务能力强，工作效率高，敢说敢做，就是有些傲慢，大局观和全局意识稍微差些，和客户及同事的配合不那么密切，而且做事缺乏主动性，对自己觉得不重要的工作有些敷衍。项梅回忆起之前的合作经历，依然心存芥蒂。

　　季竹的直接领导——季总，负责技术部所有的工作和人员安排。季总在公司工作十余载，大家普遍认为季总拥有战略远见，说话直接，目标明确，做事情讲究效率。

　　该如何协调季竹入场呢？季总的意见很关键！那么，是自己直接找季总，还是请项总支持呢？还是尽量不麻烦领导，自己先扛下来，再想办法协调解决吧。

　　项梅计划给季总写一封邮件……

　　邮件发出不久，项梅就收到了季总转发给季竹、抄送给自己的回复："季竹负责此工作。"

　　"电脑坏了，修好再去！"季竹很快就回复了邮件。

　　"电脑修不好你就不去了吗？"季总回复了邮件，语气中隐隐透着不快。

　　看到季竹的回复邮件，项梅差点没背过气去，同时又觉得好笑。不过，项梅也听说季竹近期疯狂加班，几个技术方案的交付时间和自己客户的入场时间重合，季竹也很难将这几个技术方案交给其他同事接手。

项梅深知依靠权力影响人是最不得已的策略，权力带来的只是服从，影响力造就的是合作。既然季总有了安排，自己也该找季竹谈谈了。否则，季竹若带着情绪开展工作，客户不会满意的。

请思考： 如果你是项梅，你会如何说服季竹呢？

3.5.2 结构化研讨

当前，企业培训课程越来越重视学员的参与，即注重学员群策群力发现问题、解决问题的能力。因此，结构化研讨日益成为主流的课程教学形式。

结构化方法是一种传统的软件开发方法，它是由结构化分析、结构化设计和结构化程序设计三部分有机组合而成的。它的基本思想是：把一个复杂问题的求解过程分阶段进行，而且这种分解是自顶向下、逐层分解，使得每个阶段处理的问题都控制在人们容易理解和处理的范围内。

在引导技术中，结构化研讨是团队分阶段、分层次地针对某一个问题展开深入对话，并就成果达成共识的过程。几乎所有有效的结构化研讨均要经过发散、收敛两个阶段。所谓发散，即从一到多的过程，也就是说，学员对某一主题或问题充分发表自己的观点的过程；所谓收敛，即从多到一的过程，也就是说，学员对某一主题发表众多观点，根据一定的标准与程序，形成小组共同观点。从发散阶段到收敛阶段，中间往往要经历一定的震荡，即学员不同观点的充分碰撞。结构化研讨过程如图3-6所示。常用的结构化研讨工具如表3-5所示。

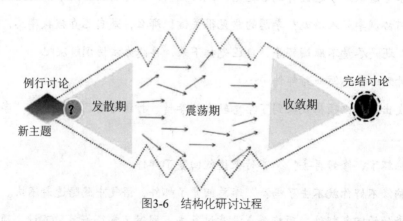

图3-6 结构化研讨过程

表3-5 常用的结构化研讨工具

工具	操作流程
世界咖啡	● 每桌选出一名桌长，桌长组织小组成员进行第一轮研讨。 ● 第一轮研讨结束后，除桌长(或每组的"明白人")外，小组其他成员离开本桌，去新的桌上进行第二轮研讨。 ● 第二轮研讨之后，所有学员回到第一次分组的桌旁，进行第三次研讨，并将最终的解决方案写在白板上。 可以根据问题的难度和培训时间，安排1～3次轮换
艺廊街	● 将研讨议题张贴在培训室一处。 ● 学员根据自己的经验及能力选择参加感兴趣的研讨议题。 ● 形成小组研讨。 ● 根据一定规则达成小组共识
团队共创	● 聚焦主题，即明确研讨议题是什么，为什么这个议题很重要。 ● 头脑风暴，即通过头脑风暴收集参与者的所有想法。 ● 分类排列，即梳理散乱的想法，将卡片分类，形成类别。 ● 提取中心词，即概括每类卡片共同表达的是什么
头脑风暴	遵循四项原则：一是自由思考，即要求与会者尽可能解放思想，无拘无束地思考问题并畅所欲言，不必顾虑自己的想法或说法是否"离经叛道"或"荒唐可笑"；二是会后评判，即禁止与会者在会上对他人的设想评头论足，排除评论性的判断，至于对设想的评判，留在会后进行；三是以量求质，鼓励与会者尽可能多地提出设想，以大量的设想来保证质量较高的设想的存在，设想多多益善，不必顾虑构思内容的好坏；四是"搭便车"，见解无专利，即鼓励与会者"盗用"别人的构思，借题发挥，根据别人的构思联想另一个构思，利用一个灵感引发另一个灵感，或者修改别人的构思
开放空间	● 引导师介绍开放空间的规则与流程。 ● 学员将需要研讨的议题写在白纸上，并张贴于培训室一处。 ● 学员根据个人兴趣，移动双脚，找到自己想研讨的议题。 ● 新组成的研讨小组开始研讨议题。研讨过程中，学员可随时离去(参加其他议题的研讨或不参加任何议题的研讨)。 ● 议题发起人总结研讨成果。 遵循四项原则：一是何时结束都可以；二是何时开始都合适；三是在场的人都是合适的人；四是发生什么都可以。 开放空间的"双脚法则"：在会议的任何时间，如果参与者发现自己没有学习或者没有贡献观点，可以移动双脚，到自己喜欢的地方去，可以加入另一组的研讨，也可以什么也不做，去阳台上晒晒太阳

3.5.3 角色扮演

角色扮演(Role-playing)伴随的是情景模拟，即学员在模拟的"环境"或"场景"中扮演角色，并应对可能出现的问题，体验某种行为的具体实践，以帮助他们了解自己，改进提高。角色扮演情景模拟如图3-7所示。角色扮演任务卡如图3-8所示。

情景模拟——飞凡医疗招商谈判

飞凡医疗科技有限公司于2010年正式成立,总部位于上海,由海外留学归国创业团队和其他第三方共同出资创办,专注于医疗仪器设备及器械的研发、设计、生产、销售及售后服务,主要产品包括CT扫描仪、核磁共振仪等。该公司的科技水平在行业内处于领先地位,目前正在大规模扩张中。【详见案例集】

- 接下来的情景模拟有甲、乙、丙、丁4个角色,已经根据名单为各位学员分好角色,角色相同的学员成为一组。请选出一位学习委员,未参加情境模拟的学员作为观察员,记录模拟过程中双方运用的技巧以及不足之处。
- 时间:20分钟
- 任务:实现利益最大化
- 分数计算方法:谈判得分

图3-7 角色扮演情景模拟

第一轮谈判任务卡

某公司代表

这是双方第一次正式接触。

初步了解到,县领导对于区域发展非常重视,将PPP项目作为今年的重点工作,但本地没有开展PPP项目的经验。

目标

1. 你需要向政府领导介绍清楚PPP业务模式,并结合当地的产业发展现状,提出初步建议,让领导认可这种业务模式。

2. 展示公司实力,让对方对我方产生信任和合作意向。

图3-8 角色扮演任务卡

3.5.4 课程概要设计

完成课程需求分析、课程目标编写、课程内容设计、课程形式设计之后,就要进入正式的课程资料开发阶段,即研发讲师手册等。为了保证所开发的课程能够满足学员需求,符合课程开发需求提出方的期待,在正式开发课程资料之前,往往要先进行课程概要设计,即概要呈现课程内容的分析结果、课程形式的设计结果,并与课程培训需求提出方就课程概要设计内容沟通确认后,再进入正式的课程资料开发阶段。课程概要设计表如表3-6所示。

表3-6 课程概要设计表

课程名称	
适用对象	
课程目标	
课程形式	
课程时长	
课程特色	

课程内容与形式				
一级目录	二级目录	主要知识点	培训形式	课程时长

3.6 开发课程资料

一般而言，课程开发工作需要产出几项成果，即学员手册、授课PPT、案例集、讲师手册等。其中，讲师手册是重点课程资料。

讲师手册是讲师讲解课程的参考手册，主要内容包括授课目的、培训对象、课程大纲、授课时间安排、教学方法与技巧、解决学员问题的技巧、案例的引用和分析等，用于指导讲师将教学内容和学员情况有效结合起来，高效完成教学任务。讲师手册一定要做到"傻瓜化"，图文并茂，便于讲师据此操作，如表3-7所示。

表3-7　讲师手册

一、讲师手册使用说明			
二、讲师手册目录			
三、课程概述 1. 目标学员 2. 学习目标 3. 课程时长 4. 课程形式 5. 班级人数 6. 教室布置			
四、培训物料			
五、课程大纲			
一级目录	二级目录	时长	PPT
六、授课要点			
PPT截图	授课要点： 1. 本页目标 2. 本页时长 3. 本页形式 4. 讲师讲解内容 5. 重点与难点 6. 注意事项		
PPT截图	授课要点： 1. 本页目标 2. 本页时长 3. 本页形式 4. 讲师讲解内容 5. 重点与难点 6. 注意事项		

案例3-3 讲师手册(节选)

下面,我们通过一个实例来了解讲师手册的内容,见表3-8。

表3-8 讲师手册(节选)

讲师手册使用说明

本讲师手册供讲师备课使用。讲师可通过本手册了解课程的学习目标、学习内容、学习形式、教学重点及注意事项,从而达到更好的教学效果。

本手册配套材料包括演示PPT、教学案例、教学视频、学员手册等,请结合使用。

本讲师手册中,讲师讲解内容用"楷体"字表示。讲解部分没有办法全面、准确地预测案例讨论、情景模拟等教学活动中学员可能出现的实际反应,给出的总结是讲师至少需要总结到的,讲师可根据学员在现场的不同反应加以调整,但不建议改变课程结构。

本讲师手册仅提供对课程内容本身的讲解,建议讲师储备更丰富的商务谈判知识,从而将课程讲解得更深入、丰富。

目录

讲师手册使用说明 ………………………………………………	64
课程概述 ……………………………………………………………	65
课程大纲 ……………………………………………………………	67
一、开场:课程导入 ………………………………………………	68
二、博弈"红蓝游戏" ………………………………………………	70
三、谈判:策划、博弈、突破、双赢 ……………………………	85
四、商务谈判情景模拟 ……………………………………………	90

课程概述

××大学调研访谈了各经营单位中多名从事商务谈判工作、对商务谈判工作有真知灼见及心得体会的人员,还原××谈判场景,重现谈判难点、卡点,萃取经验智慧,同时参考外部谈判专家的经验与学识,建立了××公司商务谈判"四边形模型",定制研发了本课程。

商务谈判的"四边形模型":

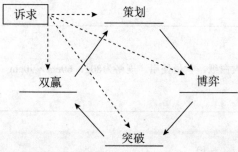

课程时长:共14小时。课程内容有一定独立性,可根据培训需求选择适当内容,课程时长调整为7小时。

课程形式:知识点讲解、案例教学、情景模拟、角色扮演、互动研讨等。

(续表)

班级人数：建议30人左右，5人一组。
教室布置：鱼骨形。
目标学员：负责商务谈判的人员。

学习目标：
本课程以××商务谈判实际场景及案例作为重要的教学素材，通过多种活动设计，将知识、工具与实际案例相结合，帮助学员实现练中学、学中练。通过对本课程的学习，学员可以实现以下目标。
1. 掌握商务谈判"四边形模型"；
2. 掌握谈判议题、目标、成员搭配的策划方法；
3. 掌握谈判前、中、后期的博弈技巧；
4. 掌握谈判卡点的突破方法；
5. 掌握运用第三选择建立双赢结果的方法。
讲师用品：

用品图示	用品名称及使用目的	数量
	教学使用(包括音响、转换接头)	1个
	翻页器，课程教学时用于PPT翻页	1个
	课程挂图，用于展示	1张 课程框架图
	彩笔、马克笔，讲师学员使用	每组1盒彩笔、1盒马克笔
	大白纸，学员使用。规格为80g，60cm×90cm	1卷
	讨论使用	每组 3色3本

(续表)

(续表)

用品图示	用品名称及使用目的	数量
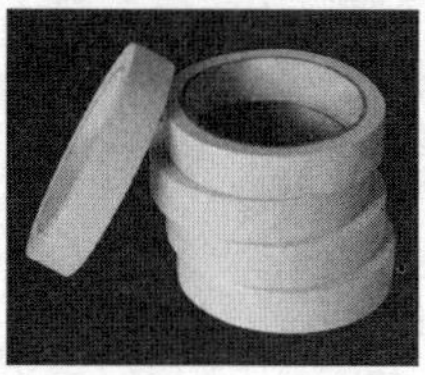	胶带，用于粘贴海报	每组1卷
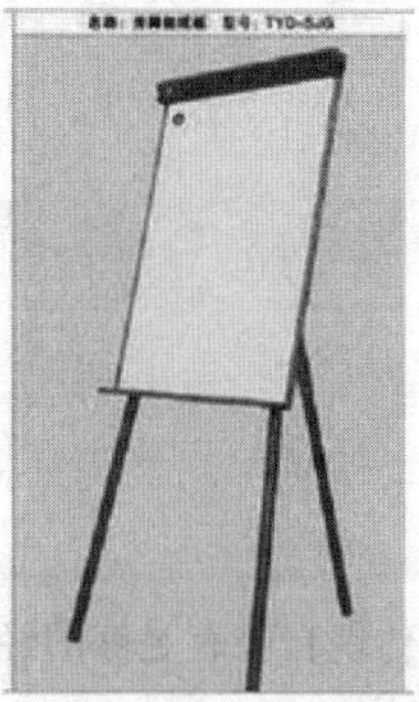	用于展示小组讨论结果	每组1个

具体的课程大纲：

课程内容	时长	PPT页码
一、开场：课程导入 1. 介绍课程目标、课程安排、学习收益 2. 明确学习内容 3. 分配角色	30'	P1～P6
二、感受博弈：红蓝游戏 1. 进行十轮"红蓝博弈" 2. 博弈的意义 3. 谈判的盲点	165'	P7～P12
三、××谈判"四边形模型" 1. 策划(议题策划、目标策划、成员策划) 2. 博弈(谈判前博弈、谈判中博弈、谈判尾声博弈) 3. 突破(人为因素卡点、利益因素卡点、客观因素卡点) 4. 双赢(建立双赢思维、促成双赢结果)	165' 165' 165' 60'	P13～P55
四、政府谈判情景模拟 1. 进行两轮政府谈判 2. 讲师点评，强化重点	60'	P56～P58
五、课程总结 1. 依照"四边形模型"回顾课程 2. 艺廊街总结课程	30'	P59～P61

(续表)

开场：课程导入
课程导入界面： **讲师操作步骤以及话术** PPT1：【预计8～10分钟】 1. 讲师开篇自我介绍 　　讲师可以用自己喜欢的方式介绍此部分，要体现两个方面：第一方面，体现自身有足够的经验讲授此门课程；第二方面，突显自己的经验与特点。 　　推荐自我介绍活动——是真是假，活动介绍如下：写出亲身经历的3件事情(有2件是真的，1件是假的)，让学员猜，之后再将两件真事和大家分享，时间控制在5～8分钟。 2. 讲师解释标题 　　制"胜"谈判技巧，这里的"胜"之所以加上引号，表示的是双赢，总体来说就是帮助谈判双方达成双赢结果的谈判技巧。双赢的谈判，可以帮助我们实现长远的合作

案例3-4　学员手册示例(节选)

学员手册示例如图3-9、图3-10所示。

图3-9　学员手册示例(一)

积分表：

轮次	甲(出牌)	乙(出牌)	甲(得分)	乙(得分)
第一轮				
第二轮				
第三轮				
第四轮				
第五轮				
第六轮				
第七轮				
第八轮				
第九轮				
第十轮				

学习心得：

图3-10　学员手册示例(二)

第4章 培训课程讲授

培训课程研发结束后，需要培训师授课，将课程内容传递给学员。好的培训师能进一步提升课程品质，提高课程效果。

4.1 了解成人学习特点与偏好

企业培训的学员均是成人，成人学员有其特点及偏好。培训师了解成人学员学习特点，是保证课程讲授取得成功的基础。

4.1.1 成人学员学习特点

- 学以致用，即知道为什么学才愿意学。
- 目标性强，即想要即学即用，求速成。
- 经验主义，即成人学员会从自身经验出发，喜欢把正在学的知识与他们已经知道的知识联系起来。
- 个性独立，即成人学员能独立思考，有自己独立的见解。
- 场域偏好，即成人学员喜欢有亲和力、知识渊博、使人感到愉快的培训师，且在气氛、环境适宜的场合才愿意学。
- 学习方式偏好，即成人学员喜欢通过实践来学习，他们希望参与其中，喜欢讨论与互动(期待被尊重与被赏识)，将学习作为一种思想交流与碰撞的过程。

4.1.2 成人学员喜欢的课堂气氛

- 学员受到培训师的尊重。
- 学员自己的经验被培训师认为相当有价值。
- 学员的意见被培训师肯定、采纳、尊重。
- 学员提出的问题培训师能认真地面对、处理。

4.1.3 成人学员不喜欢的讲师言行

- 倚老卖老，自以为是。

> 过度自我吹捧以及谈吐虚伪。
> 过度讨好学员或当场斥责学员。
> 好与学员争辩。
> 时间管理不佳，拖堂，不能按计划时间完成授课。
> 课前准备不足，授课态度敷衍。
> 与课程无关的话题谈论过多。

4.2 授课准备

有些培训师认为培训中的临场反应与即兴发挥比较重要，利用自己的天赋潜能和专业经验就可以完成一场培训。然而，凡事预则立，不预则废，好的培训是设计出来的，也是"备"出来的，授课之前的充分准备非常重要。

4.2.1 克服紧张

刚登上讲台的一些企业培训师可能会感到紧张，出现心跳加速、大脑空白、不敢正视学员，甚至双手发抖、两腿发软、词不达意的状况。适度紧张是必要的，然而过度紧张会影响授课效果。英国心理学者哈德菲尔德说过："人在自信的情况下，可以把自己的能力发挥到500%以上；没有自信且自卑的人，只能发挥出自己能力的30%。"此外，学员能感受到培训师的紧张，这也不利于讲师树立专业性、权威性。

培训师紧张的原因多种多样，具体包括：过于重视授课结果，即担心课程讲得不好；对自己有过高的要求，比如完美主义者更容易紧张；没有做好准备；授课能力优秀，但缺乏成功的授课经验。

针对上述紧张原因，可采用如下方式克服。

> **管理好授课预期。** 战略上重视授课，战术上"蔑视"授课，不夸大授课成功或失败的结果。
> **自我暗示法。** 不断自我暗示"我能行""我能讲好课程""即使讲不好也没有关系"。
> **充分准备。** 对课程目标、课程内容、课程形式、与学员的互动等均了然于胸，甚至不动脑子也能"出口成章"，当准备到这种程度时，基本就不会紧张了。
> **找到积极反馈。** 提前到场，与配合度高、学习态度积极投入的学员建立联系，

课堂上多与这类学员互动。

> 熟悉环境。提前到培训现场，并在讲台上、教室内走动，寻找感觉。

在上述克服紧张的措施中，较为有效的是对授课内容做充分准备，具体包括对授课内容的深度挖掘、反复提炼，从而做到胸有成竹。只有这样才能做到出口成章、娓娓道来，自然从容不迫。

4.2.2 审视仪表

培训师要Hold住全场，首先要树立专业的职业形象。

培训师着装的"职业化程度"要根据学员所在企业的企业文化、学员着装风格确定，往往采用"高一级"的原则，即如果学员身着T恤(比如互联网公司)，讲师身着衬衣即可；如果学员身着衬衣，培训师则需身着西装。如果学员穿T恤，讲师穿深色西装，会让学员产生"与讲师有距离"的负面印象。

无论如何着装，女性培训师均需化淡妆，根据个人喜好，可适度使用香水，饰物不宜过多。

培训师的一言一行均体现了自身的职业化程度，因此应给学员以成熟、稳重之感，尤其是年轻培训师。

4.3 开场及破冰

4.3.1 开场及破冰的目的

良好的开端意味着成功了一半。开场对一堂培训而言非常重要，所谓"行家一出手，就知有没有"，所以可以说开场奠定了整个培训的成败。如果没有做好开场，那么培训师在后面的授课中要付出更多的精力，才能调整好课堂状态，所以培训师非常重视开场。开场及破冰需要达到以下目的。

> 吸引学员将注意力集中在讲师的身上。

> 激发学员对讲授内容的兴趣。

> 调动学员听课的积极性。

> 概述整个培训内容，简略介绍要点。

> 消除学员之间、学员与讲师之间的距离。

4.3.2　开场及破冰的方式

开场前,培训师首先要向全体学员问好,对于不熟悉的学员,还要进行自我介绍。主要的开场及破冰方式有以下几种。

> 问题切入方式,即以一两个问题带出授课主题并引出授课内容。
> 故事吸引方式,即以故事开场,可有效吸引学员兴趣,提高学员参与的积极性。
> 事实陈述方式,即以事实开场,具有一定的说服力,能引起学员的重视。
> 引用名言方式,即引用恰当的名言来切入主题,可吸引学员注意力。
> 视频短片方式,即运用视听的震撼力来吸引学员,从而引入主题。
> 互动游戏方式,即采用与主题有关的互动游戏来吸引学员。

本书主要介绍对培训场地面积没有要求(即可在拥挤的培训场地开展)、不需要培训物料、培训时间由培训师灵活掌握(时间可长可短)、培训师不需要做大幅肢体动作且不需要调动气氛的破冰活动。

4.4　互动及控场

根据成人的学习特点,成功的授课应以学员为中心,而不是以培训师为中心。因此,在授课过程中,培训师不能唱独角戏,而是要与学员进行适当的互动,让学员参与讨论、论证并提出观点。这样既能激发学员的学习热情,也能使学员的理解和记忆更为深刻。

4.4.1　提问技巧

提问是培训师在授课中使用最频繁的基础互动方式。通过提问,可以引发学员的思考和讨论,也可以使沉默的学员发言,启发学员思维,了解学员的知识掌握程度,带动学员分享经验,营造课堂的互动气氛。

有时候,培训师不一定非要给出一个答案。提出一个有价值的问题,也许比给出一个有价值的答案,更有价值!在提问时,需注意以下几点。

> 培训师所提问题宜在课前策划好。
> 问题必须简短和容易理解。
> 每个问题只包含一个主题,且应联系学习要点。

- 开放式问题有助于学员更详细地陈述所要表达的内容。
- 可利用封闭式问题来获得肯定(你同意吗)。
- 不要问可能使学员感到尴尬的问题。
- 不为了炫耀、刁难而提问。
- 对有经验的学员可提问更难的问题。

4.4.2 倾听技巧

在人类所有行为中，倾听最能使别人感到受重视及自己的价值得到肯定。然而，这也是最容易被忽视的一点。培训师在授课中要特别重视倾听学员的反馈，具体应做到以下几点。

- 注意力高度集中，全神贯注地聆听。
- 及时复述对方的话或观点，以表示确实听到。
- 通过引导或启发，协助对方说下去。
- 不急于打断对方，也不轻易下结论。

4.4.3 点评技巧

培训师点评学员时，应做到以下几点。

- 站在学员的角度，换位思考。
- 对学员多多包容，不要总关注自己想讲的内容。
- 明确、具体，不含糊其词。
- 鼓励永远比批评更有力量。

4.4.4 回答技巧

成人学员善于独立思考，因此，面对成人学员的提问，培训师更要认真、谨慎地对待。一般情况下，当培训师能回答学员的问题时，宜直接回答学员提问。如果培训师不能回答学员的问题，可采取如下技巧。

- 直言不讳自己不清楚问题的答案，比如"我不知道问题的答案，但我可以帮你问别人……"或"这个问题确实没有对与错的答案，我个人认为……"
- 将问题还给提问者，比如"您会怎么做"。
- 将问题交给具备相关专长的人回答，比如"小王，去年你也碰到过类似情况，那时你是怎么处理的"。

> 邀请大家献计献策，比如"哪位同学愿意回答一下这个问题"。
> 推迟解答，比如"我需要认真思考一下，稍后我们再探讨好吗"。

有些学员有时也会提问与课程主题相关性较低的问题，或学员问题较多以至于影响了课程节奏，此时应和提问学员沟通将在课后做出解答，并说明课后解答的原因。

4.4.5 表达技巧

培训师的表达技巧包括语言表达、目光交流、动作手势、位置移动等方面，如表4-1所示。

表4-1 表达技巧

语言表达	● 语音——声音洪亮、吐字清晰(避免口头禅、含糊吞音、拖腔)。 ● 语调——抑扬顿挫、富于感情(声情并茂)。 ● 语气——坚定自信、详略有别(有激情)。 ● 语速——快慢得当、适度停顿(确认学员听懂讲师所讲的内容)。 ● 逻辑——思路清晰、纲举目张、过渡自然、言之有理(逻辑清晰比激情演讲更重要)
目光交流	优秀的讲师除了会用语言与台下的学员交流，还具备用目光交流的能力，这样能使学员产生被关注的感觉，从而不易走神及打瞌睡。 ● 上场时的眼神要求：横扫一片。 ● 讲述时的眼神要求：目光停留在每个听众身上3~5秒。 ● 照顾到所有的人，注意前方两侧的学员。 ● 眼神流露自信，并充满对学员的激励
动作手势	手势可以传达礼貌、信念、程度等信息，在培训中，手势的运用非常重要。注意要多用手掌少用手指，避免两手插在口袋里或摆在后面的姿势。 ● "仰"，掌心向上——请或无可奈何。 ● "立"，掌直立——同意、提出疑问。 ● "指"，掌心向左——指方向或对象。 ● "摇"——否定、拒绝。 ● "压"——"请安静""就这样决定了"。 ● "双拳上举"——跃跃欲试。 ● "双手下垂且掌心向外摊开"——无可奈何。 ● "搓手且双手朝下"——局促不安
位置移动	培训师在授课过程中，千万不要一直坐着，也不可以像木桩一样站着。在授课过程中，宜左右走动或者深入学员当中，这样可以起到与学员接近以及提醒问题学员的作用。 ● 在思考的过程中用踱步，在接近的过程中用慢步。 ● 在开放的空间适当移动，需配合眼神进行。 ● 有效地贴近学员，勿背对学员。 ● 忌上蹿下跳、突然跑动，这样会破坏课堂气氛

4.4.6 气氛调节

根据成人的学习特点，营造轻松与喜悦的学习氛围非常重要。学习氛围在很高程度上会影响学员的兴趣、投入程度及对培训师的授课满意度。一场培训的气氛是平淡无味、沉闷枯燥，还是掌声不断、笑语连天，或是群情激动，取决于培训师对现场的掌控能力和气氛调节技巧。常用的调节气氛的技巧有以下几种。

> 分组竞争。
> 讲故事或笑话。
> 放音乐或视频。
> 组织热身活动或游戏。

4.4.7 控场技巧

培训师在授课过程中，要冷静处理异常情况，掌控授课节奏。虽然可运用"控"场技巧，但需要特别注意，学员是课程的主体，培训师要充分尊重学员，切忌"斥责"学员或与学员产生冲突。常见的异常及处理方法如表4-2所示。

企业文化、企业培训师的级别、培训师的个人风格及权威性都会影响课堂异常的处理方式。总体来说，影响其他学员学习或影响课程结构推进的异常，培训师必须及时处理。表4-2中1~4项异常宜由培训管理人员来干预，当培训师级别高于学员或培训师权威性较高时适用。

表4-2 常见的异常及处理方法

	异常	异常处理方法
1	学员在上课时随便进出	● 开课之前，有约在先。 ● 讲解"磨刀不误砍柴工"的道理，请学员"既来之、则安之"。 ● 规定可以出去，但必须等下一节课再进来，并将此规定张贴在教室门外侧。 ● 在公司内营造"封闭式学习"的习惯和文化氛围
2	上课时学员打手机或手机响	● 暂时停止讲课，等他打完电话。 ● 重申关闭手机或调至静音。 ● 可制定"游戏规则"，暂时保管所有学员的手机，由培训服务人员代为接听和记录
3	上课时有人窃窃私语	● 目光扫视，重申课堂纪律。 ● 友善提醒他们可下课讨论。 ● 调动学员互相约束。 ● 暂停休息，并反馈给培训服务人员，请其协助管理纪律
4	上课时有人打瞌睡	● 提高音量或改变逻辑重音。 ● 提问旁边的学员。 ● 讲一个笑话或故事。 ● 做个集体游戏或伸个懒腰。 ● 进入研讨状态，由组长提醒。 ● 确实该休息一下了

(续表)

	异常	异常处理方法
5	对于讲师提问，学员冷场	● 重复所提问的问题。 ● 对所提问题给予提示。 ● 指定某人回答
6	学员回答不正确、跑题或漫无边际	● 肯定该学员的发言行为，询问其他学员是否有不同的答案。 ● 给予适当的提示，再次提问。 ● 可适当提醒，如"可能是我的话把你引出了主题，我再重复一下我们的主题"。 ● 友善地打断，如"我们有些偏离主题，现在让我们回到正题上"
7	学员与讲师调侃	● 理解学员是善意的，不要太认真。 ● 自嘲，轻松化解。 ● 及时回到主题，提醒他/她不要再追究下去。 ● 不要过多地注视他/她，不要被他/她左右
8	学员跟讲师"唱反调"	● 倾听微笑，避重就轻，课后再论。 ● 保持良好的心态，不要让自己的情绪太受影响。 ● 切不可过于敏感，应对学员提出的方法持欢迎的态度，感谢他有不同的看法。 ● 尽量以幽默、轻松的方式化解。 ● 问问大家是否同意他/她的意见，有没有不同的看法，巧妙转移"对立面"

4.5 总结及回顾

4.5.1 总结及回顾的重要性

有些企业培训师不重视课程总结及回顾，认为总结及回顾没有价值，或因培训时间紧张而取消总结及回顾。事实上，课程总结及回顾是非常重要的。

首先，总结及回顾可帮助学员强化记忆。德国心理学家艾宾浩斯(H.Ebbinghaus)研究发现，遗忘在学习之后立即开始，而且遗忘的进程并不是均匀的。最初遗忘速度很快，以后逐渐缓慢。他认为"保持和遗忘是时间的函数"，他用无意义音节(由若干音节字母组成，能够读出，但无内容意义，即不是词的音节)做记忆材料，用节省法计算保持和遗忘的数量，结果如表4-3所示。根据他的实验结果绘成描述遗忘进程的曲线，即著名的艾宾浩斯记忆遗忘曲线，如图4-1所示。

表4-3 不同时间间隔记忆量

时间间隔	记忆量
刚记完	100%
20分钟后	58.2%
1小时后	44.2%
8～9小时后	35.8%

(续表)

时间间隔	记忆量
1天后	33.7%
2天后	27.8%
6天后	25.4%
31天后	21.1%

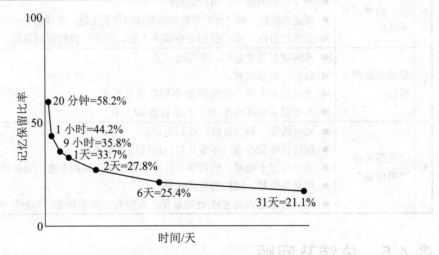

图4-1　艾宾浩斯记忆遗忘曲线

其次，总结及回顾能帮助学员客观评价课程价值及培训师授课效果。在现实的培训课程中，有些学员课后认为培训没有什么收获、培训师没有讲什么内容、课程没有深度，因此对培训课程评价较低。事实上，经过调查发现，学员在该课程领域中的很多困惑与问题均在课堂上找到了答案或者得到了启发。而学员因为课程信息量太大，或学习遗忘，或"溜号"等没有听到或没有记住课程内容，造成了对课程效果的不客观评价。因此，及时总结与回顾很有必要。

4.5.2　总结及回顾的方式

常见的课程总结及回顾方式有以下几种。

- ➢ 浓缩重点，对全部课程内容做简要的回顾与总结。
- ➢ 带领大家回顾，或请学员回顾。
- ➢ 带领大家讨论如何把所学应用到工作中。
- ➢ 肯定学员保持良好的秩序并参与互动。
- ➢ 激励学员按照演讲内容去改变自己。

第5章 培训课程实施

培训课程的组织与实施是执行重点，会在很高程度上影响课程培训效果。培训课程设计得再好，如果没有有效实施，也将是"空中楼阁""纸上谈兵"。

企业培训师的工作职责与工作内容不同，在培训课程实施阶段，所需开展的工作也不同。比如，有的企业培训师只负责课程研发与讲授，不负责课程组织与实施。在培训实施阶段，培训师只需要向培训管理者提出教室布置需求、培训物料需求即可。

本章从培训前准备、培训中现场管理及培训后总结与跟踪三个方面介绍培训课程组织与实施工作。其中，培训前准备是三大阶段中用时最长、工作最多、要求最细致的阶段；培训中阶段对培训师的临场反应和观察力的要求最高；培训后阶段对培训内容高度和培训师文笔的要求最高。

5.1 培训前准备

5.1.1 确定培训时间

培训时间由培训师自行安排，也可与培训管理人员协商后确定，具体包括以下几方面。

(1) 培训课程安排在哪天。培训时间的确定要兼顾工学矛盾。对于一天的培训，很多公司习惯安排在周五；对于两天的培训，很多公司倾向于安排在周五和周六。周一不是好选择，因为一般来说周一会议比较多。节假日之前或之后的1~2天不建议安排培训，因为很多员工"归心似箭"，可能无法集中精力在培训项目中，或者有部分学员会请长假导致不能准时参加培训。

(2) 培训课程开始时间。一般情况下，培训课程开始时间会定在日常工作的开始时间，即如果员工早上9点上班，培训课程的开始时间也会安排在9点；如果培训内容较多，需要更长的时间，也可于8:30开始。但不建议培训开始时间过早，以免影响学员的参训状态。

(3) 培训课程时长。标准课时一般为一天6小时(包括课间休息)。在企业内部培训中，可以根据培训内容确定需要的培训时长，比如3小时或7小时。

5.1.2 确定培训场所

培训场所由培训师自行安排，或与培训管理人员协商后确定。

培训场所是十分重要的，好的环境会提升培训的效果与效率。培训场所的选择要遵循一个原则——保证培训实施的过程不受任何干扰。

具体选择培训场所时应考虑以下三个方面。

(1) 培训场所的空间要足够大，能够容纳全部学员并配备相关设施，并且能保证每个学员有足够的活动空间。

(2) 培训场所的配套设施(如音响与投影等)符合培训的要求。

(3) 培训场所的整体环境(温度、隔音、通风、光线等条件)良好。

5.1.3 布置培训场所

企业培训师需要亲自组织培训场所布置工作，或提出培训场所布置要求，由培训管理者布置培训场所。培训场所布置主要包括讲师讲台、学员桌型、室内张贴及宣传(海报、易拉宝、条幅、引导布)等方面。

易拉宝除了能告知学员有关培训项目的信息并作为培训宣传手段外，还有指引学员的作用，因此易拉宝一般都布置在学员进入教室前的路线转弯处、培训教室门口等位置，也可以放置在员工密集区及办公楼大厅、食堂等位置。

1. 布置培训场所的注意事项

培训场所的布置方式有鱼骨形、U形、大型圆桌形等多种。具体采用哪种布置方式，要根据培训方案的需要，还要兼顾培训场所的硬件条件。总体来说，有五大注意事项。

(1) 学员的座位应方便学员进行目光交流。

(2) 不要太拥挤，但也不要让学员坐得过于疏远，以免导致讨论不足。

(3) 即便学员不一定会写很多字，桌子上也要留出足够的空间来放置活页纸、胶棒和其他东西。

(4) 把所有的设备、资料和辅助工具按顺序排放，以便学员能迅速取用。

2. 培训场所布置方式

(1) 鱼骨形。鱼骨形，顾名思义，就是像鱼的骨头一样，按"八"字形依次摆放桌子，在桌子的周围摆放座椅，组与组之间留出走路的间隔，使整体样式呈现鱼骨的形状，如图5-1所示。鱼骨形场所布置适合于有较多小组研讨、小组内及小组间有充分走动与交流的培训项目，是当下广受欢迎的培训场所布置方式。

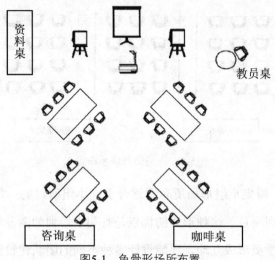

图5-1　鱼骨形场所布置

(2) 传统排列形。它又称为会议形，之所以称为会议型，是因为这种布置适合40～200人的大型会议，如图5-2所示。这种布置不利于学员与讲师之间的沟通，如果学员数量较多，也不便于学员走动，讲师很难与学员互动，尤其是后排学员。

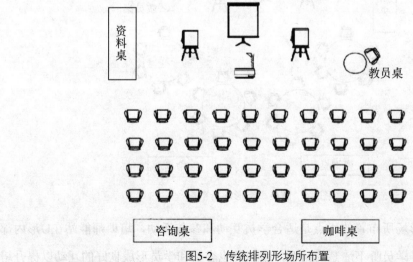

图5-2　传统排列形场所布置

(3) 双通道形。双通道形场所布置的优点是有助于学员将注意力集中到培训师身上，适合不需要太多互动的课堂教学；不足是受场地、桌形和学员座位的限制，不容易活跃现场气氛，学员随时间的推移容易分散注意力。双通道形场所布置如图5-3所示。

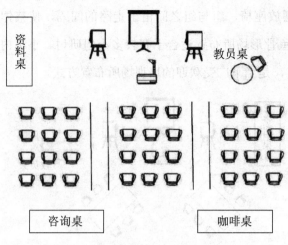

图5-3 双通道形场所布置

(4) 圆桌小组形。圆桌小组形场所布置适合于有小组研讨的、培训师与学员互动多的工作坊或团队型培训项目。这种形式的优点是有利于培训师激发学员参与讨论,方便培训师在场地走动与学员形成互动,还能设计多种不同的团队建设游戏,而且不会有学员背对讲师而坐(学员可以调整椅子方向)的情况;不足之处是对场地空间要求大,适合于小型培训班。圆桌小组形场所布置如图5-4所示。

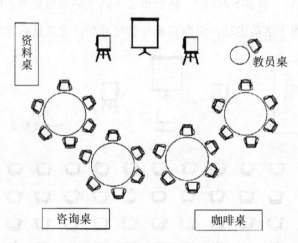

图5-4 圆桌小组形场所布置

(5) U形。U形场所布置的优点是适合学员互动和参与活动,培训师能站在U形内部从而解决教室后排学员听不清楚的问题,培训师也容易和学员形成良好的互动以提升培训体验;不足之处是对场地面积要求高,适合小型培训项目。高管面对面、领导座谈等项目适合采用这种形式。如果小组有研讨成果要总结,需要为每组配置立式白板。U形场所布置如图5-5、图5-6所示。

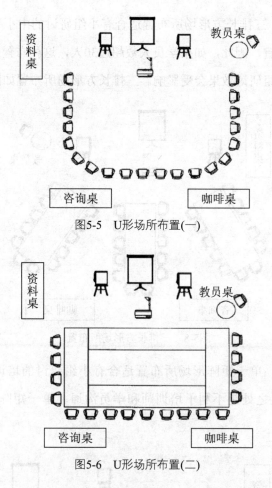

图5-5 U形场所布置(一)

图5-6 U形场所布置(二)

(6) 大型圆桌形。大型圆桌形场所布置适合户外体验培训及引导工作坊等项目。这种形式的优点是培训师与学员之间能产生更多的互动,有助于鼓励学员分享,增加培训体验;缺点是比较考验培训师的控场技巧和学员互动技巧。大型圆桌形场所布置如图5-7所示。

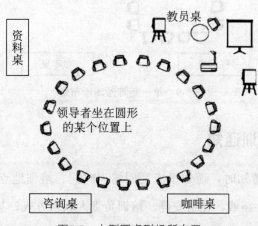

图5-7 大型圆桌形场所布置

(7) 三排长方形。三排长方形场所布置适合有小组研讨的中小型培训项目。因每组学员数量以3~7人为宜，因此，如果学员人数超过30人，这种布置就失去了适合小组研讨的效果，或者说小组研讨效果会受影响。三排长方形场所布置如图5-8所示。

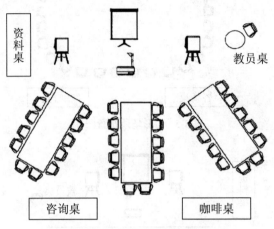

图5-8　三排长方形场所布置

(8) 单一矩阵形。单一矩阵形场所布置适合有小组研讨的培训项目，学员数量以10~20人为宜。不足之处是不利于培训师和学员沟通。单一矩阵形场所布置如图5-9所示。

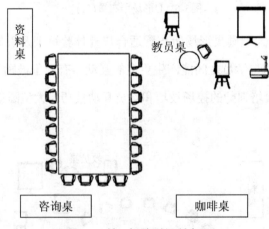

图5-9　单一矩阵形场所布置

5.1.4　发布培训通知

向学员发布培训通知时，通知里应写明培训时间、培训地点、培训课程、对学员的培训要求等，并附上路线、住宿安排、培训负责人联系方式，甚至近期天气情况等信息。培训通知模板如表5-1所示。培训通知示例如表5-2所示。

表5-1 培训通知模板

××培训通知

一、培训背景

二、培训目的

三、培训时间

四、培训地点

五、培训日程

日期	时间	课程	形式	讲师	目的

六、参训要求

1. 训前作业
2. 纪律要求
3. 着装要求
4. 请假要求

附件：交通路线

××部门
××××年×月×日

表5-2 培训通知示例

××培训通知

一、培训时间
4月19日(星期六)16:00 — 4月20日(星期日)21:30
二、培训地点
固安福朋酒店。
20日晚餐地点另行通知。
三、培训目的
1. 走近××，凝聚共识：帮助学员了解公司核心价值观、业务模式与发展现状，加深对××的了解与认知。
2. 团队建设与融入：帮助学员相互熟悉，形成团队意识，加强相互联系。
四、培训日程

日期	时间	会议议程	主持人
4月19日	16:00—18:00	××大学签到并移动至福朋酒店	—
	18:00—18:30	晚餐	—
	18:30—19:00	《××培训营》介绍	××
	19:00—21:00	团队建设及融入活动	拓展培训公司

日期	时间	会议议程	主讲人/主持人
4月20日上午	8:30—10:00	走近××	××
	10:00—12:30	固安参观	××
	12:30—13:30	午餐	—
4月20日下午	13:30—15:00	移动至××大学	—
	15:00—16:00	××业务模式介绍	××
	16:00—17:00	地产集团业务模式介绍	××
	17:00—18:00	人力资源管理	××
	18:00—18:30	集体合影及结营总结	××
4月20日晚上	18:30—19:30	移动至晚餐地点	—
	19:30—21:30	晚餐	××

五、其他注意事项
1. 各参会人员按要求参加培训。
2. 培训组织要求：
(1) 手机调整为静音；
(2) 为保障网络正常，请参会人员尽量不使用笔记本电脑。
3. 如有疑问请与××大学联系。
联络人：××，××

(续表)

六、学员名单				
序号	姓名	性别	毕业学校	岗位

××大学
××××年×月×日

5.1.5 准备培训物料

按培训方案要求，准备签到表、签到笔、学员桌牌、小组桌牌、讲师及领导名牌、大白纸、白板笔、彩笔、激光笔、翻页器等培训物料。培训物品准备清单如表5-3所示。学员袋内物品如表5-4所示。培训会务检查表如表5-5所示。

表5-3 培训物品准备清单

序号	物品名称	数量	备注	物品准备人	
				培训师	培训组织者
1	大白板				
2	投影仪、幕布				
3	麦克风				
4	音响				
5	电源用接线板				
6	电池(7号电池、5号电池、干电池)				
7	大白纸				
8	A4纸				
9	白板笔				
10	签到笔				
11	桌牌				
需要提前准备的固定设备					
1	投票器				
2	投影仪转换器(机盒)				
3	投影仪转换器线(3种规格)				

(续表)

序号	物品名称	数量	备注	物品准备人	
				培训师	培训组织者
需要提前准备的移动设备					
1	照相机				
2	摄像机				
3	摄像机支架				
4	小音箱				
5	激光笔(电池)				
6	摇铃				
7	U盘				
8	红花绿叶贴,组长标识贴				
9	学员讲义				
10	培训评估表、培训流程等打印材料				
11	剪刀				
12	奖品、纪念品、学员资料袋				
需要提前准备的软件设备					
1	培训用音乐				
2	课件PPT				

表5-4 学员袋内物品

序号	物品名称	数量	备注
1	讲义		
2	签字笔		
3	小本子		
4	纸笔袋		
5			
6			

表5-5 培训会务检查表

培训场地布置		
序号	工作事项	完成状况
1	汇总培训课件	
2	悬挂横幅(内、外)	
3	安排培训教室座位	
4	摆放领导、学员桌牌	
5	调试音响设备	
6	摆放投影仪	
7	准备投影幕布	
8	准备白板	
9	调试分频器	
10	调试计分器	
11	摄像	

(续表)

班务准备		
序号	工作事项	完成状况
1	制作与发放讲师邀请函	
2	发放学员培训通知	
3	制作学员通讯录	
4	申领费用	
5	制作桌牌、红花绿叶、胸贴等课堂所需资料	
6	准备学员资料袋	
7	准备购买奖品、证书	
8	准备学员培训签到表	
9	准备训后评估表单	
10	准备相关音乐	
11	汇总培训课件	
12	安排学员接送	
13	安排房间	
14	安排餐饮	
15	安排学员分组	
16	准备开训、结训	

5.1.6 调试培训设备

一般要在培训前一天调试培训设备，包括音响与投影等。需要注意的是，即使提前一天做了调试，培训当天也要尽早到场地再次调试，以免之前调试好的设备突发故障，影响正常运作，具体包括以下几个方面。

(1) 音响调试。在音响调试方面，需要准备并调试音频线、无线麦克风(至少2只)、麦克风电池、音响灯。无线麦克风与音响的音量要在培训前调节好。

(2) 投影调试。投影调试方面，主要关注投影色差、投影清晰度、幕布高度等，要保证最后一排的学员也能看清投影的内容。有些培训室内有柱子遮挡，或投影幕布较小，遇到这种情况，除了配备主投影幕布，还可根据需要安排其他投影幕布。

(3) 电脑调试。培训前，最好用培训师的电脑调试音响及投影设备。如果无法做到，则最好在培训现场准备一台经过调试且培训期间能用的电脑，以免培训师的电脑无法投影时影响培训的正常进行。

(4) 灯光调节。在调试时要注意培训教室的灯光是否明亮，明确开关位置以及灯光与开关的控制关系等。

5.1.7 后勤保障安排

后勤保障工作包括培训师、学员的食宿安排,现场饮用水、茶叶、咖啡等茶歇用品的准备。

选择培训师及学员住宿地点时,应重点考虑的因素是"距离",与培训教室位于同一处最好,步行不超过10分钟为宜。

培训茶歇要按照公司的人均茶歇标准准备,一般都会准备一些点心、茶叶、咖啡以及水果。

5.2 培训中现场管理

5.2.1 签到

培训签到一般提前半小时开始,工作人员应于培训前10分钟确认名单,并与未到者联系。培训签到可以采用签字笔签字的方式,也可以采用在线签到的方式。对于签字方式,如果学员众多,要多放置几张签到表,以免学员"扎堆"签到。签到表如表5-6、表5-7所示。

表5-6 培训签到表(一)

培训课程:
培训教室:
培训日期: 年 月 日 上午/下午 培训课时: 小时

序号	参训部门	职位	姓名	签字
1				
2				
3				
4				
5				
6				
7				
8				
9				
10				
11				
12				
13				
14				

表5-7 培训签到表(二)

序号	姓名	部门	职位	××××年×月×日		××××年×月×日		××××年×月×日	
				上午	下午	上午	下午	上午	下午
1									
2									
3									
4									
5									
6									
7									
8									
9									
10									
11									
12									
13									
14									

5.2.2 开场

培训开场一般包括以下几部分内容。

(1) 问好，欢迎学员参加，比如"大家好，欢迎参加×××培训"。

(2) 介绍培训的背景与目的，此部分的作用既是赋予学员学习动机，激发学员学习热情，也是在培训与学员需求之间建立链接的过程。

(3) 介绍培训课程，可简要介绍课程的目标、内容及特色。

(4) 介绍讲师或培训师自我介绍。在此，要采取适当的语言及肢体动作介绍讲师的权威性、专业性，为培训师授课奠定良好的基础。

(5) 介绍培训时间安排以及培训纪律等。

5.2.3 破冰活动组织

破冰的目的是消除人与人之间的隔阂。对于时长为一天的培训，破冰时间宜控制在30分钟以内；对于时长为半天的培训，破冰时间不宜超过15分钟。

本书主要介绍培训时长可控制在30分钟之内、对培训场地面积没有要求的破冰活动，以及不需要准备培训物料的破冰活动。常见的破冰活动如表5-8所示。

表5-8 常见的破冰活动

破冰活动	适用情况			破冰活动规则
	场地	人数	时长	
大风吹	不限	不限	10分钟以上	• 将多余的椅子推进桌内或归置到培训教室后面，保证培训场所的椅子数量等于学员数量，每把椅子限坐一人。 • 培训师站在中央，说"大风吹"；班级学员说"吹什么"，讲师说"吹××(例如眼镜)"，符合"××"特点的学员必须站起来换椅子坐下(不能坐相邻的椅子)，讲师也找椅子坐下，这时会有一名学员没有椅子坐。 • 这名学员站在中央，说"大风吹"，其他学员说"吹什么"，站在中央的学员说"吹××"，符合"××"特点的同学必须站起来交换位置坐下(不能坐相邻的椅子)。 • 如此将游戏活动进行下去
青蛙跳水	不限	不限	10~20分钟	• 组员围圈坐，培训师说"一只青蛙"，第二人说"一张嘴"，第三人说"两只眼睛"，第四人说"四条腿"，第五人说"扑通"，第六人说"跳下水"。 • 下面的组员继续，说"两只青蛙，两张嘴，四只眼睛，八条腿，扑通扑通，跳下水"。 • 接不下去的组员退出，并要受到惩罚，最后留下来的为胜利者。 • 班级人数较多时，上述文字中的"第×人"替换为"第×组"，同时要求组内学员双臂张开，放在相邻同学的肩膀上
逢三抓手	不限	不限	5分钟	• 学员围成圈，左手食指向上，右手掌心向下，手掌盖住旁边同伴的大拇指。 • 主持人讲段小故事，听到数字"三"的字眼，抓别人的拇指，同时抽回自己的拇指。 • 关键是小故事的编排要能多次引发学员的敏感反应，比如"从前有座山"，还可用踩脚和抓握的动作误导学员等
认识你很高兴	不限	不限	5分钟以上	• 培训师让所有学员伸出右手，放在他右边同学的肩膀上，帮他捏捏、锤锤，同时告诉对方"我叫×××，认识你很高兴"。 • 同样，第一步结束后，让学员伸出左手放在左边同学的肩膀上，"回馈服务"，也要说"我叫×××，认识你很高兴"。培训师要注意对氛围的调控

5.2.4 异常处理

培训现场可能会出现一些异常，比如意见领袖型学员不配合培训师甚至质疑培训的必要性以及培训内容的价值，又如大量学员中途离场等。这些异常现象都需要培训师第一时间关注到，并及时处理，以免影响培训项目的顺利进行，也可通过在训前向学员发布《学员承诺书》的方式预防这些异常情况。学员承诺书如表5-9所示。

表5-9　学员承诺书

学员承诺书

为了营造良好的学习环境，保证培训效果，展现员工良好的精神风貌和礼仪风范，培养自觉自律的专业精神，培训班学员郑重承诺：
　一、自觉遵守作息时间
1. 培训期间不迟到、不早退。每天8:30培训开始，课前提前5分钟进入教室记录考勤。
2. 旷课一次将给予退训处分。
　二、自觉维护课堂秩序
1. 上课时禁止随意走动、互相交谈。
2. 自觉关闭手机，禁止接听电话。
3. 教室内严禁吸烟。
4. 注意保持环境卫生，爱护公物。
　三、全身心投入培训
1. 认真听讲，作好笔记。
2. 尊敬老师。
3. 积极参加研讨和班组活动。
　四、体现良好的精神面貌
1. 上课时按公司要求着装。
2. 遵守公司礼仪要求。
3. 使用文明用语。
　五、遵守考场纪律
1. 认真答卷，按时交卷。
2. 如果发现考试作弊，成绩记零，不予补考，情节严重者予以退训。
3. 成绩不合格者，不予资格认证。

如有事需要帮助，请与培训班班务小组联系。

××学院
××××年×月×日

5.3　培训评估、总结与跟踪

5.3.1　培训评估

几乎所有的培训课程结束后，培训师都会立即于现场组织培训效果评估。培训评估要及时，以免学员忘记培训现场的感受以及精彩瞬间，同时还要及时发布评估结果。对于持续时间长的培训项目，或多次重复讲授的培训课程，课后复盘、总结经验还是很有必要的。培训效果评估表如表5-10所示。

表5-10 培训效果评估表

培训效果评估表

了解您对培训的满意程度,对我们不断提高培训质量至关重要。因此,请您认真填写本评估表,也可匿名填写。

培训日期:_____　　　您的姓名:_____

一、培训评价

类别	指标	评分				
		及格	中	良好	优	
		——6分	——7分	——8分	——9分	——10分
讲师	具备专业知识且能熟练应用	1　2　3	4　5　6	7　8	9	10
	讲课紧凑且按计划进行	1　2　3	4　5　6	7　8	9	10
	能运用多种教学方法且能控制课堂气氛	1　2　3	4　5　6	7　8	9	10
	关注学员反应,积极回答提问且准确	1　2　3	4　5　6	7　8	9	10
	总体评价	1　2　3	4　5　6	7　8	9	10
课程	课程目标明确,内容的重点、难点突出	1　2　3	4　5　6	7　8	9	10
	内容实用,对工作帮助大	1　2　3	4　5　6	7　8	9	10
	穿插案例实用且有启发性	1　2　3	4　5　6	7　8	9	10
	内容难易适中且易于学习	1　2　3	4　5　6	7　8	9	10
	总体评价	1　2　3	4　5　6	7　8	9	10
培训组织	培训时间安排合理	1　2　3	4　5　6	7　8	9	10
	布置的培训环境适合学习	1　2　3	4　5　6	7　8	9	10
	总体评价	1　2　3	4　5　6	7　8	9	10

二、培训收获及建议

1. 请列举使您获得收益的知识点。

2. 您将如何在实际工作中运用所学知识?

3. 您对此次培训有什么改进建议(包括课程、讲师和组织工作)?

5.3.2 培训总结

培训总结一般包括感谢讲师、对学员训后转化培训内容提出要求和总结培训收获等内容。其中,总结培训收获容易被忽略,但这个总结是非常重要的,它是让学员加深培训印象、认识到培训价值的重要方式。培训总结如表5-11所示。

表5-11 培训总结

××培训总结
(此处填写培训组织单位名称、总结时间)

一、培训概况
(一) 培训概述
1. 开展培训的背景和目的

2. 培训时间

3. 参训人员及出勤情况

4. 培训总体评估

(二) 课程安排
(此处填写课程表内容)

(三) 学员名单
(此处罗列学员名单,应能体现应参训人员、已参训人员、未参训人员)

二、培训评估
(一) 参训学员评估
(此处填写学员成绩及课上表现等)

(二) 培训课程评估
(此处信息来源于培训效果评估表中的课程评价)

(三) 培训组织评估
(此处信息来源于培训效果评估表中的培训组织评价)

(四) 培训总体评估
(此处信息来源于培训效果评估表中的培训总体评价,本次培训的亮点和成果也可写在此处,或单独列出)

三、存在的问题及解决措施
(此处填写本次培训中存在的问题、问题原因分析以及解决措施)

四、培训剪影
(此处张贴培训照片)

5.3.3 培训跟踪

对于涉及行为转换与落地的部分培训项目，要协同相关部门，共同开展培训后跟踪，了解学员的应用情况以及提高程度。培训效果跟踪表如表5-12所示。

表5-12 培训效果跟踪表

培训课程		评估对象	
培训时间		跟踪评价时间	
培训前情况说明			
评估项目 (在所选项内打√)	非常满意 (90～100分)	较满意 (70～89分)	一般 (60～69分)	差 (60分以下)
工作态度				
工作质量改进				
工作方式方法改进				
所学知识在工作中的运用				
效果跟踪结论				
部门领导签字		时间	

第6章 课程效果评估

课程效果评估是在受训者完成培训课程后,对培训课程的效果所做的评价与衡量。

6.1 课程效果评估的目的

课程效果评估是培训项目的最后一个环节。通过课程效果评估,可以达成以下目的。

- 对培训效果进行正确、合理的判断,以便了解培训课程是否达到原定目标和要求。
- 获得优化完善与改进培训课程的信息。
- 客观地评价培训师的工作,反映培训师及培训部门的贡献,体现人力资源部门或培训部门在组织中的作用。

6.2 确定效果评估层次

6.2.1 柯氏四级评估模式

1959年,威斯康辛大学教授唐纳德·L.柯克帕特里克提出柯氏四级评估模式,他认为,培训效果评估包括4个层次,如表6-1所示。

表6-1 柯氏四级评估

培训层次	层次名称	定义	评估内容举例	评估方法	评估时间
第一层次	反应层	在培训结束时,评估学员对培训的满意程度	● 对讲师培训技巧的反应 ● 对课程内容设计的反应 ● 对教材及内容、质量的反应 ● 对培训组织的反应	● 问卷调查法 ● 面谈法 ● 座谈法	课程结束后
第二层次	学习层	在培训结束后,评估学员在知识、技能、态度等方面的改进程度	● 受训员工是否学到知识 ● 受训员工对培训内容的掌握程度	● 提问法 ● 笔试法 ● 面试法	课程进行时或课程结束后
第三层次	行为层	培训结束后,评估学员对培训知识、技能的运用程度	● 受训员工在工作中应用他们所学到的知识和技能了吗? ● 受训员工在培训后,其行为是否有了好的改变?	● 问卷调查法 ● 360度评估 ● 绩效考评	三个月或半年后

(续表)

培训层次	层次名称	定义	评估内容举例	评估方法	评估时间
第四层次	结果层	培训结束后,从部门和组织的层面来评估培训带来的组织改变	● 员工的工作绩效是否有所改善? ● 客户投诉是否有所减少? ● 产品质量是否有所提升?	● 个人与组织绩效指标 ● 成本效益分析	半年后或一年后

6.2.2 菲利普斯的"五级评估六类指标"评估模型

与柯氏四级评估不同,菲利普斯的五级评估模型清晰地提出自己的价值主张,强调一句话:"让我看到钱。"这种思想非常符合美国企业的价值主张——为股东创造最大价值。菲利普斯明确提出项目类别、项目数量、人数、参与小时数、项目成本等数据是第零级评估。菲利普斯的"五级评估六类指标"评估模型如表6-2所示。

表6-2 菲利普斯的"五级评估六类指标"评估模型

评估级别及相关数据的种类	数据的重点	数据用途概述
第一级: 反应和/或满意度,以及计划的行动	培训项目、培训人员和评选结果将如何应用	1. 衡量相关人员对培训项目的主观看法,主要是学员对培训项目和对培训人员的反应和满意度; 2. 它也许还可以衡量另一个维度:学员参加培训后的行动计划,即学员如何实施新要求、项目或流程,或他们如何运用新知识和新技能; 3. 有关反应的信息可用来改善培训的内容、设计和实施流程; 4. 制订行动计划的过程有助于促成培训成果向工作环境的转移; 5. 有关行动计划的信息可以用来决定将来评估的重点,并用来对比实际结果和当初的计划
第二级: 学习结果	重点在学员及有利于学习的支持性机制	1. 衡量学员掌握培训内容的程度,具体包括期望的态度、知识、技术、流程等; 2. 对学习的衡量要比获得反应的信息难,要采用客观的衡量方法,衡量指标要能够量化; 3. 衡量获得的信息,用来判断学员对学习内容的理解和吸收程度; 4. 衡量获得的信息,还可以用来改进培训项目的内容设计和实施流程
第三级: 工作中的应用和/或实施	重点在学员、工作环境和有助于学习内容得以应用的支持性机制	1. 衡量学员在工作中的行为变化,包括培训中所学知识和技术在实际工作中的应用; 2. 衡量有关培训内容在工作环境中是否得到应用以及使用的频率和效果; 3. 探寻培训内容有效的条件,若有效,如何在其他环境条件下重复应用; 4. 探寻阻碍培训内容应用有效性的原因,以便能够有针对性地对培训项目加以改进,或者促进其他培训项目的发起和实施

(续表)

评估级别及相关数据的种类	数据的重点	数据用途概述
第四级：对业务的影响	重点在于培训对组织绩效所产生的影响	1. 评估目的在于确定培训对于改进组织绩效所产生的影响或效果，并与组织的期望值进行对比； 2. 评估产生的主观数据包括顾客的满意度增加、员工的敬业度提高、顾客的保留率提高、对顾客反应时间缩短等； 3. 评估产生的客观数据包括成本的节省、产出的增加、时间的节省或质量的改进等； 4. 获得业务影响效果信息的方式有：培训前后分别收集数据，对通过培训引起的业务绩效的改进情况(或没有改进)进行分析，将培训的结果和适当的业务指标联系起来
第五级：投资回报率(ROI)	重点在于培训所产生的用货币形式来体现的收益	1. 本级评估关注的是相对于培训成本，培训产生的业务效果所带来的用货币形式体现的价值，并进一步计算ROI； 2. ROI可以用投资回报的价值或成本收益的比例(%)来表示； 3. ROI衡量了培训项目对实现组织目标的贡献大小，显示了培训项目的真正价值； 4. 由培训产生的业务指标的改进所带来的ROI不一定都是正值

培训效果评估是个系统工程。菲利普斯明确提出，培训评估始于培训需求分析而非培训项目结束后，培训评估应该贯穿整个培训过程。菲利普斯提出的评估V模型如图6-1所示。

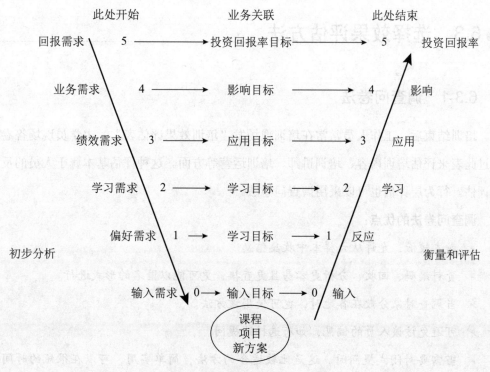

图6-1 菲利普斯提出的评估V模型

6.2.3 确定效果评估层次的流程

柯氏四级评估模式与菲利普斯的"五级评估六类指标"评估模型是培训评估领域备受推崇的两个模型。本书基于柯氏四级评估模式，介绍如何确定课程效果评估层次。

结果层评估是较为有效的证明课程培训效果、培训价值的评估，然而，不是所有的培训课程都适合开展结果层评估，重要的是选择合适的效果评估层次。此外，效果评估工作本身也是一项资源投入，需要时间与费用，切忌为了评估而评估。效果评估层次适用课程如表6-3所示。

表6-3 效果评估层次适用课程

项目	反应层	知识层	行为层	结果层
对培训师的满意程度	√			
对培训课程的满意程度	√			
对知识、技能类培训内容的掌握程度		√		
对知识、技能类培训内容的应用程度			√	√
员工参训后行为是否有改善			√	
培训课程与绩效结果高度关联，且容易获得绩效结果数据				√

6.3 选择效果评估方法

6.3.1 调查问卷法

培训结束后，工作人员常常在培训现场发"培训效果评估表"，由学员现场答卷，通过此表来评估培训内容、培训讲师、培训运营等方面。这种评估基本属于人员的反应层评估。行为层评估也可以采用调查问卷法。

调查问卷法的优点：

> 成本较低，允许从大样本中收集信息。
> 资料编码、回收、分析更容易且更直接，更可能以匿名的形式进行。
> 当调查对象分散在各地时，也可使用该方法。
> 可避免访谈人员的偏见，如有选择地提问。
> 当需要封闭式提问时，这是比较适合的方法，简单实用，可以在很短的时间内对本次培训效果做出定性评估。

调查问卷法的缺点：

> 可能回收率很低。

> 有时候不能真实地反映受训人员的学习效果。因为受训人员往往只是凭借现场学习的第一感受，给出自己的评价，尤其会受到现场气氛的影响或周围受训人员的干扰，从而影响最终的评估结果。

> 一旦采用过多，会使受训人员的填写内容流于形式，评估结果更多偏离客观真实情况。

培训效果评估表如表6-4所示。

表6-4 培训效果评估表

培训效果评估表

讲师：_____ 时间：_____

1. 请您评估讲师的教学能力，给出相应的评分。
(打分题，请填1～10进行打分。*为必答。1分→10分：非常低→非常高)
1) 课程知识掌握程度_____
2) 呈现能力_____
3) 聆听解答能力_____
4) 控场能力_____

2. 请您评估课程的内容设计质量，给出相应的评分。
(打分题，请填1～10打分。*为必答。1分→10分：非常低→非常高)
1) 课程目标的清晰度_____
2) 内容框架及各个模块之间的关联度_____
3) 各模块的时间安排_____

3. 请您对课程进行整体评估，给出相应的评分。
(打分题，请填1～10打分。*为必答。1分→10分：非常低→非常高)
整体评估_____

4. 您有哪些启发与收获？(填空题，*为必答题)
_____
_____

5. 您认为此次课程有哪些方面还需要进一步改善？(填空题，*为必答题)
_____
_____

6.3.2 测试比较法

知识、技能类的培训项目也可采取测试比较法，借此了解培训效果。具体做法是：在培训开始和结束时分别用难度相同的测试题对受训人员进行测试，把两次测试结果进行比较。如果受训人员在培训结束后的测试成绩比培训之前的测试成绩提高很多，则表明经过培训受训人员确实提高了知识和技能水平。

采用这种方法时，需要培训组织者、受训人员和培训师三者之间密切配合，还要选聘经验丰富的培训师。否则，测试时受训人员相互抄袭，测试结果就没有意义了。

6.3.3 行为改变考察比较法

实地观察受训人员的工作情况，评估培训成效。如根据实地观察发现，受过培训的员工在工作热情、工作态度、责任心等方面有明显的改善，则可认定培训已产生效果。还可以比较受训人员和未受训人员的工作情况，以此比较结果，并对培训成效做出评估。如果两者在同样的工作岗位上，在培训前工作成绩相差无几，而其中经过培训的员工工作成绩明显提高，则表明培训有成效。这种定性的评估方法需要培训部门以书面调查或者面谈的形式，向受训人员的部门领导了解其工作表现。

6.3.4 访谈法

访谈法的应用范围很广，具体包括：可以了解受训人员对某培训方案或学习方法的反应；了解受训人员对培训目标、内容与自己实际工作之间相关性的看法；检查受训人员将培训内容应用到工作中的程度；了解影响学习成果转化的工作环境因素；了解受训人员的感觉和态度；帮助受训人员设立个人发展目标；比较组织战略和培训之间的一致性；为下一步的问卷调查做准备。

访谈法的优点：

- 有助于培训管理者及时对问题做出解释并检查学员的理解是否正确。
- 访谈可以实现双向沟通，以确保对问题的解释和澄清。
- 可以询问一些事先没有问到的问题，对问题进行深入的追踪调查。
- 当需要开放式提问时，这是最适合的方法。

访谈法的缺点：

- 成本较高，不是经济的调查方法；

> 实施访谈和分析资料需要耗费时间，通常限制了样本规模；
> 访谈效果更多地依赖于访谈者的能力。

因此，访谈法一般适用于学员直接领导、培训现场观察员及有代表性的学员。

6.3.5 工作绩效评估法

培训结束后，每隔一段时间，如3~6个月，培训部门应以书面调查或实地考察的形式，了解受训人员在工作上取得的成绩。如工作量是否有增加，工作质量、工作效率有无提高，人际交往能力是否提高等，以此确认培训有无成效。对于有的工作，还可以使用定量的工作绩效评估方法，将事故率、产品合格率、产量、销售量、成本、利润以及客户投诉次数等指标，与培训前进行对照，从定量的角度来衡量培训成效。

6.4 评估结果分析

6.4.1 评估分析注意事项

在进行课程效果评估分析时，要特别注意以下几方面。

(1) 关注重点调研对象的评估结果，比如学员领导、骨干员工、意见领袖型学员等。

(2) 注意评估结果的横向比较与纵向比较。例如，在课程满意度评估中，评估问题包括课程目标是否明确、课程内容是否清晰、课程形式是否丰富三方面。横向评估就是看这三个评估问题的评估结果，找到高分项、关注低分项。纵向评估就是看被评估的这位讲师的评估结果与其他讲师相比，得分处于什么水平。数据只有比较才是有意义的，所以要重视横向评估与纵向评估。

(3) 保证客观的同时适当处理异常数据。每位调研对象的调研结果都要给予重视，并客观记录与分析，但评估结果中也会有异常数据。比如，同一份满意度调研问卷中，培训总体满意度打分10分，但问卷中各项评估问题的平均得分只有6分，这就出现了明显的"歧义"。再如，几乎所有的学员满意度都在9分以上，只有一位学员打出了2~3分的低分，且主观评估部分没有填写任何内容。这样的评估结果都可视为异常数据，在统计分析时可以考虑删除。

6.4.2 制作评估分析报告

课程评估分析报告主要由以下三个部分组成。

(1) 培训项目概况,包括培训举办时间与地点、培训目标、参加人员及课程主要内容等。

(2) 培训结果,即评估对象对评估问题的回答,包括客观评价问题的得分、主观评价问题的回答要点等。

(3) 评价结果的处置,即效果好的保留,没有效果的取消,对于有缺陷的项目要进行改进。

|第2篇| 提升篇

第7章 培训经理的自我认知

7.1 培训组织的管理模式

7.1.1 培训小组

在企业意识到需要培训的最初阶段,可能会有一个或者几个员工组成培训小组,培训小组往往隶属人力资源部或者企业核心业务部门。在存在培训小组的情况下,培训相关的绩效和诉求都比较简单,多以培训覆盖、阶段经营管理重点问题告知或者业绩推动为主,在这种情况下,培训维度单一、绩效明确,是中小型公司或单一业务形态公司的多用形式。

在存在培训小组的情况下,培训工作往往只有培训课程授课一项内容,培训师应更重视课程讲授对企业核心业务的推动并紧跟管理决策意图,积极推动管理意见等。简单来说,就是积极沟通、快速传达和高频覆盖。

7.1.2 培训部门

在培训部门形成的同时,我们会发现,培训工作已经从辅助核心业务,成长为一项独立达成绩效的业务。也就是说,对于培训的认识和评估,使培训成为一项独立的业务。

目前,在大多数公司形态下,开展培训工作需要先成立培训部门,培训部门的形式意味着培训工作的系统化和分工的明确性,培训部门将通过多种不同的工种,系统地完成培训目标。在这里,我们从宏观的角度,将培训部门的多种职能归纳为培训研发、培训运营和培训授课三个部分。

7.2 企业培训经理的职业生涯规划

培训经理的工作内容、工作特点、能力要求与企业培训师相比差别甚大。同样是培训经理,在不同公司、不同岗位,其工作职责与工作内容也会有所不同。比如,有的培训经理的主要工作是课程开发，有的培训经理的主要工作是领导力培养，相应地，所需的能力与经验也有所差别。

培训经理的职业发展通道如图7-1所示。计划走上培训经理岗位的人员，要思考如下几个问题。

> 我是否应该在培训管理领域继续发展？
> 我应该成为一个培训管理全才还是一个培训管理专才？
> 我应该选择走管理之路还是专业之路？
> 我应该培养和发展哪些胜任力？
> 我应该如何开始下一步行动？

专业能力和素质是培训工作者胜任岗位的基础，向全才或培训管理者方向发展的培训工作者，一定要具备扎实的基础能力和专业领域能力。

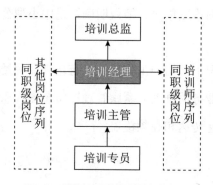

图7-1　培训经理的职业发展通道

7.3　企业培训经理的核心工作内容

企业培训经理的核心工作内容受培训管理部门规模、培训经理岗位职责的影响较大。在一些培训管理部门规模较小的公司，往往要求培训经理是"全才"，即在课程研发、师资培养、体系建立等各方面均有能力开展工作。在一些培训管理部门规模较大的公司，工作细分程度较高，每位培训经理往往只负责一个模块或一类人群的培养项目。

总体来说，培训经理的核心工作内容一般包括培训需求调研、培训计划制订、培训项目实施、培训评估、线上学习、外部培训资源管理、绩效改进等。

7.4 企业培训经理的角色及核心能力

美国培训与发展协会(American Society for Training & Development,ASTD)是世界上最大的由专注于人才发展领域的专业人士成立的协会。这些专业人士将帮助他人通过提高知识水平、技术水平和能力来发掘其全部潜力。为了更好地满足培训与发展领域不断变化的需求以及更准确地代表该领域的核心内容与价值,ASTD于2014年5月6日正式更名为人才发展协会(Association for Talent Development,ATD)。

ATD的会员来自120多个国家,任职于各个行业的各类机构和组织。ATD通过其在美国的125个分会、全球战略合作伙伴以及全球会员网络为这些专业人士提供工作支持。

随着培训与发展领域的不断扩展,ATD的核心内容已经扩展到将人力资源发展、学习和工作表现同个人及机构整体绩效相关联。

ATD最新版本的培训工作者胜任力模型为培训工作者的职业发展提供了一个全面的参考蓝图。该胜任力模型虽然于2013年提出,但时至今日,仍旧被全球培训管理人员认可,并普遍应用于培训经理的职业生涯发展、人才培养等工作中。

7.4.1 培训经理四大角色

ATD于2013年初发布的最新版本的培训管理者胜任力模型中,界定了培训者的四大角色功能。

> 学习战略制定者,即制定和实施与组织发展方向协调一致的学习战略。

> 业务合作伙伴,即为业务和其他部门提供有助于绩效改善的解决方案,尤其是学习方案。

> 学习项目管理者,即设计、开发、提供、评估并管理解决方案的相关学习项目。

> 专业培训者,即精通并有效应用培训领域的专业知识和技能。

7.4.2 培训经理应具备的关键能力

为履行工作职责,扮演好四大角色,培训经理需具备十大专业能力、六大通用能力,如图7-2所示。培训经理胜任力解析如表7-1所示。培训经理核心能力自评表如表7-2所示。

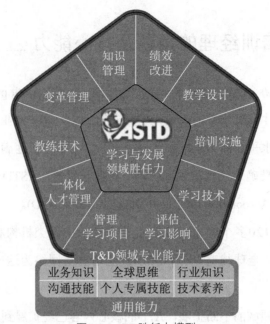

图7-2 ATD胜任力模型

表7-1 培训经理胜任力解析

专业能力	1. 教学设计。教学设计是培训经理的核心工作之一，学习项目设计也是工作重点之一。其中，需要掌握的重点有学习策略选择、学习方案设计、移动学习设计等。 2. 培训实施。培训经理不仅要提供完备的学习方案，还要重点考虑教学呈现方式。同一个学习项目，采用不同的学习方式和技术呈现，效果也会有所差别。当面授课、混合式学习、行动学习、移动学习等学习方式以及E-Learning、LMS、LCMS、在线绩效支持系统等学习技术需慎选慎用！ 3. 绩效改进。培训者需根据实际情况分析绩效差距、制订绩效改善计划、开发绩效问题解决方案。 4. 评估学习影响。随着技术的发展，对学习效果的评估方法更为重要，大数据思维方式值得借鉴。 5. 管理学习项目。为确保那些对企业战略或绩效有重要影响的学习解决方案能够顺利实施，培训经理必须具备管控从学习项目的设计、开发、提供到评估整个流程的能力。 6. 一体化人才管理。培训经理需在企业内完善学习体系的建设与运营、继任计划与人才梯队建设计划。 7. 学习技术。互联网的快速发展、大数据思维的迅速渗透，要求培训经理在吃透传统学习技术的同时，接受新技术。 8. 教练技术。教练技术在中国企业应用程度偏低，而事实上，企业管理教练技术可以迅速提升组织绩效。 9. 变革管理。学习即实验，为应对组织面临的更多来自内部或外部的变革驱力，培训管理者必须在组织中唤起大家对可能出现的问题的重视，通过识别变革目标、刺激学习需求，选择有效的学习策略来提升组织能力。 10. 知识管理。学习型社会要求企业建立学习型文化，建设企业大学是对组织正规与非正规学习的运营化管理方式之一

(续表)

通用能力	1. 业务知识。业务合作伙伴的角色功能要求培训工作者能够真正理解业务，根据业务需求制定方案，从战略思维的高度，推进任务计划的实施，并评估结果。 2. 全球思维。如今，科学技术突飞猛进，更需要培训经理有足够的动力发展自己，使各种学习资源都能信手拈来。尤其是近一两年内，互联网与移动互联网的高速发展，迫使培训工作者转变学习心态，具备全球思维，不断进步，将前沿理论落实到实际工作中。 3. 行业知识。培训经理要发挥变革管理、绩效改善等专业能力，就必须拥有行业知识，能推动商业结果和成果的形成。 4. 沟通技能。培训工作者不可忽视人际交往能力，具体应需做到以下几点：建立信任，有效沟通，联络关系，影响他人，兼收并蓄。 5. 个人专属技能。个人专属技能是指适应性及持续学习能力。培训涉及众多主题领域，培训经理的适应性及持续学习能力至关重要。 6. 技术素养。培训经理需要采用适合的培训技术开展培训工作，因此必须了解并掌握现有技术和新兴技术。

表7-2 培训经理核心能力自评表

	培训经理工作职责		
	培训经理工作内容		
		核心能力自评	
	评估指标	自评得分 （1～10分，10分最高，1分最低）	目标分值
专业能力	绩效改进	1 2 3 4 5 6 7 8 9 10	
	教学设计	1 2 3 4 5 6 7 8 9 10	
	培训实施	1 2 3 4 5 6 7 8 9 10	
	学习技术	1 2 3 4 5 6 7 8 9 10	
	评估学习影响	1 2 3 4 5 6 7 8 9 10	
	管理学习项目	1 2 3 4 5 6 7 8 9 10	
	一体化人才管理	1 2 3 4 5 6 7 8 9 10	
	教练技术	1 2 3 4 5 6 7 8 9 10	
	变革管理	1 2 3 4 5 6 7 8 9 10	
	知识管理	1 2 3 4 5 6 7 8 9 10	
通用能力	业务知识	1 2 3 4 5 6 7 8 9 10	
	全球思维	1 2 3 4 5 6 7 8 9 10	
	行业知识	1 2 3 4 5 6 7 8 9 10	
	沟通技能	1 2 3 4 5 6 7 8 9 10	
	个人专属技能	1 2 3 4 5 6 7 8 9 10	
	技术素养	1 2 3 4 5 6 7 8 9 10	

第8章　年度培训需求调研

年度培训需求调研是指在制订年度培训计划之前，由培训管理人员等采用各种方法与技术，对参与培训的所有组织及员工的培训目标、知识结构、技能状况等方面进行系统的鉴别与分析，以确定这些组织和员工是否需要培训及需要如何培训的一种活动或过程。

培训需求调研是有效实施培训的前提条件，是企业培训的出发点，是使培训工作准确、及时和有效的重要保证。企业要想获得有效的培训成果，创造经济效益，管理层必须提高对培训需求分析的重视程度。

8.1　制定培训需求调研方案

凡事预则立，不预则废，我们做任何事之前都应制订完整的计划。培训需求调研工作往小了说是一项任务，往大了说是一个项目，对于大型企业来说，甚至是一项劳师动众的工程，尤其是年度培训需求调研及重要项目的需求调研。因此，启动培训需求调研前，要拟定完整的调研方案，目的是回答"5W2H"。

➢ Why：调研目标是什么？明确调研目标是制定调研方案的先决条件。只有明确了调研目标，才能确定关键调研对象以及调研内容。

➢ When：什么时间组织调研？周期要多长？一般来说，年度培训需求调研一般会在11月份开始，将在12月份完成培训需求报告，还要预留审核时间。

➢ What：调研什么？这是影响组织培训需求调研成败的关键。作为培训管理者，一定要问自己"调研的目的是什么""我想得到什么结果"，因为这会决定你调研问题的设定方向。

➢ Who：谁来组织调研？是培训部门还是业务部门？就目前企业采用较多的调研方式——问卷式和访谈式来说，我们认为问卷式调研有助于业务部门负责人参与组织。访谈式调研由培训部门亲自组织，原因在于问卷式调研是普遍性、大众性的，其结果更多取决于参与者的执行态度，所以需要业务部门负责人做出表率，而访谈式调研的结果取决于调研者的专业程度和问答技巧。

> Whom：调研谁？对不同的调研对象要设置不同的问题，采取不同的方法。

> Where：在哪里调研？是线上还是线下？这要根据企业规模、调研对象的范围以及实现目标所需的专业程度来确定。

> How：通过什么方式调研？这也是培训管理者要去思考的问题。是否选择问卷式调研？哪种方式在能达到访谈目的的同时既方便又省力？

> How much：组织调研是否会产生费用？花费的时间多不多？选择哪种方式既能达到调研目的又能节省费用和时间？这是培训管理者在调研前要去评估的方面。

调研方案中涉及的调研模型、调研方法等内容，本书将在后续章节详细介绍，此处只介绍需求调研方案中必须包括的内容。年度培训需求调研规划表如表8-1所示。

表8-1 年度培训需求调研规划表

调研负责人	
调研背景及目的	
调研内容	
调研对象	
调研方法	
调研人员分工	
调研时间计划	
预计费用	

案例　某企业大学培训需求调研方案(节选)

某企业大学培训需求调研方案(节选)如图8-1、表8-2所示。

培训需求调研总体策略与规划——基于各层级需求展开调研，制定人才发展规划及2018年培训计划。

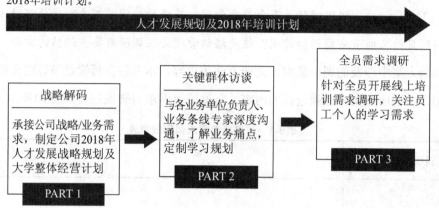

图8-1　某企业大学培训需求调研方案(节选)

表8-2　某企业大学培训需求调研方案(节选)

任务名称	任务分解	时间节点	责任人	参与人
战略解码	承接公司战略需求，制定公司人才发展战略与规划	12/15	××	大学各部门负责人 各业务单位HRD
	与条线人员沟通，传达战略规划方向	1/31之前	××	大学各部门负责人 各业务单位HRD
关键群体访谈	关键群体言访谈名单汇总	12/9	××	培训条线全体
	访谈提纲更新	12/7	××	培训条线全体
	制订访谈计划并实施	12/1—1/10	××	
	形成访谈纪要(抽样)	12/1—1/10	××	
全员需求调研	梳理调研问卷业务单元及条线	12/6	××	培训条线全体
	更新问卷内容	12/7	××	大学各学院
	完成线上问卷	12/12	××	培训条线全体
	OA飘窗	12/15	××	
	全员发放问卷	12/15	××	
	问卷填写跟踪并反馈	12/15—1/10	××	培训条线全体
	整理数据并生成员工培训需求调研报告	1/22	××	
	全员反馈调研核心结论(邮件/微信)	1/22	××	

8.2 确定培训需求调研目标

8.2.1 培训需求产生原因

培训需求产生的原因大致可以分为以下五类。

(1) 组织中存在一些绩效问题亟待改善。例如,销售业绩下滑、客户投诉率上升、员工频繁流动、质量事故频发等,这些绩效问题会影响公司正常的生产经营活动,或者降低组织整体的运行效率,势必成为业务部门管理者头疼和关注的要事。培训部门要发挥"业务伙伴"的角色作用,就必须介入类似绩效问题的根因探讨和解决对策制定中,思考培训能提供哪些支持作用。

(2) 组织中发生了一些变化。这些变化大至企业变革转型、并购、重组、战略联盟等,小到某项规章制度或操作流程的更新,或者是引入新的设备设施。要接受新事物,前提是要具备新观念、新技能,培训在这些领域大有用武之地。

(3) 组织中总是存在更高的期望。例如,期望业绩节节攀升,管理系统日臻完善,员工素质与时俱进等。虽然没有出现明显的业务问题,但组织为了长远发展,必须挑战更高的目标。

(4) 工作变化。企业处在不断发展变化的环境之中,不同岗位的工作内容也会相应地发生变化,为了适应这种变化,培训需求随之产生。

(5) 由于人员变化而产生的培训需求。无论员工原来从事何种工作,当他们进入一家新的企业或踏入新的工作领域时,为了尽快进入工作状态,实现较好的工作业绩,培训都是他们的首要选择。

8.2.2 需求调研目标

年度培训需求调研目标是明确培训对象、内部是否有培训师资、培训时间(季度、月度)、培训内容、培训需求产生的原因、培训目标等,如表8-3所示。

表8-3 年度培训需求调研目标

培训对象	培训内容	培训需求产生的原因	培训目标	内部是否有培训师资	培训时间(填写到月度)

在上述培训需求调研目标中，最重要的是明确培训需求产生的原因。需求部门向培训管理者提出的需求往往是"能力需求"，或称为"解决方案"需求，比如提升执行力、组织执行力培训等，而这个"能力需求"能否帮助需求部门达成"绩效需求"甚至"组织业务需求"则是不一定的。因此，培训需求调研应了解需求部门为什么会提出"能力需求"？培训管理人员要有一双"火眼金睛"，能够透过"能力需求"，回溯分析到需求部门的"绩效需求"及组织的"业务需求"，在此基础上，剖析真正能支持组织业务发展、提升绩效的关键能力需求。

例如，业务诊断、人才战略诊断、人才发展诊断这三种不同的需求调研，目标不同，调研提纲也相应不同，业务诊断问题清单如表8-4所示，人才战略诊断问题清单如表8-5所示，人才发展诊断问题清单如表8-6所示。

表8-4　业务诊断问题清单

调研问题	调研结果
1. 您部门今年的战略目标是什么？相比去年有哪些变化？例如，增幅要求、新增加的指标、新的任务要求等	
2. 围绕战略目标，您部门今年的重点工作有哪些？例如，渠道铺设、基础设施上马等	
3. 围绕重点工作，您部门的核心任务有哪些？(具体的行动举措，对于相对低层级的部门可以问这个问题)	
4. 关键KPI是什么？如何评价今年战略目标的达成情况？	
5. 实现上述目标和KPI有哪些难点和挑战？计划如何应对？	
6. 我们HR可以提供哪些支持和帮助？	

表8-5　人才战略诊断问题清单

调研问题	调研结果
1. 新的业务挑战带来哪些岗位任务的变化和人员能力的新要求？(新任务、新能力、新要求等)	
2. 为了保障今年的任务达成，您部门在团队和人员方面有哪些考虑？(组织结构调整、新增岗位等)	
3. 现在的人员和团队与目标要求存在哪些差距？	
4. 各岗位的人员数量和能力情况是否满足要求？还有多大缺口？	
5. 对于人手不足的情况，您倾向于如何应对？(招聘、培养、外协)	
6. 如果启动内部培养计划，你倾向于优先提升哪些群体的哪些能力？为什么？	

表8-6 人才发展诊断问题清单

调研问题	调研结果
1. 您觉得什么样的标准才能胜任新要求？	
2. 当员工胜任工作后，您期待看到怎样的表现和成果？	
3. 他们现在的差距主要有哪些？(经验、能力、知识、态度……)	
4. 您如何评估他们的提升情况？	
5. 您觉得当下主要的发展挑战是什么？	
6. 您期待用多长时间去提升他们？	
7. 采用什么样的策略才能有效提升他们的能力？	
8. 您可以提供哪些支持？(轮岗机会、教练辅导等)	

8.3 确定培训需求调研对象

8.3.1 企业培训的关系人

企业培训的关系人主要包括以下四类。

(1) 企业高层。企业高层一般不直接参与培训，但会对培训施加一定影响，比如培训资源的批准、要求相关人员配合、对培训评估结果提出意见等。所以，虽然企业高层不直接参与培训，但也要得到企业高层的支持，这种支持虽然不直接，却不可或缺。有了企业高层的支持，培训工作也就有了自上而下的推动，这是一种有效的借力。

(2) 中高层管理人员。中高层管理人员在企业管理活动中起到承上启下的作用，他们有时候会是受训者的直接上级，有时候会是受训者，有时候会是培训效果的评估者。培训离不开中高层管理人员的支持与配合，他们的这种支持与配合是直接的。在中高层管理人员中也有培训经理，得到他们的支持与配合至关重要。

(3) 培训讲师。培训讲师是培训活动的关键，其水平如何直接关系培训效果。在培训中，调研人员要与培训讲师充分沟通，了解培训讲师的想法和思路，同时让培训讲师参与培训方案的制定，并配合培训方案的实施，这是充分信任培训讲师的表现。

(4) 受训者。受训者是保证培训活动正常进行的关键，在实施培训评估的过程中，他们的真实意见会直接影响培训评估效果。受训者的支持与配合程度表现在以下几个方面：接受培训评估调查；全程认真听培训讲师的授课；培训结束后参加培训考试与培训考察。

8.3.2 培训需求调研对象

培训项目的目的不同，应用的培训需求分析模型则不同，培训对象也会有一定的差别。然而，不同的培训需求调研对象有一定的共性，可以应用"权利-利益矩阵"对关系人进行分类，确定调研对象及调研方法。"权利-利益矩阵"如图8-2所示。

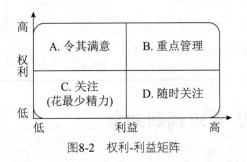

图8-2 权利-利益矩阵

以提高岗位胜任力的培训项目为例，培训需求调研对象包括以下几类。

(1) B区。人力资源部门、学员所在条线主管领导。这两部分人群是重点调研对象，宜采用访谈法进行深度访谈。

(2) A区。人力及学员所在条线的公司级分管领导。这部分人群的意见很重要，必须听取且作为培训项目的设计依据，宜采用访谈法，适度控制访谈时间。

(3) D区。学员直接领导。这部分人群也是访谈对象，可以一定的抽样率，抽取绩优人员适当调研。

调研对象分析如表8-7所示。

表8-7 调研对象分析

调研对象信息				调研对象特点			重要性程度
姓名	所在部门	职务	司龄	影响力	关注度	对培训的态度	

8.4 选择培训需求调研方法

年度培训需求调研方法有问卷法、访谈法、资料分析法，如表8-8所示。

表8-8 确定调研方法

调研对象信息			调研目标	调研方法		
姓名	部门	职务		问卷法	访谈法	资料分析法

8.4.1 问卷法

年度培训需求调研需要达到一定的调研覆盖率,要听取各部门、各层级员工的需求,这时比较适合采用问卷法。问卷法效率高、易统计分析、成本低、难度小,但问卷回收率一般较低,为了保证调研结果的有效性,要保证问卷调研对象的规模。年度培训需求调研问卷如表8-9所示。

表8-9 年度培训需求调研问卷

亲爱的同事:

　　为了更好地匹配您的培训需求,使年度培训更具针对性和实用性,切实有助于您的日常工作,特进行本次问卷调查,敬请惠予宝贵意见。我们将基于您的反馈进行细致分析,结合公司战略、业务模式制订2019年度培训计划。您的意见和建议将得到充分的尊重,我们会认真阅读并对您提供的信息严格保密。

　　感谢您的协助与支持,祝您工作愉快!

姓名:_____　　部门:_____　　岗位:_____　　职级:_____
参加工作年限:_____　　在本公司工作年限:_____
是否是18级管培生:□是　□否

1. 您认为公司对培训工作的重视程度如何(单选):
□ 非常重视　　　　□ 比较重视　　　　□ 一般
□ 不够重视　　　　□ 很不重视

2. 您认为培训对于提升您的工作能力、完成工作任务、提升工作绩效、促进个人职业发展能否起到实际帮助作用(单选):
□ 非常有帮助　　　□ 有较大帮助　　　□ 多少有点帮助
□ 没多少帮助　　　□ 没有帮助

3. 对您个人而言,2019年的培训需求重点在于哪个方面(多选,至少选两项):
□ 企业文化　　　　□ 职业素养　　　　□ 基本管理技能
□ 行业知识信息　　□ 公司内操作流程/方法　□ 领导力
□ 业内最佳实践　　□ 公司内最佳实践　　□ 其他_____

4. 以下哪些通用技能课程能对您有所帮助?请选择您认为比较需要的培训课程(多选,至少选三项):
【下面罗列通用技能课程】

(续表)

5. 以下哪些专业力课程能帮助您更好地胜任本岗位工作？请选择您认为比较需要的培训课程(多选，至少选三项，如和您的岗位联系不密切可选择"跳过本题目")：
【下面罗列专业力课程】

6. 以下哪些领导力课程能帮助您更好地胜任本岗位工作？请选择您认为比较需要的培训课程(多选，至少选两项)：
【下面罗列领导力课程】

7. 您是否知道可以使用移动办公App在手机端学习课程？(单选)
□知道，已经使用过　　□只听说过，没使用过　　□没听说过

8. 在方便自学或在工作需要时可以随时查阅的前提下，您希望能够在移动端(手机)获取哪些学习内容？(多选，至少选两项)
□公司制度及办公流程　　□职业化课程(沟通技巧、商务礼仪等)
□所在岗位的专业课程　　□与本岗位相关的跨专业课程
□行业内标杆案例　　　　□公司内最佳实践　　□其他：_____

9. 您一般会利用什么时间在手机端学习课程？(多选)
□上下班路上　　　　　　□上班时的空闲时间　　□午休时间
□睡觉之前　　　　　　　□其他空闲时间：_____

10. 对您而言，2018年最必要的培训需求是什么？请简要说明。

8.4.2 访谈法

在年度培训需求调研中，公司管理层、人力资源相关领导、各部门负责人等是关键的、重要的访谈对象，宜用访谈法开展调研。年度培训需求关键人员访谈表如表8-10所示。

表8-10　年度培训需求关键人员访谈表

调研问题	调研结果
1. 请您简单描述您所负责的部门\您所在部门在集团\区域事业部\区域内的定位或发挥的关键性作用。请您简要阐述您所在集团\区域事业部\区域与股份总部\集团\区域事业部之间的业务关系	
2. 请您描绘您所负责的部门\你所在部门明年的关键业务目标。为了完成这些业务目标，您主要关注的工作重点是什么？	

(续表)

调研问题	调研结果
3. 在上述工作重点下，您认为，在人员培养层面，需要重点关注的人群是哪些？	
4. 对您所关注的重点人群，您认为他们需要重点提升哪些方面的能力？在这些需要提升的能力中，哪些可以通过培训来提升？您是否有相关的合适资源推荐？(课程、讲师、主题等)	
5. 如果对重点人群实施培训，您认为什么时间合适？频次多少(2天/月)合适？哪些培训内容适合自学或即学即用(可运用移动学习解决)？在培训模式方面，您有何建议？	
6. 您在日常工作中经常遇到哪些挑战或困难？请举例说明	
7. 您觉得哪些学习和能力发展的手段可以给您帮助？您希望通过培训提升哪些方面的能力以便于应对所面临的挑战？	
8. 其他对培训的补充建议	

8.4.3 资料分析法

年度培训计划既能承接公司战略及业务需求，又能承接人力资源需求。公司战略规划、年度经营目标及计划、人力资源规划往往属于专项书面材料。此外，通过公司领导讲话、年会致辞、公司内刊等途径也可以获取战略规划、业务需求、人力需求等关键信息。只有获取这些信息，并在此基础上分析组织需求、绩效需求、关键人群及关键能力，再制订年度培训计划，培训才可以实现上承战略、下接绩效。

8.5 实施培训需求调研

8.5.1 调研前沟通

在需求调研正式实施之前，还要做三方面的沟通。

(1) 需求调研项目团队内的沟通。如果需求调研项目团队对调研目标、调研计划、团队分工、调研各阶段需完成的任务及成果产出没有清晰的认知，大家的信息处于不对称阶段，那么在开展后期调研工作的过程中就需要反复和项目成员强调所要执行的内容及阶段性成果，这会造成时间成本的浪费，甚至会影响成果交付。因此，必须做好需求调研项目团队的沟通工作,具体可通过会议的形式进行。

(2) 与调研对象直接领导或更高级领导的沟通。要明确本次调研的重要性以及对调研对象的相关期待和要求,取得管理层的认可和支持,从而为培训需求调研的顺利实施提供组织保障。这种沟通往往采用电子邮件等书面沟通方式,也可采取一对一沟通方式。

(3) 相关人力及培训对接人的沟通。具体包括介绍培训需求调研方案和调研工作开展计划,在这个过程中,需要相关人员的支持与配合。人力及培训对接人等培训需求调研相关人的沟通,往往以书面文件(如电子邮件,OA)等方式或培训需求调研项目启动会的形式开展。

培训需求调研通知如表8-11所示。

表8-11 培训需求调研通知

各部门:

为做好20××年度的培训工作,提升员工工作技能和培训满意度,实现公司发展战略,使培训工作真正体现员工所需、公司所需,××部现面向公司全体员工开展20××年度培训需求调查,通过沟通了解大家对公司培训工作的看法、实际需求、建议和期望。
  调查结果将为制订公司20××年度培训计划提供重要参考和依据,调查问卷也为各位员工表达自己的建设性意见提供了机会,并有助于实现自己的培训需求,同时也会促进公司培训体系的改进与提高,更重要的是员工的积极参与将有助于公司培训的顺利实施,为公司的发展奠定坚实的文化基础。请各位员工根据自身的情况,如实填写问卷调查表,具体安排如下:
  一、时间安排及相关流程
1. 开展培训需求调查时间:×月×日—×月×日
2. 完成培训需求调查分析报告时间:×月×日—×月×日
3. 调查流程:调查表发放—调查表回收—调查表统计与分析—完成调查分析报告,由××部汇总所有表格数据,进行初步分析。
 	
  二、填报要求
1. 培训请各部门认真组织本次调查活动,确保调查数据及内容的准确性。
2. 培训需求调查中所用表格见附件一,附件二由部门负责人填写。
 	
  感谢大家的配合!
 	
附件一:培训需求调研表
附件二:培训计划表
 	
<div align="right">××部
××××年×月×日</div>

8.5.2 访谈技巧

在年度培训需求调研中,对重点调研对象往往采用访谈法进行调研。访谈法更有利于挖掘到更多、更有深度的信息,但对访谈人员的能力要求也较高。因此,本书在此重点介绍访谈技巧，如表8-12所示。

表8-12 访谈技巧

了解访谈对象	了解访谈对象，不仅要了解访谈对象的姓名、部门、职位，还要了解如下信息： ● 沟通风格。以DISC为例，属于哪种行为风格？这将影响访谈人员确定访谈风格、访谈节奏。 ● 访谈这个访谈对象的原因。这项信息决定了访谈的重点内容，同时让被访者知道访谈的重要性，也能提高被访者的支持程度，提高访谈质量。 ● 对培训工作的态度以及观点。这项信息将影响访谈者的访谈内容以及访谈程度。 ● 访谈对象能接受的访谈时长。公司高管的时间一般都是很宝贵的，确定可接受的访谈时长可保证重点访谈目标的达成
明确访谈结构	一场访谈，往往按如下结构推进访谈进程： ● 开场。第一，介绍访谈背景和目的；第二，消除被访者的顾虑和担忧，营造安全的环境；第三，要说明被访者的配合方式。 ● 从与主题相关的问题切入，即背景题(与访谈目的相关的信息)，目的是让访谈对象快速进入访谈状态。 ● 提问核心问题。访谈者进行深度会谈，主导访谈节奏。 ● 补充提问。对上一环节中访谈对象谈到的内容做补充提问。 ● 结束问题。 ● 收尾。感谢被访者，可以索取微信等联系方式，并说明可能需要补充访谈(为补充访谈做好准备)
明确访谈目的准备访谈提纲	访谈时应明确目的，并且所有的问题都要围绕目的展开。 明确访谈目的，编写访谈提纲十分重要，它可以帮助访谈者控制节奏。毕竟有时候被访者滔滔不绝，如果没有一条主线，访谈很可能就被带偏。访谈提纲能提高访谈效率，有助于在有限的时间内获得更多有价值的信息。 ● 访谈问题的设计，一般来说应遵循"由浅入深""从简到难"的原则。 ● 时间分配方面，尽量设计能在45分钟至1个小时内完成的问题。 ● 明确重点问题，了解本次访谈的核心问题
访谈注意事项	● 切忌只按访谈提纲的顺序进行提问，这样会打乱访谈对象的逻辑，需要适时根据被访者的状态来调整访谈提纲顺序。 ● 访谈是为了了解被访者的需求，因此不要批判被访者的观点、想法和意见，也不要诱导被访者。 ● 不要代替被访者说话，切忌抢先发表观点(即使你知道被访者会怎么回答/怎么做)。 ● 不要打断被访者，尽量在被访者描述完一件事情后，再进行提问，可以适当地记录被访者的回答。如果被访者跑题或者滔滔不绝，可打断。 ● 注意倾听和观察，并适时做出回应。注意被访者的表情、用词、语气、动作、停顿等，适当通过肢体语言互动(如对视的目光交流、微笑、点头等)，或者用简答的语气词回应(如嗯、真的、是这样等)，这样可以鼓励被访者积极表达自己的想法。 ● 访谈人员不要使用专业名词，如无法避免，需要给予解释。 ● 访谈人员尽量不要使用是否题或封闭性问题，多问为什么(即使你知道被访者会怎么做)。开放性问题有利于收集到更多的信息，而封闭性问题则有利于收敛。 ● 一次问一个问题，不要问一连串问题。 ● 让被访者讲故事，而不仅仅只是在回答问题

为了提高访谈效果，面对面访谈最好约定在会议室中进行，最好不要在访谈对象办公室内进行，以免被其他人员打扰，同时也有利于营造安全的访谈氛围，让访谈对象"畅所欲言"。

8.5.3 调研问题及处理措施

制定培训需求调研方案并沟通后，需具体实施以收集培训需求信息。在这个阶段，通常可能出现以下问题。

- 被调研人员不予配合，或者应付了事。这是由于培训部门和业务部门对培训需求调研的目的、内容、方法认识不统一导致的协作困难。
- 调研方法和工具欠合理。在调研过程中，发现调研工具不够严谨甚至漏洞百出，导致被调研者不知道如何配合或产生抵触情绪，无法准确地获取所期望的信息，这与最初的工具设计与开发密切相关。
- 调研流程不顺畅。比如，调研时间安排不合理，沟通反馈的机制和流程不顺畅。
- 人员能力不匹配。调研人员的访谈能力、数据统计分析能力、沟通能力等不足，会影响需求调研的顺利开展和结果分析的准确性。

对于以上问题，需要在制订调研计划时进行周密考虑，并提前做好相关的风险防范措施，提升调研人员的专业能力。重点访谈对象调研进度登记表如表8-13所示。

表8-13 重点访谈对象调研进度登记表

调研对象信息				调研计划		调研完成情况	备注
姓名	所在部门	职务	司龄	调研时间	调研方式 (电话调研/面谈)		

(续表)

调研对象信息				调研计划		调研完成情况	备注
姓名	所在部门	职务	司龄	调研时间	调研方式(电话调研/面谈)		

8.6 分析培训需求调研结果

培训需求调研结束后，应当对相关的数据进行整理归类，按照业务类别、重要紧急程度、培训方式等进行梳理，最终展现给公司领导的应该是一份详尽的培训需求分析报告。

8.6.1 培训需求的层次分析

(1) 组织层面分析。培训需求的组织层面分析主要是通过对组织的目标、资源、特质、环境等因素的分析，准确地找出组织存在的问题与问题产生的根源，以确定培训是否是解决这类问题最有效的方法。由于企业处于一定的社会环境中，随着政治、经济等因素的变化而变化，企业发展经营战略、组织所处的宏观环境和发展趋势、组织现有的资源储备等都会影响员工的培训需求。

(2) 职务层面分析。职务层面分析的目的在于了解与绩效问题有关的工作的详细内容、标准以及完成工作应具备的知识和技能。工作分析的结果也是将来设计和编制相关培训课程的重要资料来源。通过比较现有职务要求与担任此职务的员工的工作能力、工作绩效等方面，可以确定员工的培训需求。

(3) 员工个人层面分析。员工个人分析主要是通过分析工作人员个体现有状况与应有状况之间的差距，来确定谁需要接受培训以及培训的内容，其分析重点在于评价工作人员实际的工作绩效及工作能力。

8.6.2 培训需求的阶段分析

培训需求分析分为目前阶段培训需求分析和未来阶段培训需求分析。其中，目前阶段培训需求分析是为了了解员工目前最需要培训的内容，以解决其目前的实际问题。未来阶段培训需求分析是为了了解员工未来一段时间所需要的知识和技能，以便有计划、有针对性地对其进行培训。

对于培训内容的重要紧急性，一定要和分管部门领导沟通确定，确定优先顺序。

培训需求的层次分析及阶段分析如表8-14所示。

表8-14　培训需求的层次分析及阶段分析

培训需求的层次	需求分析结果	紧迫性/阶段分析结果
组织层面分析		
职务层面分析		
员工层面分析		

第9章 培训计划管理

培训计划是从组织战略及经营目标出发,预先在全面、客观的培训需求分析基础上做出的对培训时间(When)、培训地点(Where)、培训者(Who)、培训对象(Who)、培训方式(How)和培训内容(What)等的设定。

有些公司发展比较快,培训计划执行率较低,因此认为培训计划没有用,没有必要制订培训计划,这是对培训计划的误解。事实上,培训计划管理的过程,也是培训资源分配的过程。因此,要重视培训计划管理工作。

9.1 培训计划制订依据

一个好的培训计划是培训部门支持公司业务发展及员工能力发展的具体体现。年度培训计划的制订依据主要有三大方面。

9.1.1 战略发展需求

了解公司未来三年的战略是什么,哪些人才及业务领域是关键,这些关键业务的工作内容及岗位胜任力要求是什么,这些关键人员需要的关键能力有哪些。有些培训部门无法获悉企业战略规划,或有些企业没有清晰的战略规划,都可以年度经营目标的实现作为培训计划制订依据。

9.1.2 绩效提升需求

了解公司有哪些要提升的关键绩效(销售额、客户满意度、周转率等),这些绩效提升需求涉及哪些部门、哪些人员,这些人员的哪些知识技能提升能有效提升绩效,哪些数据、信息、流程、资源能提升绩效。以绩效提升为依据制订培训计划时,要考虑培训是不是提升绩效的措施,以及有没有其他措施可以提升绩效。

9.1.3 人才资源需求

了解公司的关键岗位有哪些,这些关键岗位的后备梯队是否有储备,这些储备的高潜人员应如何培养才能胜任目标岗位，在岗人员胜任力如何。

9.2 培训计划制订

9.2.1 培训需求调研

培训计划源于战略发展、绩效提升、人力资源管理三大方面，这三大方面的培训需求信息都要通过培训需求调研的方式来获取。

培训需求调研对象包括公司级管理层、事业部或部门级管理层、人力资源管理部门等。不可能对全体员工开展培训需求调研工作，往往要结合战略，聚焦关键人员。

企业以盈利为目的，企业培训同样要追求回报，以达成组织绩效、实现组织战略目标为目的。因此，培训需求调研必须结合企业战略，支持公司的战略发展，为未来提供满足公司需要的人力和智力。比如，公司未来三年要开拓海外市场，那海外市场的开拓、海外办事处的管理、目标国家的文化历史等就是重要培训内容，海外市场开拓的储备人员就是重点培训对象。

有些受外部环境影响较大的企业或有些中小企业，可能没有清晰的战略，但不能以此为由不从企业战略角度分析员工的培训需求。一个企业即使没有长期战略，也应有中短期目标。无论是大企业还是中小企业，无论是否有清晰的企业战略，培训需求的来源并无本质差别，都是企业目标的达成。

公司级管理层、事业部或部门级管理层、人力资源管理部门等往往作为重点调研对象，采用一对一访谈法来分析培训需求；调研对象范围更大、重要性其次的其他调研对象，一般采用问卷调研法收集培训需求。此外，公司高管关于年度经营目标及战略方向的讲话材料等文档也要作为培训需求分析的重要依据。

9.2.2 培训项目规划

完成培训需求调研与分析后，就明确了培训人群(Whom)、培训目标(Why)、培训项目(Which)。接着进入培训项目规划阶段，即在什么时间(When)、什么地点(Where)、采用什么师资(Who)、采用什么方式(How)对培训人群开展培训，以达到培训目标。在培训计划中，也要重申培训人群、培训目标、培训项目。

培训规划是概要计划，时间规划到季度或月度即可，培训师资规划到内部还是外部师资即可，重点阐述我要做什么、为什么这么做、做了之后能达到什么目标、为什么能达到这个目标等内容。

在培训规划中，需要列出培训项目明细，及所有培训项目的详细规划信息。同时，也要从不同维度进行分类分析，以便考量重点项目有无遗漏、培训资源分配是否合理等。

> 按层级。明确高层管理者、中层管理者、基层管理者、普通员工的培训项目分别是什么。

> 按条线。明确设计、研发、生产、销售、市场、人力、行政等不同条线的培训项目有哪些。

> 按职能。明确人才培养、绩效改进、企业文化、课程研发等不同培训职能的项目有哪些。

> 项目重要程度。明确公司级、部门级培训项目有哪些、重点培训项目有哪些。

9.2.3　培训预算编制

培训预算也是培训计划的重要内容。年度培训计划编制完成，意味着年度培训预算的确定。培训计划编制是在按需编制的基础上，兼顾可用培训预算，综合调整的过程。

在培训预算比较充足的情况下，可采用需求引领的方法，即先开展培训需求调研，编制培训计划及培训预算，再根据公司可审批的培训预算适当调整培训计划，与培训相关部门沟通并取得一致意见后，报公司审批。

在培训预算比较紧张或明显不足的情况下，可直接根据培训计划的制订依据，进行重点项目的培训规划，在预算范围内保证重点培训项目的资源投放。

9.2.4　培训计划沟通与审批

培训计划编制是专业落实的过程，即采用专业的流程及工具编制培训计划；同时，培训计划也是管理的过程，即确定培训资源投放重点、树立培训计划的严肃性。因此，培训计划编制不是一蹴而就的过程，培训部门需要在调研培训需求、收集各部门的培训计划后，统筹兼顾，制订年度培训计划，并与各部门反复沟通，最终报公司管理层审批，确定并正式公布年度培训计划。年度培训计划表如表9-1所示。年度培训计划通知如表9-2所示。

表9-1 年度培训计划表

课程类别	课程对象	序号	课程名称	课时	培训方式 (线上学习/面授集训/ 外部公开课)	讲师来源 (内部/外部)	培训费用/元				培训时间(月度)											
							讲师费用	场地费用	教材费用	其他费用	1	2	3	4	5	6	7	8	9	10	11	12

表9-2　年度培训计划通知

关于发布20××年度培训项目计划安排的通知

各位领导，各位同事：

　　根据组织建设与业务发展的需要，我们重新调整了20××年度培训项目安排，现将最新年度培训项目计划予以公布，以便大家了解，支持培训工作。

　　一、培训项目计划编制思路
　　1. 支持业务发展，提高培训覆盖率
　　总部组织的培训：基本可100%覆盖总部员工，及各分支机构经理级以上人员(含产品经理、市场经理、区域经理等)。
　　推动分支机构组织的培训：培训部将推动分支机构人事行政部策划并组织分支机构一线人员的培训，实现分支机构培训的高覆盖。
　　2. 支持人才储备，举办梯队人员培训项目
　　根据干部管理总体规划，举办事业部分支梯队人员培训、分支机构经理梯队人员培训，做好人才储备工作。
　　3. 发挥各部门的能动性
　　培训项目按性质分为培训部主办、培训部与事业部合办、培训部协办三类。
　　合办、协办的项目：培训部扮演专业支持与管理协调的角色，发挥事业部和各部门的能动性与积极性。
　　培训部主办的项目：培训项目策划及组织实施的全部流程均由培训部负责。
　　4. 体现集团化管控特点
　　对管理培训、讲师培训等各产业单位均适用的课程，发挥股份集团化作用，邀请各产业单位选派人员参加。

　　二、培训项目计划概况
　　共××期培训项目，具体如附件所示。
　　每个培训项目的计划实施时间有可能根据具体情况调整。

××部
××××年×月×日

9.3　培训计划总结

　　几乎所有的公司都会开展培训计划总结，即总结培训计划执行情况，常见的有月度、季度、半年度、年度培训计划总结。月度培训计划总结表及总结报告如表9-3、表9-4所示。

　　培训计划总结很有必要，有利于评估培训目标达成情况，尤其是重点培训项目按计划执行情况，也可根据培训计划动态调整培训预算以及其他资源分配。培训计划总结具体包括三大方面。

9.3.1 项目实施及培训效果总结

一般情况下，总结项目实施情况的指标是"培训计划完成率"，总结培训效果的指标是"学员满意度"。其中，培训计划完成率的计算公式为

$$培训计划完成率 = 已举办的培训项目数 / 计划开展的培训项目数$$

需要注意的是，培训计划制订及实施的目标是支持公司业务发展、满足人力资源需求。当公司出现经营目标调整、业务重点调整、组织结构调整等情况时，对于培训项目，该取消就取消，该延期就延期，不能为了追求培训计划完成率盲目开展培训，不能为了培训而培训。

满意度是总结培训效果的常用指标，具体包括两大方面：一是培训项目的学员满意度，即培训项目实施结束后，现场即时调研的培训满意度，包括课程满意度、师资满意度、运营组织满意度等。所有培训项目满意度的平均值可作为年度培训满意度。二是培训项目的领导满意度。有些公司的有些项目，重点关注学员领导的评价反馈意见，即学员领导对培训项目的满意度。

如果有行为层评估、结果层评估，这两大方面也是培训效果总结的重要内容。

9.3.2 培训价值与解决问题评估

项目实施及培训效果评估是较为基础的培训计划总结内容。培训计划的制订依据为战略发展需求、绩效提升需求、人力资源需求。因此，较为理想的培训计划总结是培训价值与解决问题评估，即培训带来了什么价值？培训解决了什么问题？

比如，培训计划的内容是解决关键岗位储备培养问题，那培训计划总结就要把重点放在"人才储备率""储备人员目标岗位胜任力"等指标上。

又如，培训计划的内容是提升工作绩效，那培训计划总结就要把重点放在"培训前后绩效的变化"上，而非举办了多少场绩效改进培训。

9.3.3 部门满意度调研

培训的有效性和价值，不仅体现在培训项目按计划执行的情况，也体现在对需求部门的需求调查、需求沟通、方案设计等方面。培训价值与解决问题评估有一定的难度，因此，有些公司会开展部门满意度调研工作，即在开展培训总结时，启动各部门、各关键人群的培训满意度调研，了解各部门的培训满意度。这时候的满意度往往涵盖培训价

值与效果方面的评估指标，比如万达学院的"培训有用度"指标。

表9-3 月度培训计划总结表

课程类别	课程对象	序号	课程名称	课时	培训时间	参训人数	学员满意度	完成情况（完成/取消/延期，未完成请注明原因及措施）

表9-4 月度培训计划总结报告

××××年×月培训计划总结

一、指标数据
1.××整体组织绩效指标完成情况

类别	序号	指标名称	年度目标	季度目标	截至×月实际值	截至×月完成率	完成状态	负责人
考核类	1							
	2							
	3							
任务类	4							
	5							
	6							
管控类	7							
	8							
	9							

(续表)

(1) 人均培训天数

(2) 培训课程学员整体满意度

2. 各业务单位监控指标完成情况
(1) 人均培训天数

(2) 总监级及以上人员平均授课时数

二、预算执行
1. ×月培训预算执行率

2. 预算执行

学院/部门	预算项目	×季度 批复预算	×季度 累计支出	×季度 预算执行率	×年度 累计支出

三、截至×月底课程采购分析
1. 截至×月底合同定标金额与付款金额

2. 截至×月外出培训申请金额与付款金额

3. 截至×月底各项费用实际支出占比

(续表)

四、×月重点任务完成情况

学院/部门	项目名称	内容	实施时间	参训人数	学员满意度	完成情况

五、×月重点任务【说明：次月重点任务】

学院/部门	项目名称	内容	实施时间	参训人数	备注

××大学
××××年×月×日

9.4 培训计划管理关键

做好以下三方面关键工作，可让培训计划管理达到事半功倍的效果。

9.4.1 培训计划必须"有依有据"

培训计划首先必须从公司经营出发，基于公司战略发展需求、绩效提升需求、人力资源需求，为公司经营提供支持和助力，以"有用"为目标。

编制培训计划时，必须进行培训需求调研，公司级管理层、各部门主要领导、人力资源部门、组织发展等部门的需求必须予以重视，充分分析与沟通，保证培训计划能上承战略、下接绩效，为企业经营服务。

9.4.2 重点突出兼顾全面覆盖

"经费"永远是短缺的,公司的培训资源总是有限的。因此,要提高培训效率,将资源投放到关键项目、关键人群身上,考虑投入产出比。同时,也要考虑培训覆盖率,在资源短缺的情况下,可采用线上培训、直播培训、内部交流等方式,让需要培训的人都能受到培训。

9.4.3 多方沟通寻求支持

培训计划涉及众多人员,因此培训部门应避免"闭门造车""拍脑袋"的做法,在编制培训计划过程中,要让更多的人参与,要获得更多的支持。

培训计划的实施需要一定的培训资金支持,也需要学员投入时间参加,时间也是成本。因此,编制培训计划时,要取得相关部门、管理者和员工的支持,尤其应尽可能多地寻求公司最高管理层和各部门主管领导的支持,获得足够的资源,以便落实培训计划。

第10章 培训预算管理

培训预算是企业用于培训事项的费用，多由培训部门主持编制并管理，由公司层领导及财务部门审批。

有些公司培训部门不重视培训预算管理工作，认为无论如何编制与监控培训预算执行情况，也不管实际需要多少培训预算，财务部门均会一刀切，大幅砍掉培训预算，或者认为培训预算的落实最终还是要看占公司总预算费用的比例。所以，有些公司的培训部门往往"拍脑袋"编制培训预算，造成培训预算编制基础不扎实。事实上，财务部门及公司之所以大幅砍掉培训预算，正是因为培训部门无法有理有据地说明培训预算的合理性。此外，培训预算编制也是重新审视年度培训计划、保证重点项目投入、确保培训计划能落地实施的重要保障，因此，要充分重视培训预算管理工作。

培训预算编制一般在每年四季度启动，此项工作应与人力资源年度计划、培训计划编制工作同步进行。

10.1 确定培训预算编制方法

不同企业的预算编制方法不同，相应的，预算编制流程也不同。年度培训预算编制方法有总额分解法、参考线法、零基预算法等。这三种方法往往综合应用，即采用零基预算法编制培训预算，再参考预算总额、往年预算总额进行调整。

10.1.1 总额分解法

培训预算来自公司的战略投入，或者按比例从职工教育经费中提取，或者按比例从营业额中提取，以此作为培训预算总额，进而分解培训预算，确定总公司和下级单位的预算比例、各培训项目具体预算额等，这种预算编制方法称为总额分解法。

各企业的培训总预算多少不一。国际大公司的培训总预算一般占上一年总销售额的1%～3%，最高可达7%，平均为1.5%，而我国的许多企业都低于0.5%，甚至不少企业在0.1%以下。

10.1.2 参考线法

根据历年培训经费决算结果，制定各类人员、培训项目的预算，即为参考线法。例如，公司根据历年经验规定，中、基层管理人员外聘讲师培训的单天费用不超过1.5万元，中层管理人员外聘讲师培训的单天费用不超过2万元，新入职技能工人外聘讲师的单天费用不超过1万元等，作为各部门编制预算经费的参照。

参考线法实际上就是承袭上年度的培训经费标准，再加上一定比例的变动。这种预算编制方法简单，预算编制周期短。但是按此法编制预算的逻辑假设是上年度的每个支出项目均是必要的，因而在下一年度都有延续的必要，只是需在其中的人工和项目等方面有所调整而已。

采用参考线法时，由于没有预算支出明细作为预算审批依据，可能遭遇财务部门因"不明就里"而随便"砍一刀"。

10.1.3 零基预算法

零基预算法，通俗地讲就是不管上年用了多少、怎么用，今年的预算重新评估，重新确定费用，以零为基础。在年度培训计划基础上，按照项目开展时将实际产生的场地费、培训教材费、外请讲师费、学员交通费等预算科目，依据公司差旅标准等有关预算标准(如一线城市住宿费每人每天不超过400元)，编制实际所需培训预算，进而确定年度总培训预算。

采用零基预算法的前提是清楚公司需要什么样的培训，即培训应基于实际培训需求，然后把培训需求按照重要程度进行排序，设置相应的课程，重新确定培训费用的分配。

零基预算法有利于管理层对整个培训活动进行全面审核，避免内部各种随意性的培训费用的支出，也可以提高各主管人员的计划、预算、控制与决策水平，更有利于将组织的长远目标、培训目标和要实现的培训效益三者有机结合起来。不过，这种方法的管理成本比较高，因而更适合成熟的企业采用。

10.2 确定编制科目和预算标准

10.2.1 确定预算编制科目

培训预算编制科目包括讲师课酬、交通费、住宿费、餐饮费、会议室费、培训物料费等。确定培训预算编制科目有利于培训预算编制及管理过程中的统计与分析，同时也可以明确预算投放方向。培训预算科目如表10-1所示。

表10-1 培训预算科目

科目	讲师课酬	住宿费	交通费	场地费	茶歇	餐费	培训物料费
内训项目预算							
外部公开课预算							
课程研发预算							
师资建设预算							
线上学习预算							
培训资源建设预算							
培训咨询项目预算							

10.2.2 制定预算标准

预算标准是指交通费、餐饮费、住宿费等预算科目的人均上限。比如，住宿费每天每人400元。一般情况下，公司均会制定明确的差旅、会议预算标准，培训预算标准可沿用公司现有预算标准。培训预算标准如表10-2所示。

表10-2 培训预算标准

科目	城市分类		
	一类城市	二类城市	三类城市
住宿费 /元/双人标间/天			
餐费 (含早中晚三餐)/元/人/天			
场地费 /元/天/人			
会务费 /元/人			
外部讲师课时费			
内部讲师课时费			
交通费			
备注			

10.3 培训预算编制

10.3.1 制定预算编制的指导思想

编制培训预算是一项历时长、涉及部门多的工作，为了提高培训预算编制的效率与质量,提高培训预算的适用效率,需要制定预算编制指导思想,指导后续培训预算编制工作。比如,预算编制指导思想是"降费增效,提高预算使用效率",则应在编制培训计划时多安排线上培训、直播培训,少安排外训,严格按照预算标准编制培训预算,控制预算支出。

10.3.2 编制培训预算的要点

按照零基预算法,根据预算科目及预算标准编制培训预算。

编制培训预算时,需要设立一定比例的机动费用,作为预算外支出。如果本年度培训预算金额与上年度实际发生额相比,差异较大,预算编制人员需要另外详细说明存在差异的原因,以便通过审批。

编制年度培训预算后,还需要分析各预算科目的投放比例是否合适,适当调整培训预算,具体要关注的预算投放比例包括以下几方面。

> 重点项目、非重点项目的预算投放比例。
> 按人群类别划分,如管理人员、专业人员、销售人员、新员工等。
> 按人群级别划分,如高层管理人员、中基层人员、高潜人员等。
> 按人均培训预算划分,如蓝领人均培训预算、白领人均培训预算、中高管人均培训预算等。
> 按预算科目划分,如场地费占比、外请讲师费占比、学员差旅费占比等。

各项目培训预算上限如表10-3所示。各部门培训预算上限如表10-4所示。培训预算表如表10-5所示。

表10-3 各项目培训预算上限

	预算科目	预算/万元	占总公司培训预算比例	预算列支部门
培训项目(班)	培训部组织的培训项目(班)			
	其他部门组织的培训项目(班)			
	教材与课程研发			
	师资队伍建设			
	线上学习			
	培训设备购置			
	集团分摊的培训费用			
	机动费用			
	合计			

表10-4 各部门培训预算上限

序号	部门	预算总额	预算使用方向
合计			

10.3.3 培训预算审核

在分级编制培训预算的情况下，比如总部各部门及各分公司编制培训预算，需报总部培训管理部门审核，具体应审核如下几方面。

➢ 培训项目设置是否必要，即是否需要举办该培训项目；培训形式(线上和线下等)是否合适，应选择内训还是外训；学员数量是否合理。

➢ 预算科目与标准是否合规，即是否遗漏重要预算科目，是否按预算标准编制培训预算。

➢ 培训预算分布是否合理，即培训预算是否聚焦于重点项目和重点人群，各层级人员培训预算费用投入比例是否合理，内训、外训预算投入比例是否合理。

10.3.4 培训预算报批与公布

培训预算编制工作不是一蹴而就的，往往需要培训部门、人力部门、财务部门等多次沟通、反复修订，方可确定最终的培训预算。在这个过程中，培训经理要发挥自己的专业性、影响力，实现既定的预算编制目标。修订后的培训预算要报公司管理层及财务部门审批，审批通过后随同年度培训计划一同公布，如表10-6所示。

表10-5 培训预算表

项目介绍									预算合计	预算明细							备注
项目类别	项目名称	培训对象	培训方式	讲师来源	开课期数	每期人数	单期人数	总人数		场地费	餐费	茶歇	交通费	住宿	培训物料	讲师费	预算支出时间
合计																	

表10-6 年度培训预算公布

关于公布××××年度培训预算与管理方案的函

各部门：

  为充分发挥培训预算的预测、控制作用，提高培训预算的使用效益，合理配置资源，根据××××年××部和各部门的培训工作计划，参考××××年培训费用数据，采用零基预算法，编制了××××年度总公司培训预算，并制定了管理方案。

  培训预算与管理方案已通过总裁室审批，并报备财务部。现将培训预算与管理方案公布如下，请各部门在部门培训预算与可分摊到机构的培训预算额度内合理使用培训费用。

一、总原则

  设置两条控制线对培训预算进行管理。第一条线是部门培训费用控制线，即部门自己承担的培训费用，不能超过该部分培训预算的上限。第二条线是部门可分摊到机构的培训费用控制线，即部门举办的培训项目分摊到各机构的培训费用，不能超过该部门分摊到机构的培训费用的上限。通过此方法，既可以较好地管理各部门培训费用支出，又可以保证培训资源在各机构的合理使用，提高机构培训费用的使用效率。

二、培训预算

总公司培训预算上限、各项目培训预算上限、各部门可分摊到机构的培训预算上限如下所述。
(一) 总公司培训预算上限
总公司培训预算上限是××万元。
(二) 各项目培训预算上限
各项目培训预算上限详细说明见"附件1：各项目培训预算"。

预算科目		预算/万元	占总公司培训预算比例	预算列支部门
合计				

(续表)

(三) 各部门培训预算上限

序号	部门	预算总额/万元	预算使用方向
	合计		

(四) 各部门分摊到机构的培训预算上限

序号	部门	分摊到机构的培训预算/万元
	合计	

(续表)

三、培训预算管理

(一) 管理目标

预算投放方向与数额可控，使用情况可监测，管控措施可行、易操作。

(二) 管理措施

1. 预算控制

设置二条控制线管理培训预算。在培训项目审批环节，通过预算控制将费用控制在合理范围内，管理总公司各部门承担的培训费用、可分摊到机构的培训费用。

各部门提交培训项目举办申请时，需填写"附件2：培训项目预算表"。培训部需建立预算登记台账，见"附件3：培训预算登记台账"。

(1) 交通费标准

A. 机构班子成员往返交通费人均××元。

B. 机构部门级员工往返交通费人均××元。

C. 机构其他人员往返交通费人均××元。

(2) 分摊原则

A. 培训主办部门工作人员费用由培训主办部门承担(第一条线)。

B. 培训主办部门人员参训，费用在部门内员工的培训预算中列支。

C. 培训师费用等原则上按参训人数分摊到各机构。

序号	部门	第一条线 部门预算	第二条线 部门分摊到机构的培训预算(包括差旅费)/万元
	合计		

2. 费用记录

报销费用时，各部门要填写"附件4：培训项目费用表"，发送至培训部。

(续表)

> 培训部建立培训费用台账,记录总公司各部门实际发生的培训费用、分摊到机构的培训费用。培训费用登记台账见"附件5:培训费用登记台账"。
>
> 附件1:各项目培训预算
> 附件2:培训项目预算表(培训主办部门填写)
> 附件3:培训预算登记台账(培训部门填写)
> 附件4:培训项目费用表(培训主办部门填写)
> 附件5:培训费用登记台账(培训部门填写)
> 附件6:培训预算编制流程
> 附件7:培训预算实施监督工作流程
>
> ××部
> ××××年×月×日

10.4 培训预算执行监控

各公司的预算管理模式不同,培训预算执行监控的模式也有所不同。有些公司实行年度预算总额控制制度,即在年度预算范围内,可灵活支出并适当调整预算投放方向,培训部门即可审批培训支出;有些公司预算审批更严格,要求"专款专用",即没有列支在培训计划中的项目费用需走培训预算追加流程才可支出,年度培训计划内各项目的预算不能自由调配。不论采用何种管理模式,执行预算监控都是非常必要的。

10.4.1 月度培训预算统计分析

建立培训费用台账,是为了记录培训预算支出情况及分析培训预算执行率。月度培训预算台账如表10-7所示。

各部门应每月做好记录并向培训主管部门提报月度培训计划及预算使用情况。

表10-7 月度培训预算台账

项目名称	培训时间	培训地点	参训人数	培训方式	讲师来源	预算合计	预算明细					
							场地费	餐费	茶歇	交通费	住宿	培训物料	讲师费

10.4.2 培训经费预算的调整

原则上,各部门预算一经批准,具有严格的约束力,除因不可抗拒的客观变化需做预算调整外,任何人不得随意变动或调整预算。但培训预算基于培训需求及培训计划,如果培训计划有较大调整,培训预算相应也要做出调整。以下情况可以进行相应的预算调整并严格按照流程进行报批。

- 年度培训计划调整。
- 组织机构调整。
- 人员定编计划发生重大调整。
- 公司因业务发展需要调整培训项目。
- 国家相关部门或上级主管单位临时安排必要培训项目。

10.5 培训经费决算

培训经费决算是指对培训经费使用情况进行准确的决算分析,以便能够有效指导下一年的培训经费预算编制,即总结上年度培训经费预算管理中存在的问题和偏差,在制定下一年培训经费预算时及时修正。

10.5.1 年度培训经费决算

年度培训经费使用情况分析具体包括以下三个方面:培训经费政策执行情况,培训经费决算分类使用情况,经费管理存在的问题及解决办法。

10.5.2 培训经费效果评估

培训经费季度、年度决算后,要进行培训经费使用效果评估,从预算完成率、各单位使用情况、培训对象类别投入度等方面进行分析,综合评价培训经费使用效果。

10.5.3 决算结果确认应用

(1) 决算结果作为下一年经费预算制定依据。依据本年度的统计决算结果,分析各类人员的预算参考线等是否需要调整,供应商分级管理中培训单价等是否合理,为下一年的预算编制提供参考依据。

(2) 决算结果可作为各单位分析培训投入产出的依据。培训经费的成本分析是投入产出分析的重要内容，只有将经费投入与后期培训效果进行对比，才能全面评价培训项目、培训讲师、培训课程等。

10.6 培训预算管理关键

10.6.1 依据严谨的预算编制

许多培训管理者在遇到预算审批困难时，往往会抱怨财务及高层不懂培训、不够专业、胡乱拍脑袋、不愿投入等，但即便存在这些现象，也要想想自己编制的培训预算是否"有理有据"、是否有说服力、是否回答了财务部门及高管的疑问。培训预算是公司一项重要成本支出，公司领导关注预算花在哪里、花在谁身上、为什么是这个预算数据、预算投放后是否会有效果等问题，也是人之常情。

因此，编制培训预算的关键之一是要提供严谨的预算编制依据，即在培训计划得到认可的基础上，科学分析、量化表现、仔细沟通、推动决策，通过严密的、合理的分析使财务部门及高层认可培训预算。

10.6.2 科学的预算编制方法与流程

在实际的预算编制工作中，有些培训管理人员一般采用"由上而下"的策略，即确定预算总量后，根据各单位的培训需求进行分配。很多企业内各部门提出的培训需求往往只是费用需求，如某制造部门需要多少钱、做几场培训等，而非基于培训计划的培训预算，或培训计划不足以估算培训预算。

这时，培训管理部门很难确认各部门的培训预算是否合理，也无法有说服力地砍掉各部门的培训预算，从而导致预算报批与审核论据不足，论证不合理，或高层的认同不够。这样的话，培训预算编制可能会循环多次，造成预算编制周期延长。因此，预算编制方法与流程一定要科学、合理。

10.6.3 动态管理培训预算

年度培训预算编制完成后并非一劳永逸，一般情况下，公司还要进行季度预算调整、半年预算调整，这时有可能会缩减培训预算或调整培训预算投放比例。

此外，年度培训计划也很难100%按计划实施，总是会出现计划外培训项目或计划内培训项目取消的情况。有时即使增加新培训项目，也很难追加年度培训预算。

因此，为了保证重点项目、重点人群的培训计划得以顺利实施，在培训预算面临不可知影响时，及时、准确、完整地记录培训预算使用情况，监控培训预算执行情况，动态管理培训预算，也是很有必要的。

第11章 培训项目设计

在最近几年的美国ATD大会上，混合式学习几乎成为企业学习项目设计的"标准配置"。国内外很多企业，如IBM、UPS、招银大学、腾讯、京东等，无论是基层员工培训项目，还是领导力开发项目，都采用了混合式学习方法，将课堂培训、在线学习、评估、教练辅导、在岗实践以及考试等多种学习形式结合起来。

所谓混合式学习(Blended Learning)，是指在"适当的"时间，通过应用"适当的"学习技术与"适当的"学习风格相契合，向"适当的"学习者传递"适当的"能力，从而取得最优化的学习效果的学习方式(以上解释来自Singh & Reed)。

11.1 培训项目设计原则

CSTD(China Society for Training and Develpment，中国人才发展社群)推出了RSMPAF六度学习设计原则，如图11-1所示。这六项原则不仅是学习设计的方法论，更是评估学习设计有效性的六条标准，它们既相对独立，又相互承接、相辅相成、相互支撑。

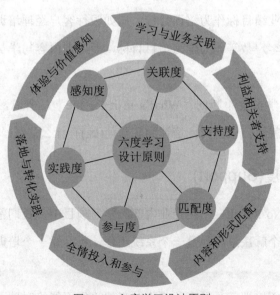

图11-1 六度学习设计原则

11.1.1 关联度(Relevance)

成人学习目标导向很强，大多数追求"实用主义"。情境教学理论认为，学习是在情境中发生的。Sawyer认为，以学生为中心的环境推崇包含知识运用的实践，而不是把知识当作孤立内容进行处理、推敲和检索，所以关联度就是要明确我们的知识内容需要和学员的哪些情境相关联。进一步看，要想赢得中高层对学习项目的支持，必须要将学习项目和组织目标关联起来。所以，组织中的学习设计相对复杂，因为既要关联组织需求，又要关联学员的个人需求。

基于这样的假设，第一个层面的关联就是要和组织战略关联。组织战略不仅仅表现在那些公开的各种报告中，还体现在高管在不同阶段的主要关切上。所以常听高管的讲话，常常站到高管的角度来思考问题，对于学习设计师来说非常重要。不管是企业内部的培训管理者还是第三方的培训机构，如果要将学习项目做成精品、亮点，做到有影响力，最好能够关联组织战略，而关联度的高低又决定了影响力的大小。所以很多公司的学习项目，会在前面加一个定语，如"转型期""变革期""支撑战略的""互联网时代"……，这也是主动关联企业战略的表现。

第二个层面的关联是和业务层面的关联，就是学习项目和业务的运营情境相关联，和学员日常的工作痛点相关联。大到每个知识模块，小到每个知识点，具体来说就是每个知识点要解决学员的哪些问题，学员学了以后能够在哪些情境中使用。现在有很多学习项目甚至会将业绩目标作为培训目标，比如银行客户经理培训，培训周期为三个月，将增加存款数、客户数等作为学习项目目标，而培训内容与学员指标的完成度密切相关。

在培训过程中，学员会不断问"What's in it for me"。所以，在学习项目设计之初、培训开始之前，就要告诉学员，培训到底与他(她)有什么关联。

11.1.2 支持度(Support)

"No Sponsor, No Result."在企业内部的学习项目中，我们希望通过学习的方式来解决实际问题，这个解决过程也是一个系统工程，不是靠一个培训经理或者一个项目组就能解决的。

有不少朋友说，搞培训就是做人的工作。当然我们不能绝对地看待这个问题，但要说明的是，其实所谓的专业就是解决问题，而培训的问题就是人的问题。不管我们面向什么样的学员,其行为的改变、绩效的提升都需要在组织环境中、在团队中完成,所以自始至终我们都需要关注利益相关者。

在项目设计过程中,我们要找到朋友,扩大在组织内的朋友圈。要扫描一下整个组织,判断哪些人是需要得到支持的,需要得到哪些支持,他们关注什么问题,以及如何才能赢得支持。更为关键的当属学员的上级,他们在整个项目中参与得越多,参与程度越深,学习效果越好。要赢得他们的支持,必须了解他们对学习项目的期待。

11.1.3　匹配度(Matching)

匹配度要解决的是在挖掘出真实的学习需求后,匹配什么样的学习内容和学习形式才能真正解决实际问题,带来利益相关者想要的结果。所以,匹配度是在关联度和支持度的基础上进行设计的。

学习内容的匹配对于所有设计师来说都是一个挑战,需要说明的是,不能在看到一项学习内容之后就去找课程、找老师,因为有很多内容也许不是通过灌输而需要通过研讨才能获得。此外,还要意识到"纯知识不等于技能""流程不等于技能"。例如,学员学习了很多财务知识,但是管理干部需要的不是这些财务知识,而是如何读懂报表、如何提升业绩,这是他们的工作情境;又如,学员学习了拜访客户的流程,但也未必能促成成功的拜访。所以,在匹配学习内容时,需要注意,盲目地让学员学习一些知识,并不能解决实际问题。

在学习资源方面,我们的建议是,除了少数创新性的、前沿的知识内容和精品的版权课程需要从外部引进,大部分问题都可以通过内部的方法论来解决,这就要求企业培养大量的内部讲师,能够提炼总结自己的方法论。当然,即使是内部讲师提炼的实战性方法技能,也有适用边界问题,在具体的学习设计中,要考虑到不同学习内容适用于什么样的群体,能帮其解决什么样的问题。在引进外部专家和学习资源时,同样需要不断地问:这个老师所讲的内容适合我们的学员吗?除了请老师来讲课,还需要采取哪些措施才能带来业务部门想要的结果?

在学习方式方面,进入互联网时代后,直播、微课、大咖秀等新兴的学习方式层出不穷。实践中,多采用混合式学习,但这并不意味着用了一种或几种学习方式就一定能解决问题,也不是说多用一些学习方式效果会更好。"适合的才是最好的",对于学习设计师来说,不能喜新厌旧,应该根据具体问题采取相应的学习方式。在《培训进化论》一书中,我们将问题分成了4类,建议针对不同问题的特点匹配能引导学员从知到行的解决方案。

11.1.4 参与度(Participation)

支持度用于解决利益相关者的动机问题,而参与度是要解决学员的动机问题。激发学员的学习动机是学习方案设计的重要一环。好的内容和好的形式本身会提升学员的参与度,然而这还不够,学习是一个过程,而不仅仅是听课的那个瞬间。所以,激发学员的参与要从训前开始,让学员提前进入学习状态,具体可实施培训营销、激活粉丝等营造学习氛围的活动。同时,鼓励学员在学习后去落地、去实践同样也是激发学习动机的重要方法。

学员的参与动机分为内在动机和外在动机两个部分,其内在动机来源主要有成长、成就、信念、渴望、乐趣,而外在动机来源主要有认可、鼓励、激励、群体、利益。从整个学习周期来看,建议在学习的前、中、后期采取不同的措施来激发学员的学习动机。

11.1.5 实践度(Action)

实践度用于解决学以致用的问题,学习的发生源于在具体情境中的实践,没有实践就无法说明学习的发生。匹配度解决的是用什么方式学什么的问题,而实践度解决的是如何让学习发生的问题。在知和行之间有一道鸿沟,培训师、培训管理者、培训机构都应该在帮助学员跨越这道鸿沟上下功夫,但大部分时候我们把学习项目的终点设在了培训课程结束后,也就是仅仅解决了"知"的部分,而培训课程的结束应该作为学员学习的开始。

具体来看,我们要设计学员后期落地的目标,结合其工作情境设计具体的实践举措,同时打造一个场域,引发他们刻意练习,并保持激情。

11.1.6 感知度(Feel)

"一次学习是一次体验",尤其是在互联网经济时代,整个经济形态都进入了体验经济时代,整个学习过程中的感知度直接影响学员的学习效果,具体包括对学习流程、接触到的人员、学习环境等多个方面的体验,以及能否在项目中创造给学员留下美好印象的"关键时刻"。感知度是基于前面五个维度的整体体验,这五个维度的设计都会影响感知度。

在获得学习需求后,可以马上从这六个维度进行设计,并评估学习设计的有效性。比如,如果接到业务部门对提升员工销售能力的需求,那就需要解决以下问题。

> 这个需求和公司今年的哪些战略重点相关联?销售能力在业务人员的哪些工作情境中得以体现?这个需求和哪些业务痛点相关联?可以通过学习解决吗?

> 这个项目涉及哪些利益相关者?需要得到哪些人的支持?需要他们在前、中、后期分别提供哪些支持?我们如何赢得他们的支持?

> 基于这些需求,需要匹配哪些学习内容?哪些是良构知识?哪些是劣构知识?我们采取何种学习方式可以解决这些问题?

> 学员是否真心想参加这样的学习项目?他们的迫切程度如何?我们如何激发他们的学习动机以促进他们在整个项目中全身心投入?

> 如何帮助学员实践?如何督促他们后期刻意练习?有哪些措施可以帮助他们实现知识转化?

> 如果把该项目看成一次旅途,你希望给学员留下哪些美妙的回忆?我们如何创造"关键时刻"?

基于以上六个方面,我们设计了评估学习有效性的六个维度,可以作为对项目方案进行评估、优化的标准。培训项目设计六原则如表11-1所示。

表11-1 培训项目设计六原则

维度	指标	解释	分数
关联度	与公司战略关联	培训需求与公司战略方向要求一致,项目中有些内容和环节直接与战略相关	
	与业务发展关联	经过访谈,培训需求与学员的业务情境相关联,培训项目的知识和内容能帮助学员解决具体痛点	
	与员工成长关联	培训内容能够支撑员工的职业成长或个人岗位能力提升,契合他们的关切	
支持度	相关高管、HR和职能部门的支持	相关高管、HR和职能部门的领导对这个项目有期望和要求,在行动上支持项目实施	
	学员上级支持这个项目	业务部门领导或者学员的上级已经明确表示并用行动支持这个项目的实施	
	学员本人愿意参加项目	通过调研或方案展示,已经有部门学员表示愿意参加这个项目	
匹配度	学习内容匹配员工工作需要	学习内容匹配战略和业务上挖掘出来的需求,不多也不少	
	学习内容能帮助员工应对工作挑战	学习内容经实践,能够部分或全部解决员工工作中面临的问题	
	学习方式可以帮助员工解决问题	学习方式是多元的、混合的,而且与员工的特点和工作相匹配,可以促进学生学以致用	

(续表)

维度	指标	解释	分数
参与度	有激发学习动机的营销设计	为学习项目打造品牌，在前期、中期、后期均有营销设计，推广学习收益和价值	
	学员在培训中可以全身心参与互动	通过互动设计、营销设计等方式激发学员的主动性，在培训中可以让他们充分参与	
	学员在培训后愿意参与后期落地	有相关举措激发学员后期落地的动机	
实践度	培训中有演练环节	培训中设计了大量的演练环节，帮助学员转化行为	
	培训后有切实可行的落地措施和要求	设计了围绕学员工作需要的实践落地举措	
	利益相关者能够参与到培训后的落地安排	有相关举措激发学员后期落地的动机	
感知度	有开学和毕业仪式	设计了开学和毕业仪式，照顾到各方面的需求，同时让学员有仪式感	
	在软硬件环境设计中营造学习氛围	通过硬件环境、教材、物料、学习系统、流程设计等，营造学习氛围	
	有关键时刻	在培训过程中，能够设计一些引爆学员体验、为学员留下美好回忆的关键时刻	

11.2 采用多元学习技术

知识、技能、态度等不同类型的学习内容所适合的培训形式不同，在培训前期、中期、后期所选择的培训形式也不同。混合式学习的目的就是采用多元的、适合的培训形式传递培训内容，从而达到最佳培训效果。

11.2.1 线上学习

线上学习是随着互联网的兴起而兴起的，学习时间比较自由，学员可以利用自己的闲暇时间进行学习，不影响正常工作。这种培训方式对学习者的自觉性要求非常高。

线上学习的优点是即来即学，时间自由。学习者的自觉性、自制力、理解力会影响线上学习的效果。

知识类学习适合采用线上学习的方式，一般用于"翻转课堂"模式，即培训前将知识类学习内容开发成E-Learning课件或微课，让学员在参加面授集训前学完这些内容。

11.2.2 线下学习

线下学习是将学员集中在一处，让讲师与学员面对面的一种培训形式。即使线上学习日益受到重视，线下学习仍旧是重要培训项目以及针对重点培训对象时常用的培训形式。

在线下学习课程中，可采用讲授法、讨论法、案例教学、角色扮演等多种培训形式，具体如表11-2所示。

表11-2 线下学习常见培训形式

讲授法	属于传统的培训方式，优点是用起来方便，便于培训者控制整个过程。缺点是单向信息传递，反馈效果差。这种方法常被用于一些理念性知识的培训
讨论法	讨论法又可分成一般小组讨论与研讨会两种方式。研讨会多以专题演讲为主，中途或会后允许学员与演讲者交流沟通。优点是信息可以多向传递，与讲授法相比反馈效果较好。其中，小组讨论法的特点是信息交流方式为多向传递，学员的参与性高，多用于巩固知识，训练学员分析、解决问题的能力与人际交往的能力
案例教学	通过向培训对象提供相关的背景资料，帮助其寻找合适的解决方法。这种方式效果好，可以有效提升学员分析解决问题的能力。另外，近几年来的培训研究表明，案例教学、讨论的方式也可用于知识类培训，且效果更佳
角色扮演	受训者在培训教师设计的工作情境中扮演某个角色，其他学员与培训教师在学员表演后做适当的点评。由于信息传递多向化，反馈效果好、实践性强

11.2.3 测评

在混合式学习项目中，在培训前期、中期、后期有意识地设计和实施测评，能使培训效果更好。

测评包括人才测评、组织诊断、培训测评等方式，可根据培训项目的目的等因素，开展适当的测评活动，如表11-3所示。

表11-3 测评方式

人才测评	简单来说，人才测评是指运用现代心理学、管理学及相关学科的研究成果，通过心理测验、情景模拟等客观化方法对人的能力、水平、性格特征等因素进行测量，并根据职位需求及企业组织特性对其素质状况、发展潜力、个性特点等心理特征做出科学评价，为企业用人、选人、育人等人力资源管理和开发工作提供有价值的参考信息。心理测验、面试与评价中心，是现代人才测评的三种主要方法。其中，心理测验的应用较为方便与常见。 在混合式学习项目中，人才测评一般应用于储备干部培养、高潜员工培养，于面授集训前实施测评，用以了解学员的能力、水平、性格特征等，或根据测评结果在一定程度上调整培训重点

(续表)

组织诊断	组织诊断，就是对业务、组织进行系统评价并根据目标匹配度调整组织管理工作的过程。在组织诊断中，为了更好地实现战略目标，HR及培训专业人员应对相应的组织体系和运作情况进行校查并做出改善。常用的组织诊断模型包括维斯伯格的六个盒子模型、麦肯锡的7S模型、加尔布雷斯的星形模型等。不同的组织诊断模型的诊断对象是不同的。 组织诊断一般应用于设置了着眼于提高组织效率与效能的工作坊的混合式学习项目中。于面授集训前或面授集训中实施测评，在面授集训中解读测评结果，可帮助学员了解现状、面对现状、统一语言、统一思维，继而对关键问题开展研讨
培训测评	广义的培训测评是指对培训项目、培训过程和效果进行评价的过程。 在混合式学习项目中，培训前测评多是对受训者的知识、能力和工作态度进行考察，作为编制培训计划、设计课程内容、确定培训重点与难点的依据，同时也可以帮助学员自我察觉，激发学员学习动机，帮助学员认识到学习重点。 在混合式学习项目中，培训后评估是对培训的最终效果进行评价，是培训评估中较为重要的部分，目的在于使企业管理者能够明确培训项目的优劣，了解培训预期目标的实现程度，为后期培训计划、培训项目的制定与实施等提供帮助

11.2.4 行动学习

行动学习(Action Learning)，是英国学术教授Reginald Revans于1982年开创的一种解决实际问题的方法，Revans应用该方法来支持组织和业务发展，改进和解决所遇到的问题。由于行动学习已被证明在培养个人领导力和团队解决问题的能力方面非常有效，因此被广泛应用，成为企业和组织领导力发展计划的一个组成部分。

行动学习要在一个专门以学习为目标的环境中实施，以组织面临的重要问题为载体，学员通过对实际工作中的问题、任务、项目等进行处理，从而达到人才培养与发展的目的。

通过行动学习，企业管理者获得管理经验的最好途经是通过实际的团队项目操作而非通过传统的课堂教学。行动学习的目的不仅仅是促进某个具体项目或个人的学习发展，更致力于推动组织变革，将组织全面转化成"一个学习系统"。

行动学习总结起来有如下特点：以实践活动为重点；以学习团队为单位；以真实项目为对象；以角色分工为手段；以团体决断为要求。

Revans教授曾用一个公式来说明行动学习，公式为L=P+Q

其中，L代表学习；P代表结构化的知识；Q代表有见解的问题。在Revans教授看来，Q是行动学习的重中之重。后来，一些专家学者不断对这个公式进行扩张，加上了"R"和"I"，R代表反思，I代表执行。

如今,世界五百强中的许多企业已经将行动学习内化为管理活动、培训项目、绩效发展项目中的一套流程。比如,美国通用电气的"群策群力"、微软的"团队精神"、摩托罗拉的"六西格玛"、丰田的"KAIZEN(改善)",其实质都是行动学习。

行动学习就是一个持续应用、更新、迭代的学习过程。行动学习设计六要素如图11-2所示,理解了行动学习六要素,你就能把握它的精髓,其详细介绍如表11-4所示。

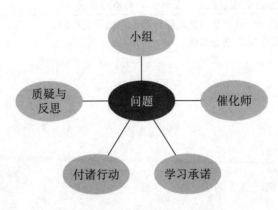

图11-2 行动学习设计六要素

表11-4 行动学习六要素详解

问题	能利用行动学习解决的问题必须具备以下条件,即现实的、重要的、迫切的、可控的。 ● 组织当前面临重要难题,具有优先解决的现实意义; ● 参与面广,有助于提高个人与组织的能力; ● 问题的解决过程可以提供学习机会; ● 需要持续性解决; ● 问题没有现成答案; ● 方法和成果在组织内分享; ● 成员有权针对问题采取行动。 大家可以参考以上几点,同时结合实际情况,来确定行动学习的问题
小组	行动学习是以小组为单位进行的,同时对小组成员有以下几点要求: ● 小组成员要有互补的专业或经验背景; ● 小组成员最好具有不同的学习风格,如理论型、实干型、反思型、创新型; ● 小组成员有解决问题的强烈愿望; ● 小组成员的社会属性呈多样性,如年龄和性别比例不同等; ● 大型的行动学习项目,可能会出现多级接力式的组织形式

(续表)

质疑与反思	质疑与反思是指针对自己显露的部分(包括你的观点和你的行为)提出质疑,再针对隐藏的部分(你的假设、你的城建、你的信念、价值观和规则)进行溯源,再质疑、再重塑,最后返回到显露的部分,从而改变观点和行为。 质疑与反思的流程: ● 悬挂假设:是什么让你这样想?你产生这个观点的基础是什么? ● 质疑假设:情况一定是这样的吗?是否还有其他的可能性? ● 分享假设:其他人是如何看待这个问题的?是否还有其他看法? ● 重塑假设:听了大家的分享后,你有什么想法?你会做出何种改变? ● 修正观点:你现在的观点是什么?有新的想法吗?
催化师	行动学习的一个特点是它是在催化师的帮助下进行的。 行动学习催化师的核心技能: ● 保持中立; ● 提问; ● 积极聆听; ● 复述; ● 不跑题; ● 及时反馈; ● 收集想法; ● 归纳总结; ● 发现学习
学习承诺	● 首先表现为开放的心态,愿意自我质疑,也愿意接受别人的质疑,能够深入反思,勇于否定自己、重塑自己; ● 视不同的观点为学习机会,而非挑战性的行为; ● 学习承诺还包括愿意分享自己的经验和认识,勇于质疑别人,愿意帮助小组每一个人进步; ● 不排斥理论,能适时引进新理论,提升对问题的认识; ● 具备将集体经验上升为理论的勇气和能力
付诸行动	为什么要行动: ● 只有行动才能检验学习效果; ● 只有行动才能解决问题,实现业绩增长; ● 行动过程是体验的过程,是新一轮学习的开始。 如何采取行动: ● 使参与者明确自己就是执行者; ● 将行动学习转变成组织决策; ● 组织各级领导对行动提供政策及资源支持,确保行动计划能够落实; ● 发起人对行动落实情况要经常检查、督促,帮助扫清可能的障碍

11.3 培训项目设计四大要点

培训项目设计是系统设计,要考虑培训项目实施前期、中期、后期的内容线、活动线、场域线及情感线。培训项目设计九宫格如表11-5所示。培训项目设计罗盘如图11-3所示。

表11-5 培训项目设计九宫格

阶段	内容线 能力提升点、改善问题点、课题	活动线 围绕内容的辅助活动	场域线 视觉、环境、圈子、听觉	情感线 体验、感受、情绪、反应
前期 结合旧知 激发兴趣				
中期 学习新知 快速高效				
后期 促进转化 提供支持				

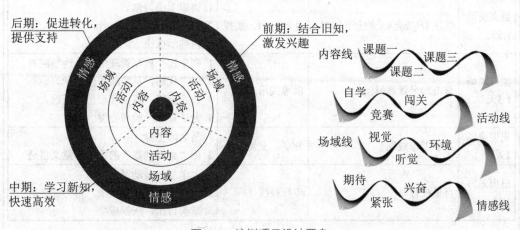

图11-3 培训项目设计罗盘

11.3.1 内容线

如何决定培训项目的内容呢？培训内容不是凭空编造的，而是根据目标和现状的差距确定的，即培训项目的内容源于差距、发展及改善。此外，要从行为表现方面看差距，不能被行为化的差距会导致培训项目的失败，因为不能行为化的差距无法观测、无法评估、无法衡量。培训项目前期、中期、后期的内容线设计如图11-4所示。

前期、中期、后期
前期：
预读、自学、线上、关联研究、提问
中期：
讲授、拓展、工作坊、训练
后期：
复习、巩固、重复、反思

图11-4 培训项目前期、中期、后期的内容线设计

案例11-1 某培训项目内容线设计

某培训项目内容线如表11-6所示。

表11-6 某培训项目内容线

背景：CTO要求提升研发体系100名基层经理的综合管理能力。最终，经过调研和分析，培训团队设计了时长为三天三夜的集训项目，旨在提升管理者的心智模式、团队协作能力和应对各种典型管理情境的能力。

板块	主题内容	形式	主要环节
训前一周	预习《高效能人士的七个习惯》	预习、作业	1. 任选最吸引自己的一个章节。 2. 作业：哪一点给你启发最深？
集训现场 1.5天	学习《高效能人士的七个习惯》	外聘讲师、面授	1. 讲解七个习惯。 2. 结业作业：任选一个工具运用，在小组内展示成果
集训现场 1.5天	直击20个管理瞬间	以考代培	1. 列举20个典型管理情境，现场应对。 2. 以考代培，从实战中应用学习。 3. 快速应答，练就管理思维反射。 4. 分享管理经验和心得
集训现场 1天	共享工作规划	分享、交流	1. 马老师主导。 2. 把"合作共赢"的价值和意义讲透
日出东方 1夜	百里夜行军	步行拉练	1. 大学总战前动员。 2. 夜间行军，设置挑战，协力并进。 3. 黎明日出，庆祝成功

11.3.2 活动线

此处的"活动"是指正式学习内容之外的辅助策略，是课堂之下不由老师主导的各类形式。设计活动线的目标是向学员传递培训项目的目标以及定位，促进学员之间、学员和讲师之间的连接，深化学员对学习内容的理解与把握。培训项目前期、中期、后期的活动线设计如图11-5所示。培训项目活动线设计案例如图11-6所示。

```
前期、中期、后期
前期：
组圈子、结对子、征名、竞猜、拜门生
中期：
破冰、能量墙、班会、竞赛、辩论等
后期：
写给未来的信、行动承诺、承诺传递、晒贴
```

图11-5 培训项目前期、中期、后期的活动线设计

图11-6 培训项目活动线设计案例

11.3.3 场域线

场域指的是学员的学习环境。培训项目场域设计包括如下几个方面。

- 主视觉。主视觉需要与项目目标主题契合的设计。
- SLOGAN。SLOGAN可在培训场域中反复、多次、不断地出现。
- 象征物。设计培训项目专属的特殊品,例如徽章。
- 衍生产品。设计桌牌、手册、卡片、包袋等衍生品。
- 音乐。所选择的音乐不但能刺激大脑学习,还能起到计时和调节节奏的作用。
- 颜色。颜色宜五彩缤纷,能刺激大脑的思考能力。当然,也要考虑企业文化的影响。
- 图形。尽可能植入图形元素。
- 味道。茶歇的味道需要有层次。
- 空间位置。根据学习内容和活动需要布置环境,包括就餐环境。

场域设计案例如图11-7所示。

图11-7 场域设计案例

11.3.4 情感线

蜘蛛侠、哈利·波特等好莱坞大片的故事发展情节如出一辙，基本都是英雄出世，经历平凡落魄的阶段后，天赐神力，然后剧情急转直下，最后贵人出场……通过跌宕起伏的故事情节调动观众的情感波动。同样，培训项目往往持续时间较长，短则两三天，多则历时半个月之久，其情感线更加需要设计，尤其学员是"80后""90后""00后"的培训项目。情感线设计如图11-8所示。

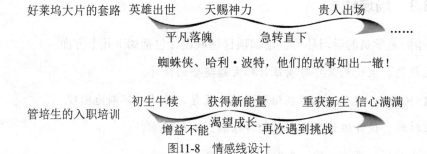

图11-8 情感线设计

案例11-2 某培训项目内容、活动、场域、情感线设计

某培训项目设计内容如表11-7所示，项目设计现场如图11-9所示。

表11-7 某培训项目设计

阶段	内容线 提升点、改善点、发展点	活动线 围绕内容的辅助活动	场域线 视觉、环境、圈子、听觉	情感线 体验、感受、情绪、反应
前期 结合旧知 激发兴趣	从战略需求到人才需求	1. 战略主题无领导小组讨论 2. "我相信"个人座右铭征集	1. 微信建群，每日推送 2. 电子版录取通知	1. 忐忑 2. 荣耀
中期 学习新知 快速高效	1. 拓展-GEO TEANMING探宝 2. 战略规划	1. 全体成员画册 2. 飞行来信 3. 坊间欢迎卡 4. 入营仪式 5. 火花集	1. 立体主视觉布置 2. 定制徽章、服装 3. 签名墙	1. 重任在身 2. 发现不足 3. 决定成为更好的自己
后期 促进转化 提供支持	1. CEO写给董事会的一封信 2. CSO午餐圆桌会	1. 结业短片 2. 写给未来的信	1. 邮件感谢信 2. 微信群互动	1. 独享殊荣 2. 不负众望

第11章 培训项目设计

图11-9 某培训项目设计现场

案例11-3 某培训项目内容、活动、场域、情感线设计

某培训项目设计如表11-8所示，项目设计呈现如图11-10所示。

表11-8 某培训项目设计

阶段	内容线 提升点、改善点、发展点	活动线 围绕内容的辅助活动	场域线 视觉、环境、圈子、听觉	情感线 体验、感受、情绪、反应
前期 结合旧知 激发兴趣	从京东人DNA到United能力模型	1. VIP特权券，后续课程报名绿色通道 2. CEO传记荐读	1. 发布会 2. 公司各入口霸屏	1. 渴望加入 2. 渴望操控人生
中期 学习新知 快速高效	系列课程，一脉相承，环环相扣	1. 课前预习作业 2. 研习社互教小组	1. 主视觉护照 2. 主视觉教材包 3. 入场券	1. 志同道合 2. 寻梦而来
后期 促进转化 提供支持	1. 跨界交流 2. 各类相关主题沙龙	1. 社员定期分享 2. 周年庆	微信群互动	1. 渴望成长 2. 渴望学习

图11-10 某培训项目设计呈现

第12章 课程研发管理

培训课程研发的过程是对公司经验和知识进行总结的过程,是员工和企业进行知识管理的过程,有助于将隐性知识显性化。课程凝聚了优秀员工的工作经验和知识沉淀,是企业的宝贵资源。因此,课程研发是培训经理的核心工作之一。

12.1 课程研发立项

需要组建课程研发团队、会产生课程研发费用、课程研发周期长的课程研发项目,均要先立项,再开始课程研发工作,即培训管理者要提出立项申请,相关领导审批通过后,才能进入研发阶段。立项申请一般包括要做什么(课程目标)、为什么做(研发必要性)、如何做(研发模式、项目团队、项目进度、项目验收、项目预算)等内容。课程研发立项申请表如表12-1所示。内训师课程研发申请表如表12-2所示。内训师课程优化申请表如表12-3所示。

表12-1 课程研发立项申请表

课程研发项目目标	计划研发课程	
	课程适用对象	
	课程时长	
	课程目标	
课程研发项目背景	研发必要性	
课程研发方案	研发模式	
	项目团队	
	项目进度	
	项目验收	
	项目预算	

表12-2 内训师课程研发申请表

课程名称				
申报日期				
申报讲师	公司	岗位	联系电话	电子邮箱
预期成果	这门课程的目标是什么？ (即教学出发点) (例如向学员介绍xxx，帮助学员xxx)			
	你期望达到怎样的预期成果？ (即量化考核课程及学员学习效果的标准，例如xx%的学员可以流利陈述x条xx政策)			
设计思路	为了达到预期效果，你将准备哪些课程内容？			
	你将采用怎样的教学形式和教学活动？			
研发进度				

表12-3 内训师课程优化申请表

课程名称				
申报日期				
申报讲师	公司	岗位	联系电话	电子邮箱
课件现状	现有课程优点描述			
	现有课程存在问题描述			
优化思路	为了达到预期效果，你将如何完善课程内容？			
	你将如何完善教学形式和教学活动安排？			
优化进度				

12.1.1 制定项目目标

在立项申请中,首先要明确计划研发课程、课程适用对象、课程时长、课程目标。

➤ 立项阶段的计划研发课程名称只明确到课程主题领域即可,比如"高效会议管理"。在后续的课程研发实施阶段,随着需求调研的开展、组织需求及学员需求的明确、学员工作场景的厘清,再进一步确定课程主标题与副标题,如"'会'声'会'色——业务小白如何组织业务大咖高效开会"。

➤ 课程适用对象必须明确而具体,比如各分公司培训经理,而"需要提高培训管理能力的人员"这一课程适用对象就不明确、不具体。

➤ 课程时长需要计划到小时,比如6小时。

➤ 课程目标,即学员通过课程学习可达到的目标。

12.1.2 选择课程研发模式

课程研发模式有自主研发、共创研发、外包研发、课程内化4种,每种模式的适用情况、对培训管理人员的专业性要求、开发难度不同。4种课程研发模式的差别如图12-1所示。课程研发模式简介如表12-4所示。课程研发模式选择如表12-5所示。

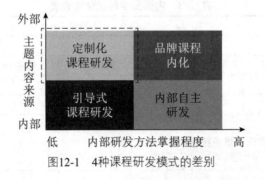

图12-1　4种课程研发模式的差别

表12-4　课程研发模式简介

研发模式	研发模式介绍
自主研发	自主研发即课程研发所有工作均由企业自主完成,包括需求调研、课程内容分析、课程形式设计等环节。 自主研发方式对培训管理人员的专业要求较高,不仅需要课程研发专业能力,也需要项目管理经验
共创研发	共创研发也称为敏捷研发,即与培训公司合作,采用"课程研发工作坊"的方式研发课程。在"课程研发工作坊"中,培训公司选派培训师作为讲师及引导师,为学员就如何开发好一门课程进行赋能,学员在引导师的赋能培训及指导下,研发培训课程。这种研发方式研发效率高,研发质量相较于外包研发低

(续表)

研发模式	研发模式介绍
外包研发	外包研发即研发主体工作均由外部培训公司完成，比如需求调研、课程内容分析、课程形式设计等。 培训管理人员主要负责课程研发项目管理、资源协调、过程监控等工作
课程内化	在领导力、通用力、营销、服务等领域，市场上已经有成熟的、标准的课程。这些课程的研发可采用课程内化方式，由培训公司将现有课程内化为企业课程，即在培训公司现有课程的基础上，按企业需求调整课程目标及课程，增加或调整课程案例。 课程内化方式对课程内容质量的保障程度是最高的

表12-5　课程研发模式选择

研发模式	选择依据				
	培训管理人员专业要求	所需研发费用	研发周期	市场上有成熟课程	课程内容机密性
自主研发	高	低	长	/	高
共创研发	低	低	短	/	低
外包研发	低	高	长	/	低
课程内化	低	中	中	有	低

12.1.3　组建项目研发团队

理想的课程研发项目团队包括三个角色，这三个角色也被称为课程研发项目组"铁三角"，如图12-2所示。

图12-2　课程研发项目组"铁三角"

(1) 项目管理角色。项目管理角色负责课程研发项目的管理工作，具体包括项目团队人员管理、时间管理、进度管理、质量管理、资源协调等工作。课程研发项目涉及人员多，并且这些人员多是在企业中承担重要职责、工作时间紧张的企业中高级管理人员或骨干员工。要协调这些员工按项目计划按时保质完成课程研发工作，有一定难度及挑战。因此，项目管理角色非常重要，应由培训工作经验尤其是课程研发项目管理经验较丰富的培训管理人员担任。

(2) 内容专家角色。内容专家是课程研发项目的主体，具体工作包括明确课程目标、设计课程内容、萃取个人及组织经验等。内容专家非常重要,其专业程度以及对课程研发项目的投入程度决定了课程研发项目的成败。内容专家角色多由在计划开发课程领域有资深经验、能力突出、善于总结提炼的人员担任。比如,研发销售类课程时,多由有销售实战经验的销售管理人员担任内容专家。

(3) 培训专家角色。培训专家角色多由培训管理人员担任。他的工作内容是从课程研发专业角度,支持和辅导内容专家研发课程,核心工作内容是指导或帮助内容专家进行教学设计等工作。

课程研发团队如表12-6所示。

表12-6 课程研发团队

姓名	单位	部门	课程研发工作职责	手机	邮箱

12.1.4 制订课程研发工作计划

课程研发是一项长期工作,为稳步推进,保证课程研发质量,需要制订课程研发工作计划。课程研发工作计划如表12-7所示。在课程研发计划中,要清楚、明确地规划以下内容。

➢ 课程研发各阶段,包括需求调研、课程目标确立、课程内容分析、课程形式设计、课程资料开发等。

➢ 课程研发各阶段的阶段性成果,所采取的方法、措施及工具。

➢ 项目团队构成以及团队人员职责。

➢ 项目时间进度以及预算。

表12-7 课程研发工作计划

研发阶段	工作内容	工作成果	责任人	所需资源	责任人	完成时间	×月				×月			
							第1周	第2周	第3周	第4周	第1周	第2周	第3周	第4周

案例　某公司课程研发工作计划(阶段)

某公司课程研发工作计划如图12-3所示。

任务	要点	周二 5/1	周三 5/2	周四 5/3	周五 5/4	周六 5/5	周日 5/6	周一 5/7	周二 5/8	周三 5/9	周四 5/10	周五 5/11	周六 5/12	周日 5/13
一、研读资料	研读资料													
二、组织访谈	1.访谈对象													
	2.访谈形式													
	3.顾问团队													
四、制定课程设计方案	1.课程定位													
	2.课程大纲													
	3.案例场景													
	4.教学设计													
五、组织审查	组织审查													

图12-3　某公司课程研发工作计划

12.2 课程研发实施

课程研发实施是培训管理人员按照立项工作计划组织人员、协调资源、研发课程的过程。

12.2.1 召开培训管理人员课程研发启动会

对于重要的课程研发,培训管理人员在正式研发之前往往召开项目启动会。通过项目启动会,进一步明确课程研发工作必要性、主管领导对课程研发项目的重视程度以及要求,项目团队统一认识,确认需求,以降低项目后期可能面临的人员变更、需求变更等风险。同时,还可帮助项目成员确认项目需求,了解整个项目的流程、进度以及自己在不同阶段的职责,对项目进行总体把握。

课程研发项目团队成员(包括项目经理、内容专家、培训专家)、培训主管领导等项目相关人均需参加项目启动会,最好邀请课程评审验收人员、业务条线主管领导等一起参会。

启动会内容包括:宣告项目正式实施,介绍项目目标、项目需求、项目流程、项目团队等基本情况,明确各阶段的任务以及交付成果,制订项目进度计划等。

12.2.2 课程研发过程监控

有些课程研发项目,在课程验收阶段出现前期确定的课程内容及形式遭大量增删或变更的情况,甚至被"全盘否定",需要重新调研、编制课程大纲、分析和设计课程内容,这正是由于缺乏课程研发过程监控与验收造成的。课程验收人不仅要做研发课程成果的总结性验收,也要参与项目阶段性成果的验收,做好过程监控,才能避免返工或"被推翻"等情况的发生。

无论采取哪种课程研发模式,为了保证按项目计划的时间进度高标准地完成课程研发任务,都需要做好过程监控,即过程管理。课程研发是一项多阶段、历时长的项目,做好过程监控也有利于及时纠偏。过程监控应重点关注如下几个里程碑节点。

- ➢ 需求调研结果。
- ➢ 课程大纲编制。
- ➢ 课程内容概要设计。
- ➢ 课程形式概要设计。

> 课程PPT制作。
> 讲师手册编制。
> 学员手册等其他课程资料制作。

12.3 课程试讲与验收

12.3.1 课程试讲及优化

课程活动各环节是否流畅，课程讲解及活动指令是否清晰，课程氛围是否有利于学员参与，学员需求是否得到满足等问题，均需要通过试讲才能逐步暴露，并迭代优化。因此，课程研发完成后要及时安排课程试讲，观摩课程实际效果以及了解学员反馈。试讲后，应组织学员、项目研讨团队召开课程研讨会，复盘课程实施情况，总结问题，制定优化迭代措施。通过课程试讲，可收集学员所提问题、学员对培训师提问的回答、学员课后反馈等信息，有助于进一步丰富、完善课程。

为保证课程研发项目顺利完成内化转移，在试讲环节建议邀请企业培训师加入，一方面使培训师了解课程内容设置并提出修改意见，另一方面可观摩、学习外请培训师的讲课风格及逻辑表达。

试讲学员最好是真实的课程适用对象，这样的试讲效果才是最好的。试讲次数需要根据培训对象、培训师的水平来定。

试讲后，根据课程内容设计原则，选择性考虑学员的意见，同时考虑组织对培训的要求，对课程内容进行适当调整。在此阶段对于课程大纲不做调整，主要是在课程深度、顺序和时间安排等方面做调整。

课程试讲评估如表12-8所示。

表12-8 课程试讲评估

维度	评估项目	差	一般	较好	很好	出色
课程内容	1.课程主题是否明确，课程框架是否符合逻辑	1	2	3	4	5
	2.课程内容是否具有针对性、实用性	1	2	3	4	5
	3.课程内容是否新颖、丰富	1	2	3	4	5
	4.课程内容是否对工作具有指导与参考意义	1	2	3	4	5
讲师呈现	5.讲师对培训内容的讲解是否全面、到位	1	2	3	4	5
	6.讲师表达是否清楚、富有感染力	1	2	3	4	5
	7.讲师对培训内容是否有独特、精辟的见解	1	2	3	4	5
	8.讲师是否与学员进行有效互动	1	2	3	4	5

(续表)

维度	评估项目	差	一般	较好	很好	出色
培训教材	9. 培训教材设计思路是否清晰	1	2	3	4	5
	10. 培训教材整体内容是否系统	1	2	3	4	5
	11. 培训教材重点内容是否详细	1	2	3	4	5
	12. 是否增加新的培训学习资料	1	2	3	4	5
培训方式与工具	13. 所运用的培训方法是否丰富多样	1	2	3	4	5
	14. 是否有案例、故事、游戏来说明培训内容	1	2	3	4	5
	15. 是否充分应用教学相关工具与教学设备	1	2	3	4	5
	16. 是否利用课堂讨论来深化培训内容	1	2	3	4	5
其他	17. 本课程对您的工作是否有帮助	1	2	3	4	5
	18. 您给予这次培训的总评分是(以5分计,可以使用小数点):_____					
19. 您认为本课程的优点与不足之处在哪里?				20. 您对本课程有哪些意见与建议?		

12.3.2 课程验收

课程验收通过,证明课程研发项目完结。课程验收人必须包括培训管理人员、课程所在领域骨干员工或主管领导。前者从课程研发专业的角度进行验收,后者从课程内容的需求满足度、课程深度、课程内容科学性等角度进行验收。课程验收标准如表12-9所示。

在课程验收阶段,培训管理人员、课程所在领域骨干员工或主管领导这两类验收人缺一不可,尤其后者。课程所在领域骨干员工或主管领导的验收,既有利于提升课程的专业性、权威性及课程质量,也有利于课程推广与使用。

表12-9 课程验收标准

课程名称:_____				课程研发者:_____		
项目	权重	分数	标准	详细内容	分数
时间线	15% 1.5分	0	时间分配不合理	课程总时长严重超时,且每部分内容段及学习活动的时间安排比例失调	
		1	时间分配不均	课程总时长基本合理,但每部分内容段及学习活动的时间需要做出较大调整	
		2	时间分配基本合理	课程总时长基本合理,但每部分内容段及学习活动的时间安排需微调	
		3	时间分配合理	课程总时长合理,每部分内容段及学习活动的时间安排合理	

(续表)

项目	权重	分数	标准	详细内容	分数
			课程名称：_____	课程研发者：_____	
内容线	40%	15% 1.5分	0	课程内容无法达到授课目的	内容不符合学员的需求	
			1	课程内容勉强达到授课目的	内容虽能很好地表达课题，但与学员的需求还有较大差距	
			2	课程内容基本达到授课目的	内容与学员的需求相匹配，但内容还需进一步提升	
			3	课程内容很好地达到授课目的	内容能很好地表达课题，与学员的需求相匹配	
		15% 1.5分	0	课程内容严重缺失	模块缺失严重，不具有重新补充撰写的价值	
			1	课程内容不完整	各模块有缺失情况，但通过部分调整可以弥补	
			2	课程内容基本完整	含"理论、结构、技巧、工具、案例、练习、测评"模块，但部分模块内部需进一步提升	
			3	课程内容非常完整	含"理论、结构、技巧、工具、案例、练习、测评"模块，且各部分内部都很完整	
		10% 1分	0	与实际工作基本无关联	主题和案例与日常工作均基本无关联	
			1	与实际工作有一定关联	主题与日常工作有一定关联，可能在案例方面距离较大	
			2	与实际工作紧密关联	内容与日常工作紧密关联，不仅表现为主题，也表现在案例等各方面	
方法线	15%	5% 0.5分	0	表达形式单调	表达形式单调、缺乏创意	
			1	表达形式丰富多彩	表达形式丰富、有创意。例如，多媒体教学，与学员互动等	
		10% 1分	0	表达方式与表达内容不匹配	所选表达方式无法准确有效地表现课程内容	
			1	表达方式与表达内容基本匹配	虽然没有准确地对表达内容进行合理区分，但在大部分时候都可用恰当的表达方式表现相应内容	
			2	表达方式与表达内容完全匹配	以最适合的表达方式表现不同内容	
情绪线	15% 1.5分		0	无法把握学员情绪节奏	完全无法根据学员情绪进行合理的任务安排	
			1	勉强能把握学员情绪节奏	基本能根据学员情绪合理安排学习任务	
			2	基本能把握学员情绪节奏	可基本把握学员情绪，在不同时间段分别设置合适的任务	
			3	可以很好地把握学员情绪节奏	有节奏地把握学员情绪，在不同时间段分别设置亮点任务	

(续表)

项目	权重	分数	标准	详细内容	分数
			课程名称：_____	课程研发者：_____	
辅助线	15% 1.5分	0	各类文件材料、辅助工具严重缺失，且无补充的必要	课件成果不完整，各类辅助工具有严重的结构性缺失，大规模调整也无法得到有效补充	
		1	各类文件材料、辅助工具有缺失，但可适当补充	课件成果不够完整，各类辅助工具有较多缺失，需较大规模调整	
		2	各类文件材料、辅助工具较为完整	课件成果基本完整，各类辅助工具基本不缺失，需微调	
		3	各类文件材料、辅助工具非常完整	课件成果完整，各类辅助工具准备充分，无须任何补充	
合计					
优化建议					

第13章　师资管理

内部培训师(简称内训师)是企业主要的培训师资来源。从长期来看，培养自己的内训师团队是非常划算的事情，在实务中逐渐成为一个必选项而不是可选项，原因主要有以下几点。

- 聘请外部讲师费用较高，长期来看不划算，而内训团队的建设相较而言更加经济实惠。
- 内训师往往更了解企业的战略、文化、组织情况、业务情况、资源情况和问题，开发的所有课程会更有针对性。
- 内训师团队可以随时响应培训需求，快速帮助企业进行人员赋能，培训工作的开展更加可控。
- 员工成为讲师，既可以收获个人的成长，又能获得讲师身份带来的社会地位，同时对于兼职内训师而言还可以多一条获取收入的渠道。

内训团队的形成能够帮助企业形成学习氛围，是打造学习型组织的重要途径。总体而言，打造内训师团队可以为企业带来巨大的价值。

13.1　内训师之"选"

13.1.1　内训师来源

公司各级管理人员、各部门业务骨干往往是内训师的中坚力量。

从一定程度来说，讲师的职位级别越高，越能反映对培训的重视程度。然而，讲师职级并非越高越好。一是因为职位级别越高的讲师，相应的本职工作越繁忙，当有培训活动及课程安排时，其时间很难协调；二是因为高职讲师讲基础课程，讲师本人兴趣度不高，且讲师职位与学员职位相差过大，对同一问题的关注很难产生共鸣。

一般情况下，确定讲师的目标人选时可遵循"高一级原则"，即讲师职位比受训对象职位至少高一级。

13.1.2 内训师选拔标准

选拔内训师时,往往采取自愿报名和部门推荐相结合的方式。选拔标准一般包括以下几点。

➢ 对培训工作有兴趣,学习能力强,并愿意与他人分享学习成果。这是非常关键的一条选拔要求,满足该要求的内训师对培训工作的投入度、配合度更高,从而能在更高程度上保证培训效果。

➢ 两年以上工作经验,具有相关专业(课题)知识背景与理论功底。这是选拔内训师的基本要求,即司龄要求及专业能力要求。只有专业能力突出的内训师,才能讲得好、让学员学有所获。由于不同企业情况不同,课程也不同,司龄不一定是两年,也可以是一年,但司龄长,意味着内训师更了解公司战略、文化、做事方法等,培训会更有针对性,效果也会更好。

➢ 能讲授一门以上公司培训课程体系内的课程。

➢ 具有较好的口头表达能力与沟通能力,具备一定的培训经验。较好的口头表达能力与沟通能力是内训师应具备的基础素质。

内训师推荐/自荐表如表13-1所示。

表13-1 内训师推荐/自荐表

□自荐　　□推荐　　□邀请　　　　　　　　　　　　　　年　月　日

姓名		性别		出生年月		
工号		所在部门		岗位		
入职时间		学历		所学专业		一寸照片
毕业院校		毕业时间		推荐人姓名		
拟主讲课程						
工作经历						
曾经讲过的课程	课程名称	时间	举办机构	课时	受训对象	

(续表)

曾经参加过的相关培训	课程名称	时间	举办机构	课时	受训对象

获得资格证书	证书名称		发证时间	发证机构	

	若以上内容不够填写，可另附纸张说明

部门意见	专业知识：□胜岗　□较强　□专家 沟通能力：□一般　□良好　□优秀 综合意见：□同意推荐　　　□暂不推荐 签名：　　　年　月　日
人力资源部意见	 签名：　　　年　月　日

13.2 内训师之"用"

13.2.1 内训师的任用

在大多数企业中，内训师的主要职责就是授课。此外，内训师还可以参与案例开发、课程开发、讲师认证等培训项目。多种讲师任用方式有利于培训工作的开展，能提高讲师队伍的价值，同时也是增强讲师队伍凝聚力、激励讲师的一个重要手段。

案例　某企业内训师任用领域

某企业内训师任用领域如图13-1所示。

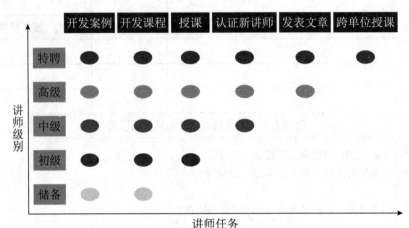

图13-1　内训师任用领域

13.2.2　内训师的评估

在内训师的任用过程中，培训主管部门要做好讲师年度工作量、授课效果等方面的评估工作。评估讲师的工作量有助于了解内训师的"活跃"程度、内训师对培训工作的投入时间；评估讲师的授课效果有助于了解讲师的授课水平，为TTT(Training the Trainer to Train)培训目标和内容的确定奠定基础，也能为讲师提供有针对性的辅导和支持，从而确立内训师队伍的中坚力量。内训师工作记录如表13-2所示。内训师胜任程度评估如表13-3所示。

表13-2　内训师工作记录

讲师信息					工作记录					
姓名	部门	职位	讲师级别	主讲课程	所授课程	授课时间	授课时长	参训对象	参训人数	学员满意度

(续表)

讲师信息					工作记录					
姓名	部门	职位	讲师级别	主讲课程	所授课程	授课时间	授课时长	参训对象	参训人数	学员满意度

表13-3　内训师胜任程度评估

测评项目	得分 (满分10分，10分优秀，0分最差)
1. 培训内容的逻辑性、清晰度	
2. 讲师对所讲内容专业的了解程度	
3. 授课方式的多样性 (讲授、讨论、视听、案例、角色扮演、游戏等)	
4. 讲师的仪容仪表	
5. 讲师的语言表达能力	
6. 讲师肢体语言的运用	
7. 讲师激发学员参与学习的能力	
8. 讲师对时间的掌控能力	
9. 讲师对学员的关注程度	
10. 讲师对现场氛围的掌控能力	
合计	

13.2.3　内训师定级

内训师课酬往往根据讲师工作量(如授课时长)以及讲师级别等因素综合衡量并发放，从而达到激励讲师的目的。讲师定级标准体现了培训主管部门对内训师的管理导向。比如，如果希望激发内训师按照培训需求部门的安排或邀请多授课，则授课课时数就可以作为讲师定级的重要标准之一。但不建议内训师的职务级别影响讲师定级，否则将失去讲师定级的激励性。讲师定级标准如表13-4所示。讲师定级示例如表13-5所示。

表13-4　讲师定级标准

项目	讲师级别			
	初级讲师	中级讲师	高级讲师	特邀讲师
年度经培训主管部门审核通过的课程开发或维护数量				
年度授课课时量				
年度授课满意度				
讲师能力要求				

表13-5　讲师定级示例

项目	初级讲师	中级讲师	高级讲师	特邀讲师
年度经培训主管部门审核通过的课程开发或维护数量	2门	3门	4门	不参加讲师定级
年度授课课时量	12小时	15小时	18小时	
年度授课满意度	85%	90%	95%	
讲师能力要求	授课讲师	引导式培训师	引导师	

内训师定级一般每年一次，评定周期为一年。需注意的是，公司高管往往作为特邀讲师，因此不参加内训师定级。

13.3　内训师之"育"

内训师的培育主要有两种方式：一是按项目培养，即根据讲师任用安排适当培养，比如对负责课程开发工作的讲师培养课程开发技巧；二是分级别培训，即按照讲师的能力级别适当培养，比如初级讲师培养授课技巧、中高级讲师培养引导技巧等。

讲师的培育要采取理念学习与实践演练相结合的方式。在理念学习方面，结合内训师的成长阶段与所负责的培训工作，设置相应的培训课程，让讲师具备相应的能力。但是，"知"不等于"行"，"知"不等于"一贯如此"。因此，理念学习还要和实践演练相结合，通过不断的演练，最终达到熟手的程度，并形成习惯。

以授课技巧为例，理论学习的目的是让内训师了解成人学习特点，了解如何通过提问等手段与学员互动，如何把控课堂节奏，如何保持学员的关注与投入等。在理念学习阶段，内训师掌握了培训理念与方法，到了实践演练阶段，由内训师在培训师的辅导下，将理论学习的技巧应用在课程中，并多次上台试讲演练。每次试讲演练时，都应有培训师点评、纠偏，指出其做得好的地方并纠正其需要改善的地方。

13.4 内训师之"留"

为提高内训师的工作动力与积极性，采取一些激励措施是非常必要的。例如，三星、中国移动、招银等优秀企业基本都制定了明确的讲师课酬标准、清晰的讲师福利政策、严谨的讲师级别评定标准等硬性机制。

内训师基本都是管理人员或骨干人员，本身工作业绩往往较突出，因此单纯的课酬激励很难激发内训师的工作动力与热情。此时，荣誉激励等其他激励手段的重要性日益突显。

➢ 荣誉激励。主要是策划一些主题活动，激发讲师的荣誉感。比如，教师节活动、优秀讲师评选、最受欢迎课程评选、PPT评选等。

➢ 提高可见度。具体包括：安排优秀讲师、优秀课程在年会上展现，向高层级领导做工作汇报等；在培训室内设置内部讲师宣传栏；在办公区域或食堂播放讲师授课视频等。

➢ 个人成长。为讲师提供外训机会，鼓励讲师参加公司内部更高阶的培训项目等，从而帮助讲师拓展事业、跨界交流，促进讲师个人的成长与发展。

➢ 晋升加分。很多公司也会将讲师的工作表现与晋升挂钩，即优秀讲师优先晋升。

第14章 线上系统运营

14.1 移动互联网对企业培训的影响

英国科学家詹姆斯·马丁说过，人类科学知识在19世纪每50年增长一倍，在20世纪每10年增长一倍，20世纪70年代以后每5年增长一倍。目前，每2年增长一倍。这意味着在21世纪，我们至少每2年需要重新学习新知识，否则将无法满足时代发展需求。

在互联网时代，人力资源变化的核心是人的变化，具体体现在以下几个方面。

> 人的需求日益多元化、个性化。
> 人的流动频率加快。
> 人对组织的黏度降低。
> 人的价值创造能力放大。

这些变化要求企业重新审视"人"这个最重要、最核心的资源，真正从人力资本的角度重构管理理念和模式。

14.2 线上系统运营要素与培训原则

随着移动互联网技术的成熟，线上学习平台建设也日益成熟。线上学习平台按终端可分为E-Learning(特指电脑端登录的线上学习平台)、E-Learning(手机等移动设备登录，App或微信公众号/服务号)。无论哪种终端，都包括平台、内容、运营三大要素，这三大要素决定了在线学习项目的效果。

14.2.1 线上系统运营要素

1. 平台建设是基础

线上学习平台的开发建设是一项系统工程，企业构建移动学习平台的模式有三种——自主研发、外部引进、合作开发。

(1) 自主研发。它是指企业完全依靠自身的科技力量，根据企业培训部门的开发需求设计搭建相应的移动学习平台的模式。该模式可以准确把握企业内部的培训需求与痛点，对症下药，开发适合企业自身特点的移动学习产品。同时，由于企业内部的科技研发团队具有一定的可协调性，也使快速响应与敏捷迭代成为可能，只要科技力量足够强大，甚至可以实现T+0的优化升级，从而大大提升线上培训的效能。然而，由于自主开发完全依靠内部资源，往往容易受限于科技研发人员的专业能力与素养，研发投入相对较高，整体的人力成本高昂，会给企业带来不小的财务压力。

(2) 外部引进。它是指企业通过招投标或商务谈判等形式完全由外部供应商根据企业培训需求提供移动学习平台的模式。比如，引进钉钉的培训模块以及云学堂、时代光华、职行力等公司的线上学习平台。目前，该建设模式被国内绝大多数企业所采用，它的优势在于基本完全依靠外部力量，企业内部人力成本投入较低，外部供应商已经拥有成熟的产品，便于在企业内部快速实施。同时，由于供应商具有丰富的移动学习平台运营经验，后期可提供相应的运营支持。它的劣势在于外部采购平台一次性购买成本较高，受限于已有的产品设计结构，定制化程度相对较低，很难完全满足企业培训的功能需求，且迭代优化的速度较慢，大规模的升级优化需额外支付开发设计费用，导致后期维护运营成本增高。

(3) 合作开发。它是指企业通过整合内外部资源，建立以企业内部为主导，引入外部供应商共同研发符合企业培训工作实际的移动学习平台的模式。该建设模式基于内外部优势资源的整合，可以系统地从培训供给侧的角度提出开发需求，契合组织发展的内在逻辑与生态，相较于前两种模式而言投入成本更低。由于后期移动学习产品代码与数据库归属企业，因此更加易于进行移动学习产品功能的迭代、优化与升级。但是，采用该模式的企业应该注意两点：一是签订相应的保密协议，以防供应商泄露企业商业机密；二是在合同中明确界定最终产品的使用及归属权，避免因此产生法律纠纷。

以上三种移动学习平台的建设模式各有利弊，没有完全的优劣之分，企业在选择时应该综合自身科技水平及财力、人力的可投入情况，根据实际情况选择相应的建设模式。对于小微型企业来说，由于自身科技研发与财务情况较为薄弱，培训体系尚不成熟，可选择采用外部引进的模式。对于大中型企业来说，若对商业机密限制较多，在科技水平、财力投入允许的情况下，可选择自主研发的模式；若对商业机密安全性要求不高，可选择合作开发的模式，这也是未来移动学习领域主流的平台构建模式。

2. 内容为王

"内容为王"是移动学习领域从业者的基本共识。在移动互联时代，在线学习平台的内容搭建主要有三种方式。

(1) 外部采购。例如，清华大学学堂在线、中欧在线、喜马拉雅企业版、德莫特尔等公司均有成熟的线上学习内容，企业可根据需要采购。这些线上课程往往是名师提供或经过专业教学设计的标准线上学习课程，即行业通用、企业通用。

(2) 定制开发或内部团队自建。外部采购的线上学习课程多为管理类、通用类或销售类等各大企业均适用的线上课程。企业文化类、专业类、行业类等具有企业个性化特色的在线课程还需要企业自主建设或与外部公司合作定制开发。

(3) 员工也可以自己构建线上学习内容，放到线上学习平台。

线上课程创建方式选择如表14-1所示。

表14-1 线上课程创建方式选择

特点	外部采购	定制开发	自建
课件内容保密性要求高			√
市场上有成熟的课程产品	√		
课程内容或形式定制化程度要求高		√	

3. 运营制胜

移动学习平台只有内容和平台是远远不够的，如缺乏有效的运营最终也将被用户束之高阁，成为完成政治性任务的工具，失去其应有价值。

目前，国内许多企业在引入外部学习平台的同时都不约而同地选择外部供应商来运营内部移动学习平台。从表面上来看，这样可以节省企业的人力成本和时间。但从本质上来说，这是一种得不偿失的行为，对企业打造学习型组织并无多大裨益，因为将学习平台运营外包意味着企业无法完成有效的自我沉淀，供应商的急功近利又很难使运营工作契合企业实际需求，最终将沦为"形式大于内容"的走秀式活动。基于此，笔者认为，移动学习平台运营工作必须由企业内部来完成，或者说必须以企业内部运营团队为主、以外部供应商为辅。对于线上与线下大型运营活动的策划与组织，很多企业由于专职培训运营人员有限，可以考虑引入外部力量参与，而对于日常基础运营服务，则必须由企业内部运营团队来提供。

移动学习平台运营需要把握三个基本逻辑，即持续化、游戏化、社交化。学习活动的运营是一个持续跟进反馈的循环过程，只有持续的活动策划与运营才能吸引并留住用户，增强学习用户对平台的依赖度，活跃线上学习氛围，真正发挥移动学习平台的作用。随着学习用户对培训要求的提高，传统的"填鸭式"教学已经无法充分调动学习用户的学习兴趣，这就迫使企业培训管理者引入新型学习技术，Game Learning便是其中较受学习者欢迎的形式之一。为了促使学习用户持续参与，满足培训学员的新鲜感与体验感，闯关学习、游戏学习、PK机制正在移动学习平台运营中被大量应用。移动学习作为一种非正式学习组织形式，在很高程度上满足了学习者社交化的需要。因此，企业应通过互动学习、交流分享、学友圈建设等运营路径激发学习者的学习动机，增强移动学习平台的用户黏性。

运营移动学习平台要坚持"从群众中来，到群众中去"的理念，将培训部门与专业部门、培训管理者与培训学员视为命运共同体，将培训主体与培训受众紧密联系起来，充分调动学习用户参与运营的积极性。具体来说，需要做好以下三方面工作。

(1) 运营活动接地气。运营活动的策划是一门技术活，以往行政化、官僚化的学习活动已经被时代所淘汰，也无法在营造组织学习氛围中发挥积极作用，反而成为某些阻碍学习的消极因素。这就要求移动学习平台运营策划者紧跟形势发展，时刻关注社会热点，具有敏锐的市场洞察力与嗅觉，善于捕捉信息和时机，通过学员喜闻乐见的新闻素材或形式策划专题活动，从而调动移动学习参与者的热情，提升运营活动的参与度与影响力，打好第一枪。

(2) 运营过程有生气。有了精彩的运营活动策划只是起好了步、开好了头，要想运营活动取得预期的效果就必须加强控制与管理，从而避免出现"虎头蛇尾"的情况。在运营过程控制中，移动学习平台运营者要密切关注活动参与人数、上线率、活跃率、互动率、学习积分等指标，并有针对性地定期进行部门人群分析，从而发现运营活动中的遗漏点，查漏补缺，及时调整与跟进运营策略，确保整个运营活动充满生气又尽在掌握。

(3) 运营效果有人气。衡量移动学习平台运营效果的重要指标是平台的人气，因而吸引用户、攒聚人气是平台运营者始终要考虑的问题。除了以上所说的做好运营策划和运营管控之外，要取得良好的运营效果就必须争取企业高层对培训工作的支持，要将移动学习平台的运营与企业的文化、价值观联系起来，在组织内部营造崇尚轻学习、轻培训的良好氛围，唯有如此，运营致胜才会成为真理。

14.2.2 线上培训原则

原则一：统一规划原则

总公司培训部门制定线上培训实施与管理的整体规划，各分公司及部门可在整体规划的基础上，制定实施细则。

原则二：分级管理原则

总公司与分公司在总公司培训部门的统一规划下，分级管理，明确职责，共享使用，共同维护网络培训的正常运行。

原则三：全员覆盖原则

公司所有员工都是线上培训服务与支持的对象，其中中基层员工是重点培训对象。

原则四：评估导向原则

为保证线上培训效果，每门课程均设置效果评估，针对学员学习效果，由培训主办部门对培训效果进行评估。线上培训管理机构负责评估方式的确定，并实施评估。评估结果记入培训档案，作为调整培训内容、对象、方式的重要依据。评估结果也是评价学员学习效果及培训主办部门培训效果的重要衡量指标。

14.3 数字化企业教学应用案例——钉钉授客学堂

随着数字化经济的高速增长，传统的人才培育模式已经无法满足企业用人需求，企业对数字化人才培育的变革需求越来越强烈。

作为企业培训管理者，不仅需要考虑企业人才培训相关问题，还需要学会利用专业的E-Learning数字化培训平台，自主搭建企业自驱力人才培训系统，通过专业、高效、低成本的方式，拉动企业人才培训简单化、有效化发展。

目前，市场上有一款深受企业培训管理者欢迎的应用工具，名为授客学堂，是阿里钉钉生态合作伙伴，只要安装钉钉申请开通即能使用。授客学堂将原来数月才能搭建的人才管理平台，高效提升为钉钉管理者只需单击三下，一分钟就能创建一个与企业通讯录同步的数字化人才培育系统。授客学堂更好地诠释了E-Learning数字化企业教学模式带来的价值，内置课程资源、实用方便的课件工具、培训高效一键操作等，让人才培育变得更简单。钉钉授客学堂简介如图14-1所示。

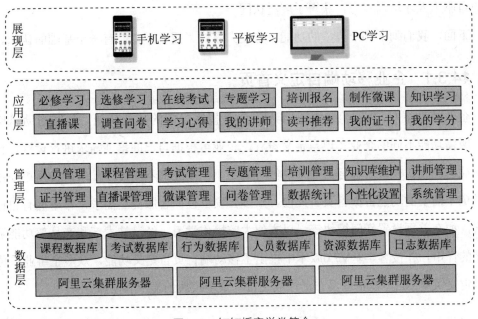

图14-1 钉钉授客学堂简介

钉钉授客学堂功能如图14-2所示。

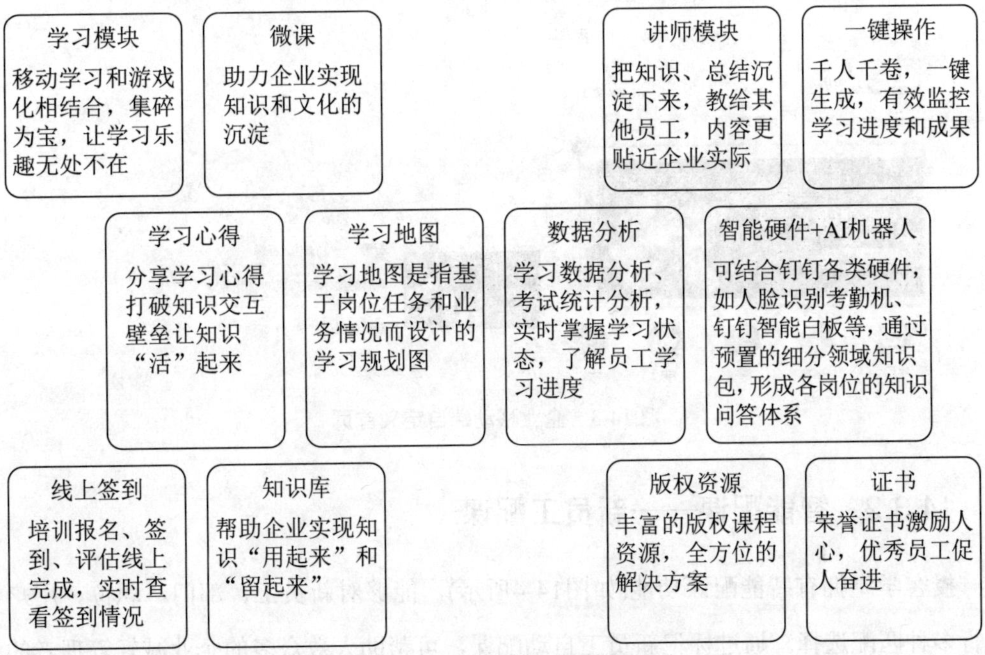

图14-2 钉钉授客学堂功能

授客学堂是阿里钉钉优质生态合作伙伴，是钉钉学习考试热推培训平台和钉钉党建学习第一品牌，已成功帮助全国50多个城市20多种行业的3万多家企业和党政机关的1700多万用户实现在线学习和企业大学管理服务，授客学堂凭借其强大的功能和针对企业的自驱力人才培训实力，获得了广泛认同。

下面，我们列举10个典型的功能，方便大家对"授客学堂"有一个基础的认识。

14.3.1 企业移动端自定义首页

企业移动端自定义首页(如图14-3所示)是授客学堂的亮点功能，能够帮助风格不同、所需功能不同的企业实现自定义设置，企业可根据自己的培训需求进行设置，包括模块显示位置、模块名称等。此项功能可满足不同企业的不同使用需求，使用更便捷，可避免不需要的功能占据首页。此前，众多公安单位向客服提出需求，希望拥有自己的风格，如在首页设置新闻模块等，以方便大家操作学习。经过技术部和产品部功能解决方案的评审，在授客学堂V7.0版本中推出了移动端首页自定义功能，众多企事业单位可以自定义菜单icon，调整首页布局，设置首页众多模块的显示和隐藏。

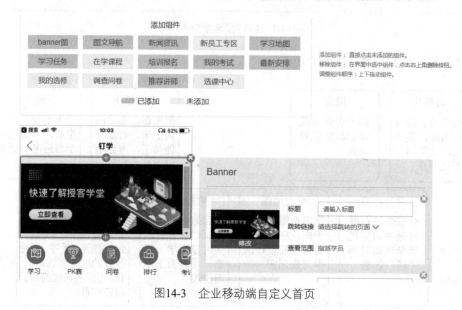

图14-3 企业移动端自定义首页

14.3.2 智能配课——新员工配课

授客学堂拥有智能配课功能(如图14-4所示)，能够对新员工、部门、职位、用户组进行多种匹配选择。通过标记新员工自动配课，可帮助人数众多的企业减轻管理者的工作负担，而员工通过轮岗自动指派相关课程，更加方便学习岗位课程。

企业新员工入职后需经系统化培训、考核，以此选拔优秀的人才予以重任。但员工数量剧增，传统的课程面授方式耗时耗力，导致新人培训周期长、培训管理者重复性工作多，使得企业人才发展脚步缓慢，给企业培训工作者带来极大的难度与挑战。

使用授客学堂的很多企业，人员分布地域广，前期扩招新员工时，由于大批新员工入职，导致培训显现短板。由于员工部门不同、入职时间不同，知识接受能力也不尽相同。在此背景下，培训管理中心始终处于工作量超负荷的状态。

图14-4　智能配课功能界面

管理者开通授客学堂后，可将课程上传，分门归类，然后单击"后台学习管理—智能配课—新员工配课"，即可选中最新入职员工并自动标记为新员工。之后，新加入组织的员工将自动收到新员工培训课程，从而可利用碎片化时间学习，加快学习进度，无须反复培训相同内容，可减少精力与时间的浪费。智能配课结果界面如图14-5所示。

图14-5　智能配课结果界面

使用授客学堂后，仅新员工培训就可减免数次，帮助诸多企业节省管理中心90%的重复性工作时间，极大地提升了工作效率。由于课程可重复观看，方便新员工对课程进行全面化、系统化学习，使新员工对公司与工作的理解更深入。例如，光辉城市重庆科技有限公司管理者表示，授客学堂帮他们解决了重要的问题，使用操作便捷，功能多样化，可针对部门之间的调岗、人员培训自动分派课程，还可进行考核，随时检查员工的学习状况，非常适合他们公司现状。

授客学堂智能配课功能针对企业重复性培训的现状，简化培训流程，加深员工学习程度，极大地提升了工作效率，节约了人力成本，简化了原本复杂的企业培训。

14.3.3 微课制作

为提升岗位工作能力和企业竞争力，授客学堂不断完善微课制作功能，学员会做PPT就会制作微课，微课发布后，管理者审核通过即可全员观看。一方面，可防止人员流失造成资料与经验流失，形成企业资料与文化的沉淀；另一方面，可增强员工的参与感与责任感。微课制作功能如图14-6所示。

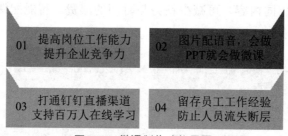

图14-6 微课制作功能界面

例如，武汉祝尚管理有限公司曾出现因人员流失造成经验与知识流失的现象，导致后来者缺乏岗位参考学习内容。于是该公司规定每位员工要将自己的经验与知识发布到公司群，但是时间久了文件会失效，问题依旧存在。了解到微课功能后，该公司采取全员制作微课并发布的措施，保证了企业资料、经验与文化的沉淀。

目前，该公司通过使用授客学堂，在增强团队核心凝聚力的同时，促使员工之间互相学习，员工在互相学习中获得成长，工作效率得到有效提升，形成了以岗位为核心的知识经验库，积累了大量知识经验。同样认可微课学堂该功能的公司还有青岛粥全粥到餐饮管理公司。

14.3.4 课程超市、企业内部课库和企业定向课库

课程超市是授客学堂内置的课程采购区，企业可以根据需要采购并指派员工学习。

授客学堂的课程超市内设置了700门免费课程,涵盖人力资源、市场营销、生产管理、质量管理、中高层培训、财务管理等领域,如图14-7所示。

图14-7 课程超市界面

企业可以对内部课库设置内部收费功能,开启后可以设置课程单价,员工付费学习。

授客学堂定向课库主要服务于集团与子公司之间,以及培训机构与受训的企业客户之间,形成一对一或一对多的课程关联关系,以满足专项行业定向学习的需求。

14.3.5 学习地图

学习地图是指基于岗位任务和业务情况而设计的学习规划图。学习地图四步法可以使企业培训更具引导性,管理者可通过岗位梳理、能力建模、内容设计、体系建立这四步操作,指派各部门课程并可实现高效梳理。

授客学堂学习地图可从页面上增强新员工培训、在岗训练的逻辑性。员工按照步骤进行有序学习,可在提升学习效率的同时,减轻培训管理者的工作负担。同时,还可合并工作职责相近的岗位,减少课程库的冗余,降低学习地图规划的复杂度。

14.3.6 PK赛

普通的学习方式枯燥乏味,企业通过设置PK赛(如图14-8所示),可增强学习趣味性。管理者可在后台设置关卡、名称、时间、类型、规则等,以考促学。这种趣味性学习更受员工欢迎,可增强员工的学习积极性。

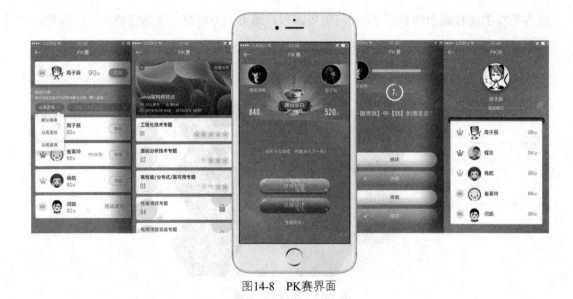

图14-8 PK赛界面

例如,某儿童智能康复中心虽然拥有丰富的教学资源和完善的教学体系(包含教学研发部、评估小组、教学督导、家庭指导老师、教学师资团队等),但庞大的教师团队增加了管理者实施员工培训的难度,使用线上培训平台后,虽然大幅减少管理者的工作量,但枯燥乏味的培训让教师们失去兴致。针对这种情况,管理者采用PK赛模式,精心设置关卡,采用两人PK或单人闯关模式,自行设置规则,以考促学,极大地增强了学习趣味性,投入使用后员工的学习积极性明显增强。

14.3.7 线下培训报名与签到

企业要举办线下培训或线下活动,可通过授客学堂发布,发布界面如图14-9所示。学员通过移动端报名,可拍照或使用二维码签到、签退,管理者将课程相关信息设置好,学员即可收到推送消息进行报名,操作简单、管理方便。这种做法既节约纸质成本,又方便管理者统计数据,管理者可第一时间明确未签到人员。

多数企业都需要举办或参加线下活动、培训等,总会出现工作人员迟到、早退等现象,线上签到功能指派相关人员后,定时签到、签退,可防止人员早退、迟到。此外,参加人员过多往往会造成统计数据繁杂,从而浪费大量时间。例如,某医疗美容医院有限公司线下活动多,且兼职或短期员工数量颇多,难以管理,使用该功能后,指派参加活动员工,可在线记录员工到场、离场情况,既可节约纸质成本、提升工作效率,又可为管理者查看与管理企业线下活动提供便利。

第14章 线上系统运营

图14-9 线下培训报名与签到界面

14.3.8 考试管理

授客学堂考试管理模块为企业培训提供了极大的便利，省去了原本需要的召集员工、统一时间、统一地点、人员监考、人员审核试卷等程序，将企业培训考核从线下转移到线上，可实现一人一卷、题目随机、选项乱序排列、多次重复练习考试、不及格自动匹配相关课程，并能创建题库，方便使用者从多套题库中抽题组卷，具有一键批改选择题、考试结果自动生成统计图表等功能，从而促进企业数字化变革。考试管理功能如图14-10所示。

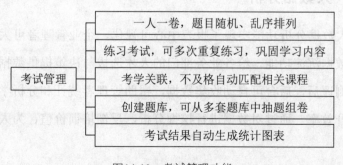

图14-10 考试管理功能

目前，某知名在线办公平台企业管理学院全国的服务商均在线使用授客学堂考试管理模块。服务商在线学习后，就可进行随堂考试和可分享型考试，从而巩固所学知识。测试完成后，系统自动阅卷并在后台呈现统计数据，方便管理者进行统计管理。

14.3.9 人脸识别监考

为了让考试结果更为严谨，授客学堂推出了人脸识别监考功能，如图14-11所示。根据管理者的后台设置在考试期间开启人脸识别，考生如未通过识别则自动交卷，从而提升了考试的严谨性和参考的真实性，目前在众多企业中用于员工的绩效考核考试。

图14-11　人脸识别监考

14.3.10 大数据分析

授客学堂大数据分析功能实现了报表中心可视化，企业管理者可大屏监控学习进度，同时提供数据沉淀功能，给各业务部门的人才选拔与决策提供数据支撑。在企业学习考核成绩测评后，后台可自动收集数据，帮助管理者统计和分析学习考试数据，总结经验、提升效率。通过对数据进行挖掘分析，反馈培训价值，为人才盘点做数据支撑。

具体来说，管理者可通过大数据分析功能，明确员工考试合格率，针对员工得分情况进行分析，查看考题错误率，针对出现的问题进行专项管理，解决小问题，管控大风险。

此外，管理者根据学习培训结果撰写培训相关报告也变得轻而易举，又由于可实时获取学员培训相关数据与分析资料，优化了工作流程，从而减轻重复性工作的负担。

总之，授客学堂能帮助企业更高效地培育和复制人才，缩减培训成本，加大培训力度，充分利用碎片化时间，帮助学员加快学习进度、提升工作效率，为企业线上培训保驾护航，让线上培训变得更加简单。

第15章 培训体系建设

15.1 培训体系建设目标

提起建设培训体系,一部分培训管理者便会想到要建设培训制度体系、需求调研体系、培训计划体系、培训项目体系、师资体系、课程体系、运营实施体系、培训评估体系等,如图15-1所示。还有一部分培训管理者会想到要建设领导力培训体系、高潜培训体系、专业培训体系、通用培训体系等。前者是从培训管理的角度建设培训体系,目标是提高培训管理的专业性以及规范性;后者是从培训对象的角度建设培训体系,建设目标在于回答具体人群的能力提升及培养问题。

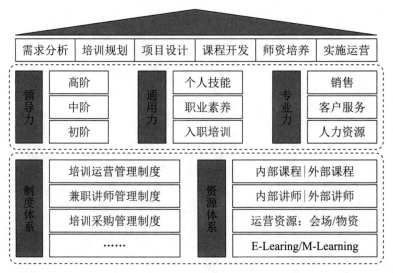

图15-1 培训体系

本书认为,要建设培训体系,首先要确立建设培训体系的目标,即为什么要建设培训体系?是助推战略落地?还是提升绩效?或是提升岗位胜任力?建设目标不同,培训体系建设模型不同,建设流程差异也较大。培训体系类型确定因素如表15-1所示。

本书重点介绍基于战略、基于团队绩效、基于岗位胜任力的三种类型培训体系的建设。

表15-1 培训体系类型确定因素

相关描述	基于战略的培训体系	基于团队绩效的培训体系	基于岗位胜任力的培训体系
公司有发展战略且战略清晰	√		
公司处于战略转型阶段(如引领变革、调整战略或实施新战略)	√		
团队有绩效提升需求,且有数据证明员工的知识、技能对绩效结果影响较大		√	
某岗位在岗人数较多或价值较高			√
某岗位在岗人员出现不胜任现象			√
在岗员工工作要求发生较大变化			√

15.2 培训体系建设流程

15.2.1 基于战略的培训体系

基于战略的培训体系即以助推战略落地为目标而建立的培训体系。如图15-2所示,为IBM的业务领先模型,它为基于战略的培训体系的建立提供了流程指导。

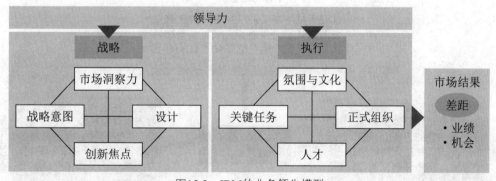

图15-2 IBM的业务领先模型

第一步,战略分析。战略分析是基于战略的培训体系建设的思考出发点。在进行战略分析时,必须明确公司战略是什么,公司战略路径是怎样的,公司战略举措有哪些,公司关键业务是什么。

第二步,确定关键人群。需明确哪些人群是战略落地的关键人群,哪些人群是关键业务的实施者,这些人群的获取方式(人才获取方式3B模型如图15-3所示)是否是内部培养。通过内部培养方式储备的关键人群才是培训体系建设的目标人群。

图15-3 人才获取方式3B模型

第三步,设计培训体系。公司需明确:培训哪些内容,采用哪些方式(线上、线下、面授集训、行动学习、工作坊研讨等)来培训,如何评估培训项目成果,于何时何地举办培训项目。

案例15-1 ××公司战略分析(节选)及高管培养体系(节选)

战略挑战一:在运营商、电商以及品牌手机自建渠道的多方夹击下,手机分销及零售业务正面临严峻挑战,必须积极探索新的商业模式,如图15-4所示。

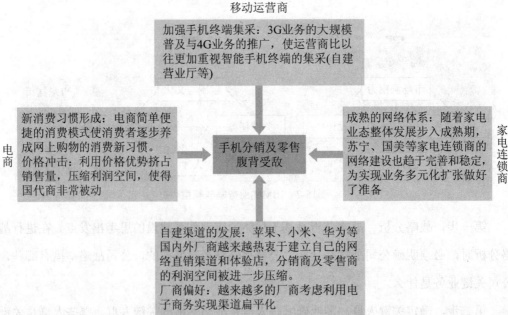

图15-4 战略挑战一

战略挑战二:移动互联网与转售业务成为××公司的新机遇,该公司目前正处于升级转型的关键时期,如图15-5所示。

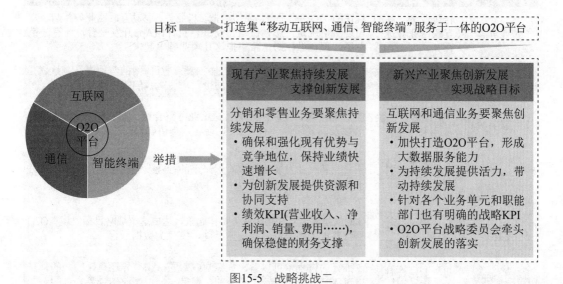

图15-5 战略挑战二

战略挑战三:尽管在渠道等方面占据优势,但与众多摸索实践O2O平台战略的企业类似,××公司在战略升级转型中仍面临多重挑战,如图15-6所示。

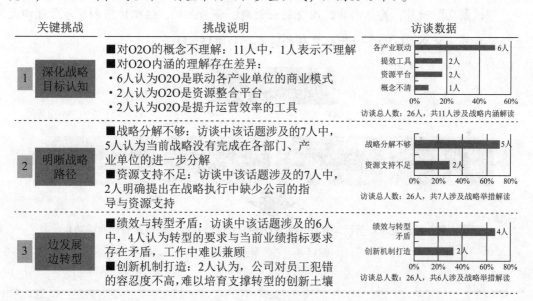

图15-6 战略挑战三

战略挑战四:在战略目标认知上,××公司管理层对于O2O平台战略存在多种理解,如图15-7所示。

"在战略方面我也觉得提O2O是好事,但是认知不够清晰,也不明确自己到底要做什么?"

	关键观点	内容说明	访谈声音
1	业务整合	转售业务、移动互联网业务进行合并	现在的O2O战略平台，希望能把转售业务、移动互联网业务并购。公司现有情况是，彩梦做运营商SP，机锋做App开发平台，还有分销业务。现在做O2O是希望把这几项业务串起来
2	用户资源平台	为O2O平台带来用户	我们彩梦产业单位的目标就是发展移动互联网的其他产品，这就是我们要为O2O平台用户带来的价值，这是我们的主要目标
3	服务模式	为C端客户提供应用和服务	把智能终端、互联网产品、通信业务整合在一起。向C端，即消费者以及向爱施德产品下面的C端客户提供O2O的应用和服务
4	线上线下的结合	线上线下的结合为客户提供服务的产品	从商业和行业发展格局来看，未来的行业发展趋势是基于线上和线下的结合为顾客提供服务
5	大数据平台	建立统一的大数据平台，提升运营效率和能力	O2O就是通过互联网将业务协作起来，达成这个战略目标。现在O2O平台要扩大用户群，要统一品牌，统一大数据后台
6	概念不清晰	与产业结合时，概念不清晰	在推行的过程中可以看出大家对O2O的认识差异还是比较大的。高层对O2O的概念理解是清晰的，但是与公司产业结合起来看则不够清晰

图15-7 战略挑战四

"核聚变"项目：具体而言，围绕创业创新、移动互联、组织协同和变革管理四大主题，推动××公司O2O平台战略目标的达成，如图15-8所示。

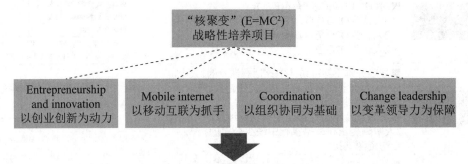

图15-8 "核聚变"项目

15.2.2 基于团队绩效的培训体系

基于团队绩效的培训体系即以助推战略落地为目标而建立的培训体系。绩效改进模型为基于团队绩效的培训体系建立提供了流程指导，如图15-9所示。

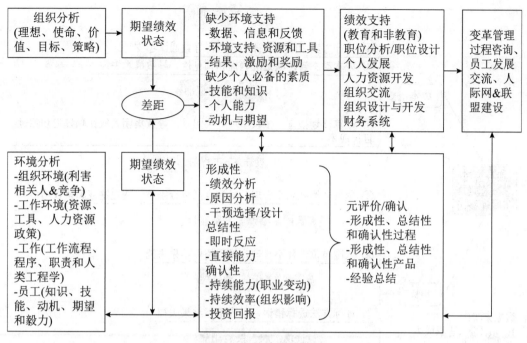

图15-9 绩效改进模型

第一步，绩效差距分析。需明确绩效目标是什么，绩效现状是怎样的，绩效差距有多大，这些问题必须符合SMART原则。

第二步，原因分析。需明确造成绩效差距的原因有哪些，绩效提升机会有哪些，这些原因及机会中哪些是环境因素、哪些是员工个体因素，员工个体因素中哪些是知识技能、哪些是门槛能力，环境因素中哪些要通过培训、结构化研讨的方式传递给员工个体。

第三步，确定关键人群。需明确绩效改进原因及绩效机会涉及的人群有哪些。

第四步，设计培训项目。需明确培训哪些内容，采用哪些方式(线上、线下、面授集训、行动学习、工作坊研讨等)来培训，如何评估培训项目成果，于何时何地举办培训项目。

与基于战略的培训体系不同，基于团队绩效的培训体系中的培训项目还包括结构化研讨工作坊的设计，即通过工作坊让关键群体找到绩效干预措施并落地实施。

案例15-2 ××房地产公司绩效分析(节选)

××房地产公司绩效分析如图15-10所示。

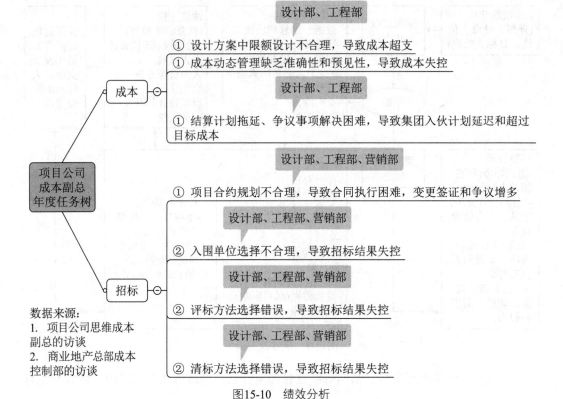

图15-10 绩效分析

15.2.3 基于岗位胜任力的培训体系

"胜任力"这一概念是由McClelland于1973年提出的,具体是指能将工作中表现优异者与表现平庸者区分开来的个人的表层特征与深层特征,包括知识、技能、社会角色、自我概念、特质和动机等个体特征。胜任力模型则是指组织当中特定的工作岗位所要求的与高绩效相关的一系列胜任特征的总和。

基于胜任力的培训体系即以提升胜任力为目标而建立的培训体系,如图15-11所示。

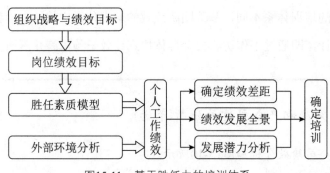

图15-11 基于胜任力的培训体系

第一步,明确关键岗位。需明确要提升岗位胜任力的岗位有哪些。

第二步,胜任力分析。需明确工作职责是什么,工作内容是什么,岗位胜任力是什么。

第三步,培训项目设计。需明确培训哪些内容,采用哪些方式(线上、线下、面授集训、行动学习、工作坊研讨等)来培训,如何评估培训项目成果,于何时何地举办培训项目。

案例15-3 ××通信公司胜任力培训体系(节选)

××通信公司总监高潜培训项目实施框架体系如图15-12所示。

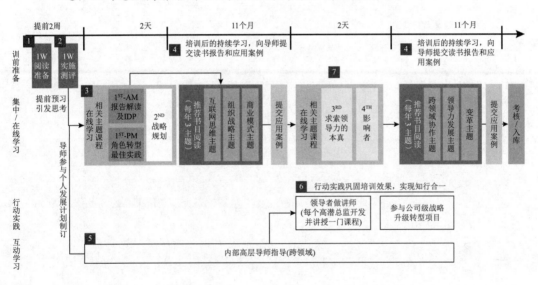

图15-12 胜任力培训项目实施框架体系

第3篇 精通篇

第16章 企业大学概述

16.1 企业大学简介

企业大学是由企业出资,以服务于企业战略目标达成和竞争力提升为目标,通过为企业培育卓越人才,从而助力企业文化落地、模式实施、战略执行、效率提高、目标达成的育才机构或职能部门。

在信息化、智能化高度发展的今天,传统高等教育体系无法满足企业的各类知识和技能需求,难以培养企业需要的合适人才,因而企业都希望拥有自己的学习组织,能够为企业的模式实施、战略落地培育卓越的人才,由此诞生了企业大学。

企业大学的第一要务就是为企业的发展不断培育和输出人才,而对人才的培育是从企业成立之日就有的需求,故而企业大学的职能是企业成立之日起就需要具备的,只是当时尚在种子期或者萌芽期。

16.2 企业大学对于企业的意义和价值

一系列实践证明,企业大学体现了完美的人力资源培训体系,是较为有效的学习型组织实现手段,更是公司规模与实力的有力证明。在经济全球化潮流越来越汹涌的当下,提升企业文化竞争力尤为重要。值得借鉴的是,企业大学在成熟的跨国企业中已成为创建企业文化竞争力的极佳平台。企业大学作为跨国公司的组成部分,是其实施跨文化管理、有效增强竞争能力的重要元素,企业大学对于企业的成长发展及竞争力提升具有重要意义。

16.2.1 企业大学是企业内部沟通的有效平台

企业大学为员工营造学校的氛围,向员工传递一种进取的组织文化。同时,企业大学的培训可集中企业高层和下级员工,使双方获得充分交流的机会,从而在企业内部营造一种融洽的氛围,增强彼此的协作。企业大学的培训内容不仅有助于提升员工技能,还能在员工之间传递企业文化。

16.2.2　企业大学能够帮助公司留住人才

优秀的企业大学将公司对员工的培训与员工个人发展结合在一起，可为公司发展和员工成长提供"及时而准确"的学习方案，为各个层级的员工设计不同层次的培训项目，有利于留住人才。

16.2.3　企业大学是连接公司与事业伙伴的桥梁

公司对外开放的企业大学可以帮助其供货商及渠道商具备完成工作所必须掌握的技能和知识，从而提升运营能力，进而改善质量、可靠性、循环周期和客户服务等方面，可以保证公司在本地的采购、渠道通路打造、市场营销策略实施的顺利完成。企业大学还能促使企业改进总体竞争力，从而与供货商、顾客、经销商和批发商之间建立伙伴关系。

16.2.4　企业大学为公司营销突破提供解决方案

企业大学作为公司培养人才的基地，可为公司营销突破提供合适的人才，从而保证公司经营的成功。企业大学的培训除了针对管理方面以外，还将公司的经营理念、企业文化传递给经销商，有助于他们在思想和目标上与企业达成共识。

16.2.5　企业大学在组织变革中对文化整合起关键作用

美国麦肯锡咨询公司曾对已发生的企业兼并做过一次大规模调查，发现只有近四分之一的公司在兼并后赚回了有关费用。跨国并购失败的原因是多方面的，如市场形势变化、管理者决策失误等，但其中一个不可忽视的深层原因就是企业合并后，不同的民族文化和企业文化导致碰撞与冲突，而企业大学能够有效促进文化整合。

16.3　企业大学和人力资源培训部门的区别

企业培训部门隶属人力资源部，通常只为企业内部员工提供培训服务，主要负责培训需求调研、培训组织实施、培训师资管理、培训效果评估等方面的工作。而企业大学是一个教育实体，同时也是一种战略工具。尽管企业大学承担一部分培训工作，但性质并不同于培训部门。

培训部门往往是反应性的、分散的，而企业大学则为每一个岗位提供一系列与战略相关的学习与解决方案，与企业人力资源部相分离，独立运营，为企业内外部人员提供培训服务。企业大学作为企业变革的推动者、企业文化的宣传者，在战略、营销、供应链等企业运营的各个方面提供更专业化、系统化的产品和服务。

第17章 企业大学成长发展及中国企业大学实践

17.1 企业大学成长发展历史

自1956年,全球第一所企业大学——通用电气公司克劳顿学院正式成立,企业大学在全球迅速崛起。

从20世纪80年代开始,企业大学进入快速发展期,全球企业大学从20世纪80年代中期的400多所发展到2010年的3700所。财富世界500强中近80%的企业,拥有或正在创建企业大学。在美国的上市公司中,拥有企业大学的上市公司的平均市盈率明显高于没有企业大学的公司的市盈率。

1993年,摩托罗拉将企业大学的概念首次引入中国,从那时开始,越来越多的企业特别是大型名企,认识到企业大学的重要性,开始着手建设属于自己的企业大学。1998年,海信和春兰分别创建了自己的企业大学。据不完全统计,截至2017年,中国企业大学接近5000所,近7000万人接受了企业大学的教育,业内人士指出,未来这个数字还会不断刷新,企业大学数量将继续保持增长,企业大学的价值将更加突显。时至今日,企业大学已成为企业管理实践领域引人关注的热点话题。

国内企业大学的蓬勃发展得益于中国经济的快速发展,得益于人才强国战略的推动。同时,正在推进的经济转型升级、产业结构调整使得人才资源成为转型发展的"第一要素"和"第一动力"。

17.2 企业大学成长发展趋势

17.2.1 从成本中心到价值创造中心

在成本中心的理念下,企业大学欠缺效果意识,将大量资金投入要做但效用不高的体系建设、课程开发、培训项目等规范性工作中,所起的作用有限。

随着企业对企业大学成果的要求越来越高,企业大学将从传统的成本中心升级为价值创造中心。企业大学管理者将以价值创造为核心，强调资源配置的效用，力争将有限的资源配置到能创造最大价值的关键工作中，为企业创造更多价值。

17.2.2 从服务于个人到服务于组织

企业大学经历了从"培训是福利"到"培训能提高员工的能力"再到"通过能力素质模型系统提升关键岗位员工能力"的发展过程，培训工作日益精细、逐步升级，但始终没能走出"围绕服务个人提升而开展工作"的局面。很多企业花了大量资源开展培训工作，员工能力是提升了，但工作绩效仍然不高。不少培训管理人员也认识到可以通过相关管理机制的协同优化来提升效果，但往往认为这些不是自己的职责，而且自己也没有足够的信心能够解决这些问题，秉承多一事不如少一事的原则，最后往往陷入为做培训而做培训的怪圈中。

客观而言，培训经费来源于组织而非个人，培训理应服务于组织提升，设法通过培训协同提升组织能力和绩效。随着企业对培训效果的追求以及培训管理者的能力提升，培训侧重点将从服务于个人向服务于组织转变。

17.2.3 从规范化建设到精益化运营

从碎片化、过程式的规范化建设到系统化、结果式的精益化运营，传统企业大学理论往往强调规范化建设，分别抓好培训体系、讲师队伍、课程开发等工作，导致企业大学投入了大量资源，耗费了大量精力，所取得的效果却有限。

现代企业大学理论有别于传统的规范化思维，强调效果导向，通过系统化思考，把握企业大学价值创造的关键环节有效配置资源，进而创造出最大价值。

现代企业大学理论的代表为价值创造型企业大学理论体系，该理论以"一个战略、三大模式"为核心，在明确方向、路径、阶段重点、衡量标准和关键控制点的基础上，集中资源分阶段系统打造三大模式，分别解决有限培训资源价值最大化、人才辈出机制与规模领导力建设、绩效快速提升这三大价值创造核心问题，最终实现企业绩效和竞争力的快速、大步、持续提升。

围绕三大模式，企业大学精益化运营将呈现以下五大发展趋势。

第一大趋势：从培训项目到学习项目和绩效项目

目前，绝大多数企业大学的培训项目以传统的培训项目形式运营，侧重于师资整合和培训组织等事务性工作，培训与企业经营管理结合度不高，效果有限。

为了让有限的培训资源创造最大价值，除围绕组织发展设计系统的培训方案之外，还需要优化培训项目运营方式。为此，部分优秀的企业大学探索以学习项目的形式开展培训项目，通过诊断发现组织问题后，设计并建设系统的训前、训中和训后学习方案协同管理机制，以切实提升组织能力。该模式强调培训管理人员与业务单位互相协同，共同解决问题，很多咨询公司推广的绩效改进技术(如HPT、ISPI等)，基本属于该范畴。

随着企业间竞争的日趋激烈，各企业纷纷推出精益管理、管理提升、降本增效、对标挖潜等活动，这些活动可以称为绩效项目，且呈常态化趋势。在此背景下，企业大学必然要求培训管理者自行开发或引进绩效挖潜的相关技术和工具模板并整合内外部专家资源，推动企业以绩效挖潜为目标，快速、大幅、持续提升组织绩效和竞争力，从而推动企业培训活动进入绩效项目阶段。

第二大趋势：从被动学习到主动学习，从培训组织到社区运营

在传统培训中，老师是主角，学员被动学习老师讲授的知识。随着网络信息的日益丰富和企业培训管理水平的提升，"80后""90后"等新生代员工基本习惯于通过网络学习自己需要的知识，非新生代员工主动学习的欲望也越来越强。当前，很多企业培训基本进入主动学习阶段，即使是企业组织的现场培训，也越来越强调学员在课程前期、中期、后期要积极参与实践。

随着学习方式的转变，培训管理者的工作内容也发生了很大的变化，不再只是传统的培训组织工作，而是要搭建并运营高效的学习分享平台(社区)，不断发展粉丝并设法推动员工学习互动、总结分享各种经验教训，协助总结出最佳实践后进行推广。要运营好这个社区，培训管理者还需要不断了解各单位和员工的痛点，并组织开发令人尖叫的微课程(最佳实践)，引爆社区。

上述两个转变，有利于营造良好的学习氛围，提升学员的学习创造力。但它们仅是快速成长模式的一部分，要全部实现快速成长功能，还需要抓好人才开发和组织能力开发工作。

第三大趋势：从知到行

传统培训往往侧重于培训活动组织和知识点分享，没有安排配套任务，依赖学员训后自发应用，往往导致学员知而不行，效果较差。未来，培训课程强调以能力开发为目标，将十分重视任务包的开发，通过结合企业现状安排训前、训中、训后任务，确保学

员从知到行,有效转化能力。因此,企业培训积分制度可能需要优化,将晋升、晋级的门槛由一定的积分改为核心任务达标加积分的模式,而且为鼓励分享最佳实践,积分甚至可以用来兑换奖品。

第四大趋势:从人才开发到人才管理

传统的人才开发模式重点从人才发展通道、能力素质模型、学习地图、人才测评、个人发展、培养计划、积分制度等角度开展工作,力求系统地开发人才,激发员工的学习积极性,缩短成才周期,但该模式存在以下三个问题。

问题一:欠缺有效的晋级、晋升、淘汰机制和良好的绩效薪酬系统,人才不能获得良好的发展机会和相应的回报,而依靠积分设置晋级晋升门槛,更加剧了这种状况,导致优秀人才流失或者员工学习动力不足,人才开发效果大打折扣。

问题二:没有充分认识到任务对学习能力转化的重要性,课程往往知识点偏多,欠缺有效的工具模板和学习任务,员工仅仅停留在知的层面,未能有效转化为能力。

问题三:欠缺精益化的人才开发理念,可能开发了系统的关键岗位标准化手册,却未能总结出岗位攻略,员工难以把握岗位胜任的关键点,成才效率低。

现代企业大学的人才开发理念已经全面进入人才管理阶段,以队伍建设、人才速成、员工绩效提升为目标,形成有效的快速成长模式,需要制定人力资源管理各个环节的核心策略并负责人才管理的核心内容。未来,随着企业大学的发展,人力资源部可能逐步被弱化为策略执行部门。

第五大趋势:从培训管理到管理咨询

当前,绝大多数企业大学主要开展培训管理工作,但面临组织能力开发以及推进企业绩效挖潜等任务,这就要求企业大学转变角色功能,从传统的培训管理逐步上升到研究甚至咨询层面,成为企业的"大脑"或"智库"。随着企业大学的发展成熟,未来将有相当的企业大学具备内外部管理咨询能力。

17.3 新时代企业大学的特点

新时代企业大学具有八大特点。

(1) 企业性。企业大学在架构设置、人员配置、机构管理、课程设置、讲师配置、学员对象等方面都带有明显的企业色彩,因为它是为企业服务的,所以具备显著的企业性。

(2) 战略性。企业大学根据企业的发展战略布局、战略规划及组织架构优化要求,设计相关的人才培育系统并推动企业发展战略的实施,具有很强的战略性。

(3) 集成性。集成主要是指资源的集成,即企业内外部的各类学习培训资源都集中于企业大学,保证企业大学的资源充足并良好运行。

(4) 自主性。企业大学相对于其他职能部门来说,自主性很强,类似企业的一个项目,可以独立运行,并自主开发课程、挖掘培训讲师、开发新的培训项目等。

(5) 针对性。由于企业大学是为某一企业和企业战略伙伴服务的,故针对性十分明显。

(6) 实战性。企业大学基于服务企业战略实施和落地的目标,在导师选择、课程设置、课程交付等方面具有实战、实效的特性要求。

(7) 开放性。随着市场经济的快速发展,互联网让企业的区域化特征越来越弱,新时代的企业大学需要越来越开放、融合,方可获得成长与发展。

(8) 智慧性。随着信息化、人工智能的高速发展,新时代的企业大学需要借助强大的先进科技,提升智慧性,让学习、交付突破时空限制,大大降低育才成本,提升育才效率及培训成果转化率。

17.4 中国企业大学实践

17.4.1 中国企业大学发展现状分析

当今中国企业面临众多挑战和压力,其中一方面就是企业如何在全球化背景下进行转型变革,走上一条新的道路。在整体经济环境再平衡的背景下,客户需求结构调整和企业内部成本结构调整产生了企业转型的驱动力,决定了企业发展的新路径以及企业人才发展的新方向。企业大学是企业变革转型的加速器和推进器,在企业转型和创新时期,起着关键作用。

尽管我国企业大学发展迅速,但质量参差不齐,与先进国家相比,我国部分企业大学只重视硬件建设而忽视软件建设,虽然学硬件环境好,但在课程体系、信息化体系、讲师质量等方面的投入并不多,这种情况严重制约了企业大学的实质性发展,导致其无法对企业战略转型起到应有的作用。企业大学如何建设,建成之后如何运营,企业大学未来的发展方向是什么,这是摆在企业管理者面前的"三座大山"。

在我国企业自己建立的企业大学中,有很多都是有名无实,仅仅是将原来的培训部或者培训中心换了一个招牌而已。究其原因,仔细分析就会发现,很多企业都不适合建立企业大学,还不具备建立企业大学的前提条件,具体有如下表现。

表现一:企业的发展阶段暂时不需要企业大学

有些企业自身还处于市场开拓阶段,具体表现为业务不稳定、管理不规范、体系不完善等,在这个时候建立的企业大学只能是一个空架子,很难取得理想的效果。

表现二:企业的发展规模暂时不需要企业大学

部分企业在规模不是很大时就建立了企业大学,结果只发挥了培训部或者培训中心的作用,企业大学有名无实。

表现三:企业高层不支持企业大学

企业根据发展战略筹建了企业大学,之后高层领导更换或发生其他企业变革,新的领导不支持企业大学的发展,但又不能立即取消企业大学,于是,一些公司的企业大学便处于半死不活的状态,其发挥的作用也就可想而知了。

表现四:企业大学的经费来源不稳定

这个问题较为常见,尤其在民营企业里,由于受市场影响,当利润下降的时候,很多企业就会减少对企业大学的投入,从而中断了企业大学的持续运作与发展,给企业带来了非常不好的影响。

表现五:培训管理者的素质跟不上

企业大学管理者的素质要求很高,但现实中很多企业大学的管理者都是从其他部门调过去或者兼任的,这严重制约了企业大学的发展。

可见,企业在建立企业大学时考虑得不周全,或在不合适的条件或时机下建立了企业大学,都会导致企业大学难以运行,更难以发挥对企业发展的推动作用,甚至会成为企业的负担。

17.4.2 中国企业大学建设中存在的问题和挑战

当前,中国企业大学建设存在四方面的问题和挑战。

(1) 很多企业大学处于"挂牌状态",大学有了名字,但是一直没有实质内容。

(2) 有相当一部分企业大学在创办的时候,企业最高领导者并不知道企业大学应该建成什么样子。他们就模仿大学建教学楼、宿舍楼，建完了就将员工往里送，这个时候才发现不知道如何培训员工。

(3) 部分企业建立企业大学其实就是变相地建一个超级会所，用于接待上级领导或者其他各种社会关系。目前，这种企业大学大部分已被整顿。

(4) 还有的企业对企业大学的期望值太高，赋予了企业大学无法胜任的使命，导致其没有发挥出应有的作用。

第18章 企业大学创建与运营管理

企业创建企业大学有三大目的和十一大理由，这些因素不但可以明确创建企业大学的方向，而且可以作为评价企业大学建立成效的标准。只有明确建立企业大学的理由或者目的，并为之努力，才能做好企业大学！

"企业大学创建"中的"创建"，更多是指完成企业大学的顶层设计，即确定企业大学的愿景、使命、定位、服务对象、与人力资源部门的隶属关系及组织结构。

18.1 企业大学创建前期工作

18.1.1 明确创建企业大学的目的

目前，国内很多企业虽然挂了企业大学的牌匾，但并没有做企业大学该做的事情。究其原因，我们认为，主要是国内企业创建企业大学的目的与创建企业大学的三大根本目的有所偏差。

创建企业大学主要有以下三大基本目的。

- 培养人才。
- 推动企业转型及文化变革。
- 满足企业对技术提升的需求。

上述三个目的都可以通过创建企业大学来实现。每个企业在创建企业大学的时候都要结合自身的战略、发展阶段、环境、规模等分析实际需求，确立自己创建企业大学的目的并尽可能具体化。但是很多企业仅仅为了达到其中的某些目的而创建了所谓的企业大学，导致企业大学根基不稳，甚至创建目的不纯，形成了很多四不像的"企业大学"。这是企业大学实践者必须要避免的问题。

18.1.2 明确适合创建企业大学的企业类型

以下三种类型的企业适合创建企业大学。

类型一：企业有对外输出教育的业务功能

企业有对外输出教育的业务功能，特别希望把自己的文化、经验、管理理念以及盈利模式对外输出，扩大影响力。这时，"培训部"缺乏吸引力，而如果是"企业大学"，则会吸引很多上下游供应商、合作伙伴、客户慕名而来。

类型二：老板或创始人有教育情怀

企业老板或者创始人是有教育情怀的人。老板赚钱之后，想要实现更高的价值诉求和精神文化诉求。这时候，一般都会有帮助别人成长的情结。有可能是对内，也有可能是对外。这样的初心促使他发起成立企业大学，然后委托人力资源部或者培训负责人来执行，而自己也会乐在其中。

比如华为大学，有大量任正非参与的痕迹。他除了去讲课以外，还参与了修订课酬标准、制定课堂学习机制。可以看出，他有很强的教育情结和使命感。

类型三：培训职能专业性提升

企业培训职能的专业性会随着企业的发展而提升。无论是人力资源部，还是培训部，经过在组织内部多年的演变，其运营模式已经从课程模式进入知识管理模式。如果只是把课程形成大课表，不能称其为大学。但如果培训部门能把组织中的核心业务流程梳理出来，并且把流程背后基于场景的知识能力提炼出来，然后传播给其他员工，而不是让知识停留在某个人身上，就会形成公司内部的知识循环，从而构建动态知识管理系统。当人力资源部或培训部能把工作做到这个地步时，才能称为企业大学，因为它已经成为公司核心业务流程中必不可少、不可分割的一部分，它在企业中扮演的角色已经不再是一个普通的职能支持部门，而是一个非常重要的战略部门。

18.1.3 明确创建企业大学的理由

作为企业未来发展的关键战略，企业大学是企业发展到一定阶段必须建立的机构平台，创建理由有如下几个。

理由一：传统大学的课程不能满足市场需求

传统的大学教育偏重理论教育，传授的主要是通用的基础知识和技术，随着时代发展对人才需求的变化，传统的大学管理课程越来越不能满足市场需求。市场对人才的需求从单一的技术、学历型向综合能力、个性化、复合型转化，而传统的大学教育对学生的综合能力、个性化的培养明显不足，这一点在中国的大学教育体系中尤为突出。由于特殊的国情,中国的大学教育不可能实施单纯的精英教育,也不可能对每个学生进行有针对性的培养。而且,在大学学习的知识和实际工作中运用的知识往往有偏差,这也是很多大学生觉得自己所学的知识没有用的原因。企业大学可以弥补传统大学的不足,通过企业内部讲师和内部课程,针对企业的实际情况和特点,对员工或外部人员进行更有针对性的教育。

理由二:企业大学是吸引人才和留住好员工的工具

招聘和留住优秀的人才是企业成功的关键。除了高薪之外,人才越来越注重企业所提供的培训机会和成长空间。有人说"培训是员工最好的福利",优秀的人才十分注重学习和成长的机会,企业不仅仅是他们发挥个人才智的平台,还是他们不断成长的平台,企业大学提供的系统、持续的高品质教育对这些人才是极具吸引力的。

理由三:对新技术、新产品提升的需求

信息时代,新技术、新产品的更替速度是前所未有的。一个企业能否快速地开发或掌握新技术、推出新产品往往决定了企业的成败。那么,如何使员工跟上技术发展的步伐?如何使员工的知识结构与时俱进?如何激发员工的技术创新能力?答案都在企业大学里!

在企业大学中,员工不但能接受最新技术的培训,而且在这个教学过程中由于思想的激荡和碰撞可能产生新的理念和创意。企业大学的另一个重要功能——创新,可以使企业保持不断发展的能力,使企业在信息时代屹立不倒。

理由四:提高团队的综合素质

企业大学是一个能够实现平等沟通的平台,员工通过学习和交流,共享企业的信息、知识和经验。古语说"三个臭皮匠顶个诸葛亮",这些实操性强,贴近企业实际的信息、知识或经验,对于提高团队的综合素质很有助益。同时,在企业大学的交流互动中,团队成员之间会形成良性竞争,促使整个团队成员提升学习能力和学习热情,最终实现整个团队的综合素质的提升。

理由五:培养并开发领导潜能

企业大学最初建立时通常把中高层管理人员作为培训对象,一系列课程的设计也是针对不同层级的管理者,因此有助于企业培养和开发员工的领导潜能。另外,企业大学为员工提供了除工作之外的另一个舞台,在这个舞台上,员工可通过小组任务、团队协

作等学习活动充分发挥和锻炼自己的领导力。

理由六：企业转型及组织变革驱使

社会经济的飞速发展决定了企业只有不断创新和变革才能适应这样的环境，才能取得竞争优势。而被动地改变，照样会落后、会被淘汰，所以变革成为当今企业必须面对的重大问题，这就要求员工有全局化的视野和较强的适应能力，而这种能力的产生除了依赖员工自身的素质，还需要系统化、持续性的培训。在这一背景下，企业大学应运而生。

此外，企业大学还是转型和变革的推动者和领导者。例如，企业大学通过高层培训课程，让高层人员的思想交流碰撞，最终形成转型和变革的创意源泉。而且企业大学的培训和交流可以推动员工对变革的深刻理解，大大减小企业变革中的阻力。

理由七：树立企业形象

企业大学往往和"优秀""先进""创新"等名词联系在一起，它是伴随一个个卓越的企业出现在人们视线中的，如GE、摩托罗拉、HP等。企业大学是根植于企业之中的，企业的管理水平高，企业大学才能顺畅地运转。企业大学的创建本身就是对企业实力的一种证明，既包括企业盈利能力，也包括企业的管理能力和技术能力。因此，创建企业大学本身就可以树立追求卓越的企业形象，有助于企业不断进取、不断创新。

理由八：有效传播企业文化

企业文化宣传是企业大学培训体系中的重要一环。尤其对于新员工，企业大学更是他们初识企业的窗口，是他们感受企业文化的窗口。另外，企业大学也是培养企业文化的最佳土壤。企业大学是思想交流的场所，学员虽然来自不同部门，但凡是在企业大学培训过的人，会在潜移默化中形成一种共同的价值观和理念，这正是企业文化的体现。企业大学为员工营造学校的氛围，本身就是在向员工传递一种进取创新的组织文化。而企业大学对企业文化传播的持续性、体系性和多样性，也能弥补企业文化建设现阶段所面临的难以持续和不成体系两大难题。

理由九：强化企业战略思想的贯彻力和内部沟通能力

企业大学与传统培训部门的重要区别之一就是它能站在战略的高度为企业服务，而不是"头痛医头、脚痛医脚"式的应急式培训，所以企业大学从一开始的成立到各大系统的建立和完善无不体现企业的战略需求。很多高层领导者既是战略的制定者又是企业大学的教师，这样一来，战略制定者直接面对战略执行者，执行者接收到信息又可以直接和制定者反馈并提出建议，使战略信息的传递更加直接有效。同时，通过长期培训可使员工深刻领悟企业战略，并且让员工感受到自己参与了战略制定的过程，自然会使战略的贯彻力得到强化。

理由十：强化与企业供应链的伙伴关系

一个企业的管理能力不仅仅体现在内部控制力上，整合上游和下游供应链的能力对于企业的成功越来越重要。基于此战略要求，企业大学的培训对象不仅仅是企业内部员工，还会向企业价值链上的伙伴扩展，以支撑企业战略。企业通过企业大学对供应链伙伴进行培训，可以提高对方的工作效率或者技术水平，改善双方的绩效，使企业和伙伴获得双赢。同时，在培训过程中可以增进双方的了解和沟通，有利于形成稳定的战略同盟，改变零和博弈的对立思想。另外，通过企业大学的培训还有利于双方理解彼此的企业文化，促进业务的配合默契，从而提高双方的合作效率。

理由十一：企业重要的沟通平台

首先，企业大学能够为企业高层提供定期进行信息交流的平台。其次，企业大学的教师有很多是企业管理者，尤其是高层管理者，他们与下级员工在以师生关系为基础的交流中，能够打破传统的纵向层级界限，拉近双方的距离，更利于换位思考。再次，来自不同部门的人员在一起交流学习，能够打破职能部门的阻隔，从而打破横向界限。最后，不同地位、不同部门的员工在这里也能正确理解和尊重对方的文化背景，员工还能提出合理化建议，从而在企业内部建立一种融洽的氛围，有助于增强协作，提高管理效率，大大降低内耗。

当然，建立企业大学的理由远不止这些，随着企业的发展和经营环境的变化，其培训需求也会发生变化，但以上十一条是普遍适用并且在任何时候都能体现出优越性的理由。

18.1.4　企业大学创建工作立项

企业大学创建工作涉及人员层面较多，涉及部门及人员范围广，持续周期长，需经费支持，并且是具有战略性意义的重大举措，因此，为保证企业大学创建工作能顺利开展，正式开展企业大学创建工作之前，需要立项。企业大学创建立项申请如表18-1所示。

表18-1 企业大学创建立项申请

企业大学创建立项申请
尊敬的各位领导： 　　(此处概要撰写创建企业大学的背景与目的) 　　申请创建企业大学，可否，请批示！ 一、创建企业大学的必要性分析 1. 企业大学对于企业的意义和价值 2. 其他公司的企业大学创建实践 二、企业大学创建目的 三、企业大学创建工作成果 四、企业大学创建方式 五、企业大学创建团队 1. 领导小组人员及职责 2. 执行小组人员及职责 六、企业大学创建时间及进度 七、企业大学创建所需费用 <div align="right">××部门 ××××年×月×日</div>

18.2 选择企业大学创建方式

18.2.1 企业大学创建方式

企业大学创建涉及公司战略分析、经营目标分析、组织诊断、文化诊断、管理水平诊断等多种比较专业的工作内容，对创建者的专业性有一定要求，尤其需要创建者有较强的影响力，能够推动公司管理层及主管领导支持企业大学创建。因此，选择一种适合的企业大学创建方式，可以取得事半功倍的效果。企业大学创建方式如表18-2所示。

表18-2 企业大学创建方式

企业大学创建方式	创建方式介绍	特点
培训主管部门自建企业大学	培训主管部门不借助外部培训供应商的力量，自行开展标杆学习、调查研究等，以此创建企业大学	对培训主管部门的专业能力、事业开阔性、战略理解能力要求高。因企业大学创建工作的工作量较大，创建周期一般较长
共创式建立企业大学	公司核心高管及企业大学创建工作相关人参加企业大学创建工作坊，在引导师的引导下，针对企业大学的愿景、使命、角色定位、服务对象等问题展开研讨，进行企业大学的顶层设计，创建企业大学。引导师可以是公司内部员工，也可以是外部引导师	需要公司高管高度重视并能投入企业大学创建工作中，对引导师的引导能力要求高，创建周期较快
外包建立企业大学	将企业大学创建工作外包给外部培训公司，由培训公司开展企业大学创建的主体工作	外包费用较高。外部培训公司不清楚行业、公司业务、公司文化、公司领导诉求等信息，需要进行大量的访谈才能完成企业大学创建工作

18.2.2 选定适合的企业大学创建方式

每种企业大学创建方式都有各自的优劣势，选择适合公司及培训主管部门团队情况的创建方式，可以使企业大学创建工作取得事半功倍的效果。选择企业大学创建方式的影响因素如表18-3所示。

表18-3 选择企业大学创建方式的影响因素

公司及团队情况	建议采用的创建方式	自建企业大学	共同创建企业大学	外包建立企业大学
培训主管部门专业性强		√		
培训主管部门了解企业大学最佳实践		√		
培训主管部门战略理解能力强		√		
培训主管部门团队有一定规模		√		
高管重视企业大学创建工作，且能投身于创建工作中			√	
创建周期短			√	
创建费用充足				√

18.3 确定企业大学的服务对象

18.3.1 企业大学的服务对象

虽然企业大学因成立背景与所处的内外环境的差异,导致起点、性质与定位的多样性,但所有企业大学均需在第一时间明确主要的服务对象是谁、企业大学的客户是谁。

通常来说,企业大学有四类服务对象。创建企业大学时,要根据企业大学的创建目的及理由,确定服务对象。

第一类:服务于企业组织

企业组织是企业大学的第一服务对象,以此类人群为服务对象的企业大学的创建应基于组织的企业文化、商业模式、战略规划、组织架构、业务流程、生涯规划等要素,设计适合于企业的人才培育体系,通过系统化的育才措施,为组织培育在职业素养和能力方面可以胜任岗位的卓越人才。

第二类:服务于内部伙伴

内部伙伴是企业大学的第二服务对象,以此类人群为服务对象的企业大学的创建应基于内部伙伴所从事的岗位对职业素养、职业能力的要求及岗位成长的路径,设计相关实战课程,开发具备交付能力的实战导师,实施系统化的培育,全面提升内部伙伴的职业素养及职业能力,从而让内部伙伴能够有效履行岗位职能,并为人才储备、晋升夯实基础。

第三类:服务于战略伙伴

公司的战略伙伴是企业大学服务的第三类对象,以此类人群为服务对象的企业大学的创建应根据伙伴与公司的战略合作关系(供应、物流、品牌、服务、市场等)设计相关课程,对战略伙伴团队进行培训,提升战略伙伴的素养与能力,从而使其更加高效地服务企业成长,并通过培训输出,增进战略伙伴与公司的合作关系。

第四类:服务于其他人群

在企业大学有效服务以上三者的基础上,若有实力和能力,可以对外围其他人群开放,通过企业大学培训系统输出、公司案例输出,助力企业提升品牌影响力、知名度及开发战略合作资源。

目前,从企业大学的开放程度来看,国内已成立的企业大学以服务企业内部员工为根本工作，而未来两年内有升级(为企业大学)计划的培训中心在服务内部员工的同时，会更多地探索对外输出服务与产品的运营模式。

某公司对企业大学服务对象的调研结果如图18-1所示。国内外知名企业大学服务对象情况如图18-2所示。

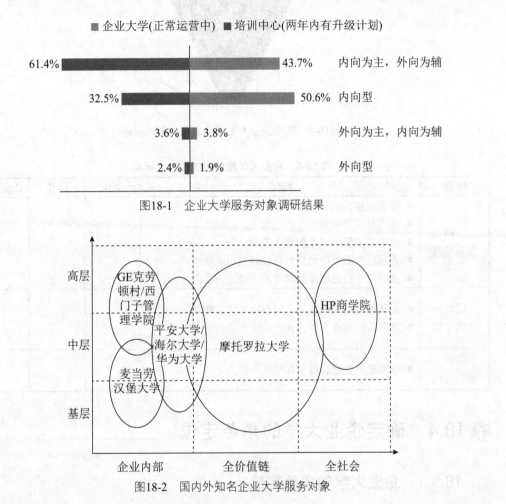

图18-1　企业大学服务对象调研结果

图18-2　国内外知名企业大学服务对象

18.3.2　企业大学服务对象的确定标准

为提高投入产出比，企业大学的人才培养投资侧重于"人才杠杆"，即侧重战略职位，聚焦重点人群，而非"撒胡椒面式"的均匀用力。其中，具有战略影响、绩效影响、保留影响的职位往往作为企业大学重点培训对象。确定企业大学服务对象的影响因素如图18-3所示。企业大学服务对象的确认标准如表18-4所示。

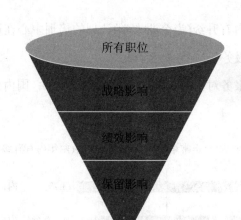

图18-3 确定企业大学服务对象的影响因素

表18-4 企业大学服务对象的确认标准

项目	描述	岗位	岗位	岗位
战略 影响度高	● 是否直接影响一种或多种战略能力 ● 是否直接影响新财富的创造 ● 是否直接带来成本的显著节约 ● 该职位在职者的错误是否会导致很大损失 ● 通过这一角色创造新财富的潜能是否有限			
绩效 影响度高	● 最高绩效和最低绩效之间存在多大差距 ● 该职位绩效提升能在多大程度上提升公司业绩			
保留 影响度高	● 该职位是否难以吸引和留住一流人才			

18.4 确定企业大学的角色定位

18.4.1 企业大学的角色定位

"它是一种战略性工具,其职责是通过实施个体或组织的学习活动,培养个体或组织的知识和智慧,辅助组织达成自身使命。"全球知名学习专家、《企业大学手册》的作者马克·艾伦这样描述"企业大学"。

设立企业大学的主要目的是提高企业的绩效和竞争力,其本质是要促进员工和组织快速成长,同时提升组织绩效。但是中国企业大学的"青涩"与"尴尬"在伯特咨询调研中被证实,具体表现为:87.3%的企业大学培训计划源于业务部门填报需求的简单汇总;企业大学对学习需求信息的获取和分析缺乏特定的方法和流程;将培训与人才盘点、个人发展计划、继任者计划等结合起来的企业大学不到7.1%；只有9.6%的企业大学的部分学习项目实现了课程培训与工作中学习和日常管理相结合，大部分企业大学开展的学习活动并未有效转化为企业绩效……

根据伯特咨询研究结果，企业大学的角色大致可分为四类，即变革推动者、员工发展顾问、业务合作伙伴以及培训事务专家。

第一类：变革推动者

以战略推动和变革为导向，帮助组织实现战略和业务转型。

第二类：员工发展顾问

和经理一起工作，解决员工绩效问题，并向经理和员工提供合适的培训项目或建议方案。

第三类：业务合作伙伴

以业务需求为导向，以投资回报的视角审视培训业务的开展，为业务增长做出贡献。

第四类：培训事务专家

组织每一次培训活动，为员工建立培训档案并做好记录、更新等管理工作。

伯特认为，每种角色都有典型特征。一般来讲，成熟的企业大学会根据战略和业务需求的不同，选择变革推动者、员工发展顾问和业务合作伙伴这三种角色作为强化点和发展方向，并且几乎每所成功的企业大学都具备其中一种或几种角色功能。

18.4.2　企业大学角色定位的确定方法

企业大学所承担的角色，往往源于"公司需要什么样的企业大学"这一思考。具体要思考的问题包括：企业当前业务发展面临哪些机遇和挑战？为支撑业务战略，打造组织能力，企业文化面临何种挑战？为落实战略，要求实现哪些关键能力转型？应重点打造哪些关键岗位人才？

企业大学创建者可以就上述问题访谈公司高级管理者(访谈提纲如表18-5所示)、人力资源部门主管领导(访谈提纲如表18-6所示)以及人力资源部门骨干员工(访谈提纲如表18-7所示)，根据访谈结果确定企业大学应履行的职能。需要注意的是，对上述三大访谈对象进行访谈时需各有侧重。

表18-5 公司高级管理者访谈提纲

访谈问题		访谈记录
前言	尊敬的领导： 企业大学建设项目目前已进入全面规划阶段，全面、深入、充分的访谈沟通是项目成功的基础和重要环节。为此，项目组将针对5个方面内容对您进行访谈。 1. 解读公司的战略和业务模式，解读公司战略发展的背景、目标。 2. 解读集团公司人才发展战略。 3. 集团高层对企业大学在战略目标、定位、未来发展规划方面的期望。 4. 从战略、行业和学员的角度说明对高管的培养期望。 5. 明确项目成功标准。 您所提供的真实、客观、全面的信息对我们下一阶段工作的开展起到至关重要的作用。 以下是此次访谈提纲，作为我们即将对您进行访谈的话题参考，您可以根据提纲中的问题做准备。 感谢您的合作！	
战略理解与落实	1. 您是如何理解战略目标的？ 2. 您认为要成功实现转型升级和战略目标，公司必须打赢的几场"战役"是什么？当前的现状如何？ 3. 您认为集团以及各产业单位需要怎样的组织能力才能保证战略举措的顺利实施？当前的组织能力还存在哪些不足？为实现战略目标，集团与产业单位之间应主要采用何种组织管控模式？ 4. 哪些关键人群对实现战略目标、打造核心竞争力起着重要作用？具备什么特质的人才是适应企业未来发展需要的人才？	
企业大学建设	1. 企业大学是培训职能的升级，也是支撑企业发展的重要战略工具。您认为成功的企业大学是什么样的？ 2. 从国内外实践来看，企业大学在战略落地、变革推动、产业升级、员工发展、绩效提升、文化传承、知识管理、供应链合作伙伴协同发展、学习型组织打造等方面可以发挥重大作用，您认为企业大学应该聚焦哪些核心角色？希望达成哪些目标？ 3. 基于当前的组织管控模式，您对企业大学未来对各业务板块的培训职能的管控有何意见与建议？	
高管培养	1. 在公司的组织层级中，您认为总裁级管理者和总监级管理者分别需要承担怎样的角色？在这些角色中，当前的高管在哪些方面比较出色？哪些方面亟待提升？ 2. 您在新任当前职务的一年内遇到哪些关键挑战？当下您又面临哪些挑战？您是如何克服的？ 3. 您认为为推动战略目标的达成，总裁级和总监级管理人员有哪些优势和劣势？在思维观念、领导能力、知识体系等方面应做出哪些转变？ 4. 您对高管培养项目在内容与形式上还有哪些建议和期望？与当前的高管培养项目相比，您希望在哪些方面有所突破？	

表18-6 人力资源部门主管领导访谈提纲

访谈问题		访谈记录
前言	尊敬的领导： 公司企业大学建设项目目前已进入全面规划阶段，全面、深入、充分的访谈沟通是项目成功的基础和重要环节。为此，项目组将针对以下4个方面对您进行访谈。 1. 解读公司人才战略。 2. 深入了解公司人才管理与人才培养现状。 3. 获取优秀人才培养经验，挖掘关键问题挑战。 4. 明确项目期望。 您所提供的真实、客观、全面的信息对我们下一阶段工作的开展起到至关重要的作用。 以下是此次的访谈提纲，作为我们对您进行访谈的话题参考，您可以根据提纲中的问题做准备。 感谢您的合作！	
人才管理与培养解读	1. 您如何理解公司的战略目标？这一目标对于您所在单位的人才提出了什么要求？ 2. 公司发展到今天，有哪些好的文化基因需要传承？要支撑未来的战略发展和转型目标，需要对企业文化做出哪些调整？ 3. 哪些关键人群对实现战略转型目标、打造核心竞争力起重要作用？具备什么特质的人才是适应公司未来发展需要的人才？贵公司在培养以上关键人才能力方面面临哪些挑战？ 4. 要支撑集团产业转型与战略发展，您所在部门的工作重点有哪些？为完成以上工作，需要哪些关键能力和资源支撑？公司当前的人才能力与资源情况如何？	
企业大学建设	1. 从国内外实践来看，企业大学在战略落地、变革推动、产业升级、员工发展、绩效提升、文化传承、知识管理、供应链合作伙伴协同发展、学习型组织打造等方面可以发挥重大作用，您认为企业大学应该关注哪些核心角色？希望达成哪些目标？ 2. 为实现一体化的人才发展，您认为企业大学与人力资源其他部门应该如何协作？为什么？ 3. 为实现集团培训的高效协同，您认为企业大学与各产业公司培训应该如何分工协作？为什么？	
高管培养	1. 在企业组织层级中，您认为总裁级管理者和总监级管理者分别承担怎样的角色？在这些角色中，当前的高管在哪些方面比较出色？哪些方面亟待提升？ 2. 您认为在推动转型升级方面，总裁级和总监级管理人员有哪些优势和劣势？为克服这些劣势，高管人员需要在思维观念、领导方式、知识体系等方面做出哪些转变？ 3. 您如何评价当前的高管培养活动？对此您有何意见和建议？您认为哪些培养方式更为有效？（面授、主题研讨、跨界学习、读书计划、导师制、轮岗、项目锻炼、高管当讲师或教练、移动学习等）	

表18-7 人力资源部门骨干员工访谈提纲

访谈问题	访谈记录
请您介绍一下您所在产业单位的岗位序列情况(包括岗位架构、关键岗位职责、岗位人员数量等)	
您认为哪些岗位(公司需要哪些岗位)对支撑当前业务发展起到关键作用?	
这些核心岗位当前有哪些人才缺口?对此,公司当前采取了哪些应对策略?	
您认为影响这些核心岗位绩效的关键挑战有哪些?	
从人才培养的角度看,您认为应该怎样安排这些核心岗位的培养顺序?(人才培养优先级)	

18.5 确定企业大学与人力资源部门的隶属关系

18.5.1 企业大学与人力资源部门的隶属关系

企业大学是企业发展到一定阶段时企业培训的最高形式,也体现了企业高管对企业培训的重视度。

关于企业大学的隶属关系,调研(调研结果如图18-4所示)发现,半数以上的企业大学是独立于企业人力资源部门运营的,为企业内外部提供培训服务。两年内有升级(为企业大学)计划的培训中心在职能隶属关系上有与现有企业大学保持一致的趋势。

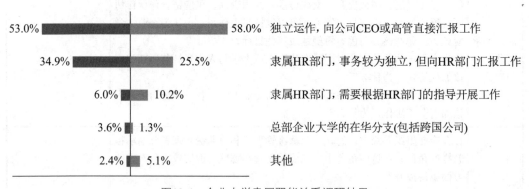

图18-4 企业大学隶属职能关系调研结果

综合考虑企业大学与HR部门的关系以及企业大学在人才培养中的职责,企业大学与人力资源部门的隶属关系有三种可选模式,即指导型、合作型、独立型。三种隶属关系介绍如图18-5所示。

第18章 企业大学创建与运营管理

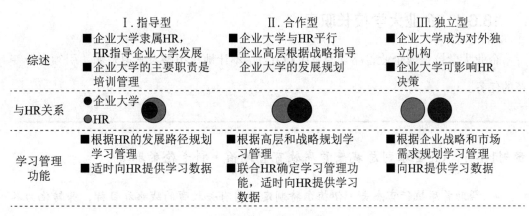

图18-5 三种隶属关系

18.5.2 企业大学与人力资源部门隶属关系的确定流程

企业大学和人力资源管理部门的隶属关系,要根据企业大学承担的角色、服务的对象等因素综合确定。企业大学隶属关系确认流程如图18-6所示。

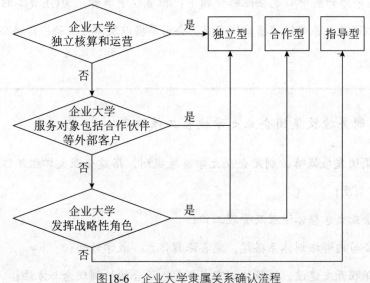

图18-6 企业大学隶属关系确认流程

18.6 设计企业大学的组织架构

企业大学建立内部组织架构,是其高效开展业务的关键环节。在建立组织架构前,必须考虑企业大学的业务架构。正如一家独立的企业一样,需要根据其业务的价值链来设计各个部门。

18.6.1 企业大学校长职责

企业大学校长或企业首席学习官(CLO)当仁不让地承担整合学习资源、引领企业变革的任务。

案例18-1　GE全球副总裁兼首席教育官鲍伯·科卡伦的职责

> 帮助首席执行官杰夫·伊梅尔特制定公司有关教育的战略和目标，并转化为具体的教育和培训措施；
> 负责全球领导力项目的培训，不仅培养GE今天的领导人，还要培养明日的领导人；
> 为GE全球员工提供定期培训；
> 为客户管理人员进行培训，帮助客户获得成功的同时，成就GE的成功。

韦尔奇领导力开发中心也在他的带领下，担负以下职责：为GE员工的成长与发展提供培训；向GE各业务部门传播最佳实践、公司举措以及学习经验；传播公司文化与价值观。

案例18-2　国美控股集团企业大学校长工作职责

> 根据集团发展战略，制定企业大学发展规划，搭建企业大学组织体系，制定和完善各项规章制度；
> 负责企业大学整体运营及管理工作；
> 负责公司内部培训体系搭建，完善课程体系、教学计划；
> 负责课程开发建设，根据培训需求，导入适合的培训理念与方法；
> 负责建设和管理企业大学师资队伍、培养优秀教师；
> 负责监督、管理、指导企业大学内部人员。

案例18-3　卡车之家企业大学负责人职位描述

> 负责根据公司战略、岗位和员工的发展需求，制定企业大学发展规划、经营战略、年度计划、预算方案及日常管理制度；

- 负责企业大学运营管理，根据企业大学不同发展阶段的需要，不断进行调整；
- 负责建立和完善商学院的培训模式及培训体系，并根据实际情况不断优化；
- 负责建立和完善培训课程体系，编写培训教材并建立相应题库；
- 负责建立并完善讲师体系，建设培训师资队伍，开发内部讲师团队；
- 负责公司人才培养和梯队建设工作；
- 负责协调和管理对外培训合作渠道；
- 负责公司企业文化建设、推广和传承工作。

18.6.2 按培训职能设立部门

按职能设立企业大学部门即按企业大学所承担的工作职能，比如课程研发、项目运营、师资培养等设立企业大学部门。

案例18-4　汉堡大学组织结构

汉堡大学组织结构如图18-7所示。

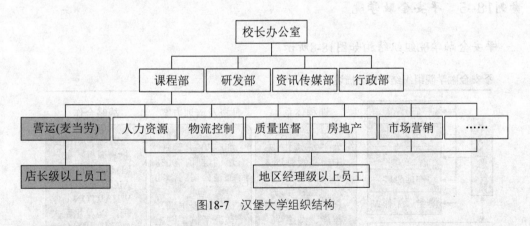

图18-7　汉堡大学组织结构

说明：
- 汉堡大学进行独立的成本核算，属非营利性机构，但略有盈余。学员的个人费用由区域调拨，非课程时间段其设施对外开放。
- 汉堡大学不仅负责麦当劳餐厅的营运培训，而且负责集团其他产业部门的培训。
- 课程开发以市场、企业战略及业务内容为导向，每年补充一次信息，每两年更新一次课程。

> 研发部将专家团(由麦当劳全球高层管理人员组成)提出的概念性内容转化为全球统一的课程。

> 咨询传播部负责培训体系内部宣传工作,并负责出版时事通讯等。

18.6.3 按培训对象设立部门

按培训对象设立部门即在同一所企业大学下设立不同的学院以满足不同服务对象的需求,如领导力学院、技术学院、营销学院等。

在各学院下可单独设立项目管理办公室及课程开发办公室,以更好地开展学院的专业活动。学院的地点与形式都不拘一格,根据战略需要来设置。例如,通用汽车大学除了在美国设立领导力学院、沟通学院、工程学院、金融学院及服务/市场学院以外,还在全球范围内成立了16个与其主要业务功能契合的学院。在中国,通用汽车和上海交通大学合作成立了"通用-上海交通大学科技学院",致力于技术研究、开发和培训等领域,向我们展示了企业大学如何才能更好地与企业战略相结合。

案例18-5 平安金融学院

平安金融学院组织结构如图18-8所示。

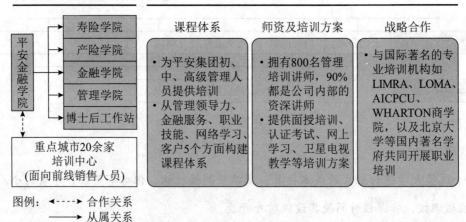

图18-8 平安金融学院组织结构

18.6.4　按培训内容设立部门

有很多企业大学按培训内容设立部门，如领导力学院、专业力学院、销售学院、通用力学院等。

案例18-6　华夏幸福大学

华夏幸福大学组织结构如图18-9所示。

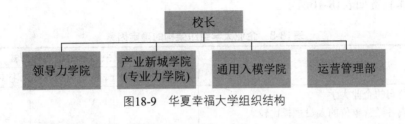

图18-9　华夏幸福大学组织结构

18.6.5　企业大学架构的确定因素

按培训职能、培训对象、培训内容设立企业大学部门各有利弊，宜根据企业大学服务对象规模、企业大学团队情况等因素来确定选择哪种方式。

一般情况下，对于集团型公司的企业大学来说，如集团下属各经营单位的人员规模比较大、企业大学服务对象群体比较大，更适合按服务对象设立部门。比如，前文提到的平安金融学院，其部门包括产险学院、寿险学院等。

公司规模一般且企业大学规模也一般的企业大学，或崇尚大学工作人员要成为某培训内容领域专家的企业大学，会考虑按培训内容设立部门。比如，设立销售学院、领导力学院、专业学院。但是这种企业大学部门架构必然无法对同一培养对象提供一体化人才解决方案。为了解决这个弊端，很多企业大学同时设置"客户经理制"，即由大学核心骨干工作人员兼任"客户经理"(角色，而非岗位)，作为正式组织架构的有益补充。由客户经理负责与客户对接，为客户提供一体化人才解决方案。比如，华夏幸福大学的正式部门包括领导力学院、产业新城学院、通用入模学院，同时设置了"客户经理制"。

按培训职能设立部门的企业大学越来越少。如果现有企业大学团队成员的能力有明显短板并且企业大学人员规模较小，比如现有团队只有几人，并且有的人只能做培训项目的运营交付、有的人只能做课程研发，这时可考虑按培训职能设立企业大学部门。

企业大学的部门设立也不是一成不变的，可根据企业大学团队成熟度、大学经营导向适当调整。万达学院成立之初按培训内容设立部门，即万达学院下设领导力中心、专业力中心，半年后调整为按培训对象设立，即万达学院下设教学一部(商业地产)、教学二部(酒店建设与酒店管理)、教学三部(百货与商管等)、教学四部(万达院线及大歌星等)。衡量企业大学组织架构的设立方式是否合理，其重要判断标准就是大学架构能否促进大学工作人员协同开展培训工作，为培训对象提供更专业、更及时的培训支持。

企业大学组织架构的确定因素如表18-8所示。企业大学组织架构如表18-9所示。客户经理工作职责如表18-10所示。

表18-8 企业大学组织架构的确定因素

现状描述	建议采取的组织架构模式		
	按培训职能	按培训对象	按培训内容
● 集团型公司的企业大学 ● 集团下属各经营单位的人员规模比较大 ● 企业大学服务对象群体比较大		√	
● 公司规模一般且企业大学规模也一般 ● 崇尚大学工作人员要成为某培训内容的领域专家			√
● 现有企业大学团队成员的能力有明显短板，或某方面能力突出但综合能力不强 ● 企业大学人员规模较小	√		

表18-9 企业大学组织架构

基本信息	大学负责人岗位名称		大学负责人直接上级岗位名称			
组织架构设置	【大学组织架构图】					
	岗位名称	编制	岗位名称	编制	岗位名称	编制
部门职责	大学职责					
	学院1职责					
	学院2职责					
	学院3职责					

表18-10 客户经理工作职责

客户经理	客户经理姓名	客户经理对接的培训群体
客户经理工作内容		
客户经理工作要求		
客户经理工作流程		

18.7 企业大学运营管理

18.7.1 通过"四基"手段提升企业大学运营管理效果

企业大学培训实施一般基于4个要素,即能力、任务、问题、绩效,通过立体化的"四基"手段来提升培训效果。

➢ 基于能力素质开展培训,着眼点是系统提升员工的综合素质和能力,但往往容易陷入知识迷宫,成为基于知识的培训。

➢ 基于任务开展培训,着眼点是通过任务提升来检验员工能力,但往往容易陷入虚拟任务迷宫,导致学员积极性不高且易浪费学员时间。

➢ 基于问题开展培训,着眼于通过解决本单位的问题改善绩效,然而容易陷入"芝麻"陷阱,即解决了局部问题却忽略了影响单位绩效的重大问题,对业绩改进帮助不大。

➢ 基于绩效开展培训,着眼点在于系统分析问题,通过培训解决影响单位绩效的关键问题,进而使绩效大幅提升,从这个角度来讲,更值得重视。

基于能力和基于任务开展培训的方式实质都是为了提升员工能力,基于问题和基于绩效开展培训的方式更强调通过实战提升员工能力进而提升企业绩效,并解决学员积极性不高的问题。

因此，一般应优先通过基于绩效的培训来解决重大问题，进而大幅提升绩效，再通过基于问题的培训解决企业内部中小问题。如果培训管理人员有时间，可以考虑借鉴系统设计能力素质模型，开展基于能力的培训，但培训前后必须安排相应的任务，确保学员将学到的知识转化为自己的能力。

18.7.2 以效果为导向，打造有效的培训模式

当前，确实有很多企业的培训管理者将大部分时间耗在培训组织事务上，并因这方面的强大能力而被称为"事务专家"，这无疑是个讽刺。培训是创造价值的工作，价值创造点主要集中在年度培训方案策划、重大培训项目策划与实施上，可以抓大放小，将所谓的事务工作简单化或者外包，聚焦在能创造价值的工作上。因此，企业有必要以效果为导向，从年度培训计划策划开始到重大项目策划、具体项目调研策划(培训转化方案)、培训前筹备(重点内容、演绎思路、讲师选择、营销推广、施加压力、学员准备)、训中实施(学习文化塑造、调动学员参与)和训后转化(行动计划、分享计划、辅导计划、督促实施等)等各个环节寻求最优方案，以打造高效的培训模式，避免"公开课""娱乐课""走过场"等情况。

18.7.3 以组织能力建设为导向，抓好重点项目，推进组织变革与绩效提升

除少数培训项目作为企业的福利可以不作要求外，其他培训一律以相关组织能力建设为目标，除了要系统提升团队(而非个别英雄式的学员)的能力，更重要的是要优化相关机制(资源、制度、氛围)，通过人机协同切实提升组织能力。也就是说，重点项目应采用大项目运作的模式，除了培训之外，还要组织同步诊断优化相关机制，并辅以学习型组织模式，系统提升团队能力，避免传统精英模式下因精英流失而导致的组织能力退步情况。

18.8 企业大学成熟度评估

企业大学必须有清晰的愿景、使命、角色定位及服务对象，才能更好地开展企业大学运营工作，履行企业对企业大学的期待。企业实际情况不同，企业大学的办学理念和指导思想也应有所不同，但有些共性指标能在一定程度上彰显企业大学的成熟度。企业大学可对照这些成熟度指标，有计划、有节奏、有重点地开展企业大学运营管理工作。

企业大学成熟度自评如表18-11所示。

表18-11 企业大学成熟度自评

企业大学愿景	
企业大学使命	
企业大学角色定位	
企业大学服务对象	

成熟度自评			
评估指标		自评得分 （1～10分，10分最高，1分最低）	目标分值
培训体系 完备性	领导力培训体系	1 2 3 4 5 6 7 8 9 10	
	专业力培训体系	1 2 3 4 5 6 7 8 9 10	
	销售力培训体系	1 2 3 4 5 6 7 8 9 10	
	通用力培训体系	1 2 3 4 5 6 7 8 9 10	
	新员工融入体系	1 2 3 4 5 6 7 8 9 10	
运营体系 完备性	需求评估体系	1 2 3 4 5 6 7 8 9 10	
	计划管理体系	1 2 3 4 5 6 7 8 9 10	
	预算管理体系	1 2 3 4 5 6 7 8 9 10	
	师资管理体系	1 2 3 4 5 6 7 8 9 10	
	课程研发体系	1 2 3 4 5 6 7 8 9 10	
	项目运营体系	1 2 3 4 5 6 7 8 9 10	
	效果评估体系	1 2 3 4 5 6 7 8 9 10	
	资源管理体系	1 2 3 4 5 6 7 8 9 10	
大学标杆 项目	战略契合度	1 2 3 4 5 6 7 8 9 10	
	协同支持度	1 2 3 4 5 6 7 8 9 10	
	运营有力度	1 2 3 4 5 6 7 8 9 10	
	效果彰显度	1 2 3 4 5 6 7 8 9 10	
	产品独创性	1 2 3 4 5 6 7 8 9 10	
	专业领先性	1 2 3 4 5 6 7 8 9 10	
	高管参与性	1 2 3 4 5 6 7 8 9 10	
大学组织 结构	结构完备性	1 2 3 4 5 6 7 8 9 10	
	人员齐备性	1 2 3 4 5 6 7 8 9 10	
	客户导向性	1 2 3 4 5 6 7 8 9 10	
	部门协同性	1 2 3 4 5 6 7 8 9 10	

第19章　优秀企业大学实操案例分享——京东大学

京东大学是用互联网思维驱动组织智慧分享的成功实践。

京东当时已有9万名员工，对于这样的规模，如果用培训班来推动内部知识传播是非常浪费时间和资源的。我记得刚到京东不久，京东要推800名经理的课程，我们调动了30名总监，用4个月的时间，把800名经理培训完。之后，我非常心疼，心疼什么呢？心疼我们动用了30名总监，我的团队里有两个人全天在做这件事情，而我们还有几万名员工等待培养，800名和几万名相差太多了，这意味着太多的人都无法通过参加培训班来学习。基于这种大量员工要在极短的时间内掌握新技能的挑战，我们开始了新的探索和实践。在这里，我介绍一下我们的一些做法。

19.1　京东TV

首先，我们做了一个产品，叫京东TV，它主要和老刘有关系（如图19-1所示）。老刘在2013年曾问道："我在外面做了很多演讲，公司内部的人能不能看到？"IT部门的人告诉他，员工看视频的端口关闭了。最后IT部门决定，通过开通专线的方式解决带宽问题。于是，京东大学和IT部门合作建设了京东TV。

图19-1　老刘有话说

我们也借这个机会，把知识搬到这个平台上，我们做的第一件事就是把老刘1.5小时的演讲进行碎片化处理，切成时长为5分钟、8分钟、10分钟的片段，之后再请"90后"同事为每个片段起一个吸人眼球的标题。我们之所以这样做，是因为我们发现尽管很多人特别想看老刘的演讲，但他很容易被其他事情干扰，看了几分钟就去忙其他事情了，却在内心定义我看过了，其实就看了5分钟。既然我们处于碎片化时代，还不如利用碎片化的工具来学习，所以我们就围绕这部分开始做爆款。

2013年7月30日，我们用一个月时间搭建的以知识萃取和传播为目的的京东TV正式上线。很多做培训的同行来找我，问我对培训的理解，我个人的看法是培训班的好日子即将过去，因为随着MOOC的到来，随着一对一、一对十的私董会的到来，大家聚到一起上课的模式即将过去。前段时间听说这样一个段子，有一个妈妈带着孩子来听课，这位妈妈说课程太好了，孩子却说："我以后再也不参加这种培训了，将来上班，如果公司要开培训班，我也坚决不去参加。"妈妈问为什么。他说："太浪费时间了，其实我只有一个问题，而老师下午3点才开始谈论这个问题，那我还不如上网查询。既然5分钟就能解决，我为什么要用一天的时间来学习？"

我现在越来越能体会到培训的价值，就是推动组织内部知识的流动，这种知识最好是鲜活的，是半年之内的最新知识，推动这些知识不断从人脑流向电脑再到云端，不断地从高手流向新员工，不断地从组织内部流向组织外部。其实，做培训的目的就是努力萃取这些鲜活的知识并加速其流动。

19.2 灯笼模型及实施

灯笼模型如图19-2所示。

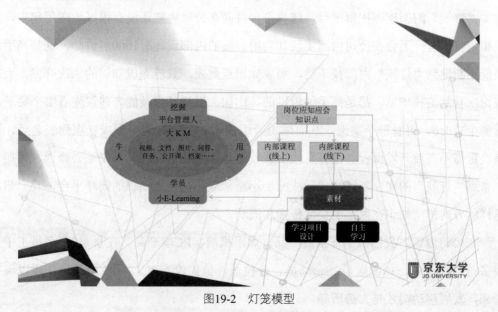

图19-2　灯笼模型

灯笼的底座，我们称它为E-Learning。E-Learning应定义为必修课，具体是指必须学习和考试的岗位应知应会，即员工加入这个公司、转入这个部门、走上这个岗位，必须提前要学习这些课程，考试要超过80分才能上岗，无人例外。

那么，选修课、碎片化的东西放哪呢？我们可以放在较大的知识共创平台(如图19-3所示)——"灯笼"的肚子里。我曾与公司CTO沟通，能不能在公司内部建一个统一的平台，把所有的知识都放在这里。CTO说："现在每个人的学习习惯不同，有的喜欢看视频，有的喜欢微信、论坛、E-Learning，所以不必做统一平台。"于是我们就把视频、文档、微信、论坛、E-Learning这几种学习形式并存放在任意位置，然后在平台底层用数据打通，用类似积分的形式，记录每个人在每个平台的学习、贡献、分享、转发等情况，以此标识每个人的贡献。

图19-3　京东大学的知识共创平台

"灯笼"的上座叫挖掘平台，这块平台目前在公司内部还没有很好地应用起来，但我相信将来有一天会在公司内部实现其功用。我们内部现在有1000名讲师，这些高手如果能不断地到"灯笼"内部找干货，形成知识点列表，就能完成知识的二次开发。大家在论坛看到的精华帖，都是高手编辑过的。比如，围绕某项技能，建议先看哪个帖子，看哪个Video，再看哪个案例，从而缩短新手摸索学习的时间。形成知识列表之后，再来决定需不需要开发课程，是开发线上课程还是开发线下课程。如果是必修课，再循环丰富到"灯笼"的底座，这样就形成一个不断萃取公司内部知识的闭环平台，我们想用这样的方式推动知识在内部的快速传播和流动。

在公司内部，我们做了一系列产品，如手机端、PC端产品。在京东9万名员工中，很多是一线员工，如配送员、仓储员、分检员，他们没有PC，只能用手机。所以现在看来，发展移动端才是大势所趋。

此外，我们还有视频平台、文档平台、直播平台、E-Learning平台等各种各样的平台，都能推动员工参与学习。

下面，我们来介绍一下这些平台的运营情况。

(1) E-Learning平台。E-Learning平台的运营成果如图19-4所示。该平台有780门课程，我们现在逐渐把通用课程拿掉，丰富公司内部开发的岗位必修课，让课程尽量"瘦身"，越精简越好，实施考试1593次，参与学习503 039次，达到194 416学时，这是这个平台的使用情况。

图19-4　E-Learning平台运营成果

(2) 京东TV视频平台，如图19-5所示。

图19-5　京东TV视频平台运营成果

京东TV视频平台的内部传播力度非常大，有170万人次的点击率，这说明平台的黏性很强，内容主要包括两部分：一部分是基于老刘、公司高手的演讲做的碎片化视频；另一部分是员工自己贡献的视频。

(3) 京东文档平台，已于2014年下半年上线。文档平台运营成果如图19-6所示，总文档多达1.45万份，总浏览量13万人次，最有价值的文档下载10万人次。推广文档平台时，我们没有采用主通道方式推广，而是采用产品引爆的方式，让一小部分人先使用，再迭代改进，慢慢把产品越做越好，使其口碑越来越好，这时再实施主通道宣传推广，而不是一开始就用行政命令要求所有人学习。

图19-6 京东文档平台运营成果

(4) 视频直播平台。视频直播平台运营成果如图19-7所示。直播课程多达1000门，到场人次近40万人，直播时长达1419小时，直播系统应用场景是对8万商家的学习课程直播，通过直播平台，把更多的课程分享出去。

图19-7 视频直播平台运营成果

(5) 京东微信公众账号。京东微信公众账号运营成果如图19-8所示。该公众账号有16 000多个粉丝，最开始是以文章的方式推广，现在也尝试用语音、视频等方式来运营内容。整个公众号的运营由"90后"员工团队负责，他们很擅长这方面的工作，效果不错。

图19-8 京东微信公众账号运营成果

19.3 在线学习平台建设的三个核心

在线学习平台建设应围绕三个核心来进行，如图19-9所示：第一个核心是功能建设，第二个核心是内容设计，第三个核心是运营推广。很多公司将运营推广放在第一位，但如果产品不好，还进行全员推广，将会导致非常大的灾难，所以关键还是产品要好。

图19-9　企业建设在线学习平台的三个核心

19.3.1 核心一：功能建设

总体来说，对于功能建设我们可从两个方面来定位：一方面是监控，对所有人提出强制要求；另一方面是开放，使用方、参与方都要开放。很多人都说UGC(User Generated Content)时代到来了，一开始我也相信，只要给员工合适的工具，员工就能创造好的产品，但后来我发现员工还是不愿意把一些东西拿出来。我认为，员工可能遇到了两个障碍：第一个是员工太忙了，没时间整理和提炼；第二个是员工的段位偏低。我把员工分为4个段位，每个工作岗位上都有新手、成手、教练、高手。一段、二段的员工，很难萃取具有高传播价值的知识，只有三段的人才有萃取能力，而这些人往往没有时间参与。

对此，我们可以借鉴腾讯提出的灰度发布(如图19-10所示)——不要太完美，达到60%~70%的程度就发布，先在小范围内发布，吸引第一批粉丝参与，把用户拉进来一起做产品。因为有时候我们自己想不出问题，只有让更多的人参与进来才能暴露问题。

此外，产品的迭代开发(如图19-11所示)要特别快速，所以我们和研发团队的合作非常紧密。给大家举个例子：京东TV有两个版本，一个是1.0版本，倾向一层一层地展示；另一个是2.0版本，有更多的栏目、更美观的设计、更好的操作，每个人都能在页面中看到更多他感兴趣的知识和内容，更便于学习和浏览。

图19-10　灰度发布

图19-11　灰度开发

在整个学习产品开发过程中，我们有一个体会，就是全程都要重视用户体验。还要遵循三项原则，即界面简单，易查找、操作简单、不复杂、工具强大且好用。总之，产品的特征越简单越好。举个例子，员工通过京东TV上传Video，用手机把工作记录下来，大家点赞就会获得相应的积分。在1.0版本中，你要写很多字，写明主题是什么、关键词是什么、视频的文字描述是什么，然后才能上传这个Video。我们后台监控显示，很多人写完标题就不愿意继续写了，他们都觉得上传Video很麻烦。后来我们做了界面改版，在2.0版本中，能单击一次完成的操作，就不需要单击两次；能在一页内完成的内容，就不会跳转到其他页面。让员工先上传Video，再填写资料，员工会更容易完成。

还有一点，好用之外，还要好看。我们现在更注重视觉画面，注重视觉感官。页面会让大家有更好的感官，好的画面会吸引更多人观看，尤其是在知识型员工及年轻员工居多的企业。例如，我们京东有个主题为安全的课程，背景人物是都敏俊，标题为"快来救我"，点击率很高。

在设计过程中，我们要尽量避免大而全的陷阱。在京东有个VP，他曾经在美国两家公司工作。他在微软的时候，做了一个非常好的产品，领导非常重视，安排了1个亿美金的预算，200名员工耗用5年的时间把项目做出来，但是产品出来后，市场反响一般，因为市场需求变了。后来，这位高管去了亚马逊，也遇上非常好的机会，领导没有增加预算，但增加了人手，用资源有限、小步的方式做产品，当有客户反馈说产品很不错时，领导就会再投入人力和财力资源，到最后产品做出来，公司累计投入1亿多美金、200名员工，但是通过小步迭代的方式，每次都拿产品和用户见面，最终效果非常好。

现在这个时代讲究"小、快、灵"运营，而不是"大而全"运营。很多企业在推出产品时，做了大量的规划，却迟迟拿不出东西，导致错失了很多市场机会。

从实践来说，京东的员工都很繁忙，真正的UGC时代还没有到来。目前，我们会精选视频主题，使用一些外部资源，点击率会很高。当然，我们也会留下UGC入口，相信随着时代的变迁，会有越来越多的年轻人参与进来。

19.3.2　核心二：内容设计——你需要一个"爆款"

做内容设计时，需要有一个爆款（如图19-12所示）。比如，我们有一个公司内部App"京ME"，上线了上班刷卡功能，这个功能员工每天都会用一次。这个时代就是高频打低频，如果你做的产品大家半年用一次，不会有市场。比如，微信号称现在每天用5次以上的用户有两亿人。在京东内部，我们发现老刘本身就是爆款，我们会经常把老刘的最新发言发布到平台上，以吸引更多人关注。另外，我们会围绕公司重点话题发起知识众创，比如京东的"6.18"，有一部分人不了解"6.18"，我们通过内部员工提问、内部员工回答，形成一个知识手册，叫"6.18不大全"，在"5.18"之后发布。这时，员工往往焦头烂额，会更愿意看这个册子。

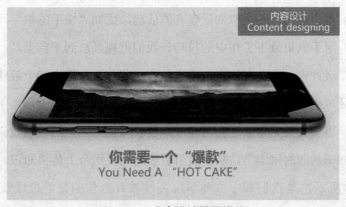

图19-12　内容设计需要爆款

现在年轻人越来越多，在压力大的时候，他们更喜欢以轻松的方式来面对。所以，我们尝试用娱乐的方式制作和传播学习内容。例如，我们正在策划"职场极品"系列视频，把公司内常见的、搞笑的、好玩的东西拍成小视频，以此推动大家更多地点击、更积极地学习。除此之外，我们还会举办一些书籍限时免费抢的活动，以此增强员工的参与感。

19.3.3 核心三：用平台化思维运营推广

平台思维如图19-13所示。在产品运营过程中，我们讲究从市场化的角度来设计产品、推广产品。比如，小hi发布会现场加入了很多市场元素，安排了很多互动、规划了情感路线等。其实，把这些元素加在一起，已经不是单纯的上课和"我说你做"的训练模式。在京东，我们做过一个"大咖谈营销"的产品，请10名公司营销高手，通过现场MOOC传播。其实，这是一门普通的公开课，但因为我们站在市场的角度进行包装，对参加者和听众形成了强烈的视觉冲击。

图19-13 平台思维

另外，我们也会组织一些类似知识竞赛的活动，比如"快手酷拍"，我们鼓励配送员在工作之余，用手机记录下工作中的技巧。我们把视频放到平台上，点击率排在前50的员工进入第二级评审，由总部的人做评委，背对背打分，选出10个最佳作品。在这个过程中，很多区域提交视频后，会为员工通过拉票的方式点赞，无形之中就把视频网站的热度炒起来。很多人投完票后还会习惯性地看看其他东西，这就是我们所说的"用平台的方式营造知识共创的氛围"，从而吸引更多的人在平台上传播知识。

如图19-14所示，是我们和中欧商学院在线教育合作的新经理成长营项目海报，通过宣传，让所有人知道，参与学习为期3个月的中欧品牌课程，通过考试后会获得电子证书。

图19-14 新经理成长营项目海报

我们特别关注早期用户,特别是粉丝这一部分。换句话说,任何产品如果没有用户的参与,很难成功。所以,我们会采用邀请粉丝共创的方式进行。一开始,我们往往通过线下拉粉,也就是我们所说的O2O模式,这是因为线上拉粉丝难,而线下拉粉丝容易。

所以说,培训班第三位功能才是学习知识,第一位功能是吸粉,让线下学员留下更好的印象,形成更好的互动关系。一般来说,粉丝喜欢尝试新产品,也会帮你进行口碑宣传,所以一定要经营你的粉丝,让粉丝成为推手,通过粉丝扩散产品影响力。第二位功能是连接,设计各种活动连接学员与学员之间的关系。在培训过程中尽量安排不同的部门在一起活动,创造更多的连接,才能产生各种可能。

19.4 对话栏目

对话栏目(如图19-15所示)是我们主打的学习产品,共采访200多位总监,一周一期。嘉宾用20分钟回答5个左右的问题,内容涉及部门架构及在公司的定位、部门和公司战略的关系、当年部门的三项重点工作、与其他部门的协同关系、对公司的祝福和期待等方面。起初做这个学习产品,我们只是希望感兴趣的人观看,但是推出后,每周累计有8000~15 000人次的点击率,受到很多同事的关注,他们会主动和我们联系索要相关视频并主动向本部门同事推广。同时,也有其他部门人员看到后,主动联系我们,要求为他们拍摄相关的节目。

图19-15 对话栏目

19.5 螺丝系统LOS

最后介绍一下京东的螺丝系统LOS(如图19-16所示),这个系统用于整合每个人的学习成长积分,我们正在创作"京东年级"积分标识。我们发现,很多人来京东,一方面是为了京东的薪酬及晋升发展机会;另一方面是想来京东学东西,而学习本身就可以创造价值。所以,与其浑浑噩噩地熬时间,还不如努力提高京东年级,在京东工作一年半,你实际将获得三年级的成长经验。如果员工认可"京东年级"这个概念,我们就可以参与更多的项目,员工只要把自己工作中的Knowhow变成视频、案例、文档,就能拿到学分。京东年级的学习记录单,相当于每个人在公司发展的梯队证明,我们用这样的方式推动学习生态的建立。如果没有员工的深度自愿参与,就很难建立学习平台。京东培训学习运营管理平台如图19-17所示。现在,我们也在做基于手机端的培训,旨在让更多的人用手机参与更多的学习和互动。

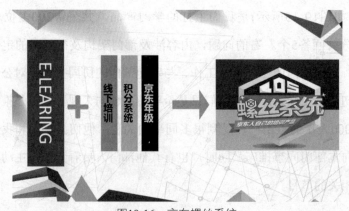

图19-16 京东螺丝系统

图19-17　京东培训学习运营管理平台

我们相信,未来的企业一定是敏捷和智慧的组织,企业大学要用互联网技术推动这种"万众创新"的组织生态的建立。

第20章 做好企业大学的经验和展望

20.1 学习新生态的五大趋势

20.1.1 课堂生态化

生态化教学是在生态概念的影响下形成和发展起来的,它认为学习是一种生命存在的形式,始终处于发展变化中。生态化教学是和谐的生态体系,系统内每一个事物均相互影响,学生在获取知识并寻求个人意义的同时,必须要在他所处的生态体系内寻求平衡,以维持生态层的平衡状态。生态化教学的出现促使我们使用新的思维方式审视教育,并促使我们重视教育中长期缺失的东西,即关注人的生命特质。

在学习的过程中,我们要从学习场域慢慢向工作场域转变,这是做有效培训的重要途径或者方式。

图20-1是培训中常用的721模型,它的理论基础是,在培训过程中,70%的学习成果都在工作中得到,那我们为何不把主要的资源、主要的精力放到那70%上来提高我们的培训效果呢?所以,不管是做培训项目设计还是做课程开发,我们都要把目光集中到工作场域上来,衡量培训对工作有无帮助、能否解决问题以及能否提高绩效。

721模型——以终为始,关注焦点的转换

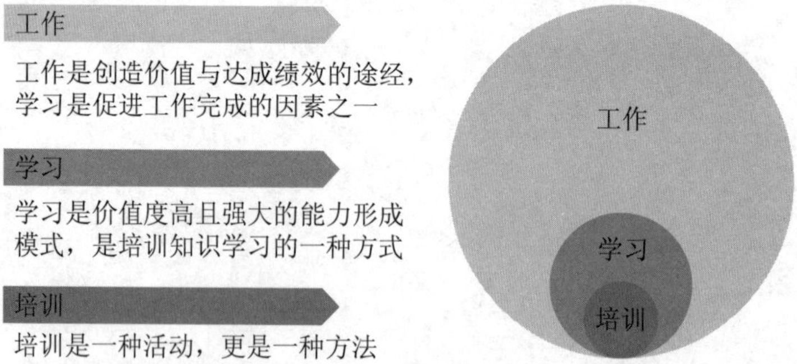

工作
工作是创造价值与达成绩效的途经,学习是促进工作完成的因素之一

学习
学习是价值度高且强大的能力形成模式,是培训知识学习的一种方式

培训
培训是一种活动,更是一种方法

图20-1 721模型

课堂是做培训的重要舞台,那么,如何加入更多的因素才能使其达到生态化?我们先来看一下课堂的四大功用(如图20-2所示,重要性依次递增):第一,学习知识和技能;第二,建立各种连接;第三,形成粉丝关系;第四,从已知进入未知。

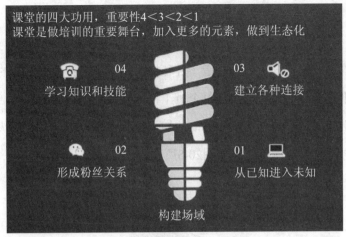

图20-2　课堂的四大功用

学习知识和技能是当前课堂最主要的价值体现，但从生态视角来看，却是课堂最低级价值的体现。

在课堂中建立各种连接也非常重要。腾讯有个"连接大于内容"的说法，它告诉我们，在课堂上建立学员与学员的连接、学员与老师的连接比灌输内容更加重要。想要获得成长，不能仅靠看书，还要认识一些人，并与其形成一种关系。当进入关系的层次后再往下走，就变成了构建场域，从另一个角度推动人的成长。

而人与人之间最强的关系就是粉丝关系，即学员喜欢老师或者学员之间互粉。上课就是一个吸粉的过程，在训前、训中和训后之中，真正有价值的是训后，学员行为能否改变、工作绩效能否提升，都发生在培训后离开老师的那个阶段，靠培训形成的铁粉往往行动力极强，不用号召即可自发行动。

培训最大的价值就是引导学员进入未知领域，从而收获更多的东西，并在这个过程中有所突破。成长课堂生态化作为一种后现代的教学方式，体现了人性与学术的结合，形成"协同""灵活多样"等互联网模式下独有的特点。从生态环境的角度来看课堂，会发现课堂的每一个单位都被赋予了更多样的角色，任务生态化的核心，就是没有主角和配角之分，每个参与的元素和个体都是关键而不可或缺的一部分，在环境中寻找并发挥自己的作用。讲师不仅仅是课程的传授者和知识的传播者，还要负责课堂模式构建，而学员也不再是被动的学习对象，而是课堂学习成果的主要创造者。我们相信课程的成果并不是讲师传递所讲的内容，而是在课堂上，每个学员通过自己不同的构建基础吸收了讲师所讲授的内容后，重新聚合而成的知识和技能体系，每一个个体都获得了符合自己需求的成长和变化，这也正是课堂生态化的核心价值体现。

20.1.2 动态知识管理

动态知识管理就是在公司内部打造一种环境，让每个人把他们掌握的知识都贡献出来，放到一个平台里与他人互动，让每个员工都能接触到组织内部最鲜活的知识，而不是书本上、商学院中、来自外部的和陈旧的知识。所以说，在公司内部快速萃取并传播知识，就是动态知识管理的价值，如图20-3所示。

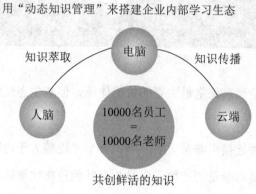

图20-3　动态知识管理

在过去的企业经营中，由于知识对于企业经营的贡献难以显现，再加上企业缺乏能够正视企业知识的机制，导致企业知识的价值被明显地忽略了。但知识在企业资源中扮演的角色越来越重要，因此企业知识管理也就成为知识经济时代对企业的基本要求。

对企业知识实施动态管理是为了快速响应市场机遇，反映市场变化，是具有敏捷性和动态性的一种管理机制，是对企业各种知识的一种连续管理过程，以解决和利用企业已有或新获取的知识资产，从而为企业开拓新机遇。企业动态知识管理实际上是运用企业群体的知识和智慧的整合来提高企业的应变能力、创新能力和可持续发展能力。

组织中大量的知识储存在员工大脑中，想要把人脑知识萃取到电脑中变成PPT、流程图、SOC/SOP、工作指引，就需要教会员工做复盘提炼。另外，还需要设计合理的机制，以鼓励员工把个人电脑中梳理出来的鲜活知识放到云端，变成公司内更多员工共有的知识资产。完成这个路径后，才能实现知识萃取和知识传播，才能推动更多员工参与知识共创共享，从而实现人人为师的目标。

人不一定是靠谱的，而人脑里的知识是靠谱的，只有把人脑里的知识萃取出来并用于组织运营，才能增强组织能力。所以，做培训的人要进入知识管理层面，并且要保证能在组织里找到最鲜活的知识，因为真正与企业内部相关的知识在网上是找不到的，要想办法把这些知识沉淀到公司内部平台上。

动态知识管理核心是"灯笼图",如图20-4所示。底座的"小E-Learning"是员工应知应会的核心内容,中间是大量的素材库,上端是"挖掘平台",供内部讲师用于课程开发和迭代。其中,比较重要的是对素材的积累,这些素材不一定都要开发成课件形式,还可以是工具模板、话术、案例等多种形式的资料。

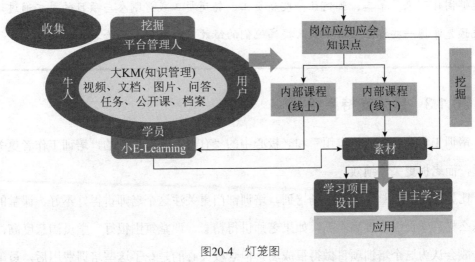

图20-4 灯笼图

知识萃取能帮助员工学会经验沉淀,让大家把实践经验提升到知识层面,并靠机制保障员工愿意做这件事情,如使用积分制。如果学习管理部门能打通这个通道,就意味着公司有多少员工就有多少"老师",这样的"老师"无须具备很好的讲台呈现能力,只要能指导新人解决工作中遇到的问题即可。

在公司内部做培训和知识管理的员工的核心工作就是搭建和运营这样的内部系统,让公司中越来越多的员工愿意把最鲜活的、外部查不到的知识都沉淀在平台上,从而提升影响力,推动组织知识的动态化。

案例20-1 万达酒店业态模块化知识管理

第一步,实现知识沉淀。

这个业态的管控体系分为9个大阶段和51个子阶段。

我们将所有的知识点和模块化关键点连接起来,保证每个大阶段和子阶段的核心工作能通过这样一个体系串起来。既对以往的业务做了一个全面的梳理和沉淀,又可以使这些知识不断地迭代,从而为企业创造价值。

第二步，实现智能化推送。

透过一个模块化的知识体系，预先给即将进入下一个工作阶段的学员推送他所需要的知识，既包括应知应会的关键知识点，又包括这个岗位的最佳工作时间以及这个岗位容易发生的一些风险。

这样的项目设计解决了业务部门的具体问题：第一，知识如何积累，成功的做法如何能够固化下来。第二，如何让一些新员工、转岗员工或者刚参与项目的员工通过培训系统预先掌握一些标准做法，从而提高他们的绩效，降低用人风险。

20.1.3 绩效支持系统

培训工作者认为的"有用"和老板心中的"有用"是有差别的，培训工作者更关注课堂，而老板更关注绩效。

比如，对于一堂课或者一场培训，培训部门更关注这个老师讲得好不好、课堂的气氛怎么样、学员满意度高不高。如果老师讲得精彩、课堂氛围很好、学员满意度高，我们一般会认为这个培训项目做得很成功。但老板关心的是花了这些培训费用后，员工的工作效率有没有提高、解决工作问题的能力有没有增强、绩效有没有改善。

一方面，在企业发展的过程中，组织不断地对员工提出更新、更高的要求，也就是说，组织希望员工有更新、更强的能力。新能力的形成过程是动态的，因为组织、战略是在不断发展和变化的。在这个过程中，就需要企业大学能够跟上组织战略的要求，成为组织战略落地以及推动组织战略变革的工具。

另一方面，我们在选择和匹配培训内容的时候也要更关注其对于绩效的影响和促进作用。培训一直面临的比较大的尴尬是培训过程可以做得热热闹闹，但说到实际效果时大家都不好评价。很多培训从业者非常勤奋，因为他们都明白"你有一桶水才能给别人一碗水"的道理。他们非常喜欢博览群书，因为看完这些书，才能在课堂上有谈资，却忽略了提升员工绩效表现的最短路径。

什么是"最短路径"？就是指员工在工作中遇到问题时，能不能快速找到答案。这些答案可能存在于某本书中、某堂培训课上，但这些路径太长。员工常常自主采用的最短路径是网络搜索、打电话、请教同事、微信求教高手、查找公司知识库等。这些就是员工解决绩效问题时所依靠的绩效支持系统。优秀员工与普通员工的差异就在于此！优秀公司与普通公司的差异也在于此！优秀公司会搭建动态、鲜活的公司知识库，提供公司内的专家名单和联系方式,按员工工作场景中常见的问题,提供标准的表单、工具和论术,并能按场景实时推送到员工的邮箱、工作流、手机端。

现在,随着AI、人工智能技术的发展,很多黑科技都会很快应用到企业绩效支持系统中。

例如,在腾讯未来科技大会(如图20-5所示)上,人类行为专家Waber分享了一种智能胸卡,这种胸卡会记录每个人的言谈举止,还会通过人工智能技术针对其行为提出建议。当这个胸卡做到这一点的时候,它就是人的贴身教练。

图20-5　腾讯未来科技大会

促使人成长的最好办法,就是有一个高手作为贴身教练,随时纠正自己的行为举止,告知自己什么是正确的,这样人的进步就会特别快。传统的大课堂的方式很难解决个性化的问题,但贴身教练能解决。基于这种技术,每个人还能把自己的经验导入芯片传导给其他新人,这是我们所说的未来世界的学习。

20.1.4　知识的场景化运营

目前,很多企业的培训部门及培训经理的角色定位正在发生变化。例如,培训中心改为企业大学,培训经理变成学习发展经理、人才发展经理、组织发展经理,企业内部讲师、培训师转变为引导师甚至内部教练等。这一系列变化就是为了应对未来动态变化的工作场景。在这全新的形势下,我们追求的不再是通过提高指挥部(总部)领导者的战略能力以及大多数人的专业执行能力做好事情,而是提升全员的综合素质和综合素养,培养员工的整体作战能力。那么,如何系统提升全体员工的素养和能力呢?这就涉及培训工作者应具备的两大新思维模式,即产品经理思维模式和运营经理思维模式。

第一类：产品经理思维模式

基于组织分析，明确哪些知识全部员工都需要掌握、哪些知识部分员工掌握即可、哪些知识内部员工需要掌握、哪些知识外部客户也需要掌握，据此进行梳理和分类，构成两维度的四格表，形成4个主题，从而明确应针对哪些人群以及组织对他的要求是什么。

然后进入用户层面，基于场景为内部员工画像，明确他们现在是什么样子、将来应该是什么样子，再基于员工状况和组织需求一起讨论：作为学习发展部门，能帮公司做些什么？从而设计出一系列有趣好玩的模式。我们发现，随着互联网技术的应用，将来培训课程会越来越少。

第二类：运营经理思维模式

用户运营就是要不断研究用户的行为习惯，维护他的感情，引导用户自传播，把雪球越滚越大，从一个用户、一个粉丝，变成一百个用户、一千个用户、一万个用户。

橄榄球模型(如图20-6所示)把用户分为三类，即铁杆粉丝、普通粉丝和僵尸粉丝。一个培训项目应该更关注哪类用户呢？一定要关注公司最关键的领导吗？其实未必，如果领导是一个僵尸粉丝，浪费大量时间和精力在他身上，未必能推动培训项目顺利进行。

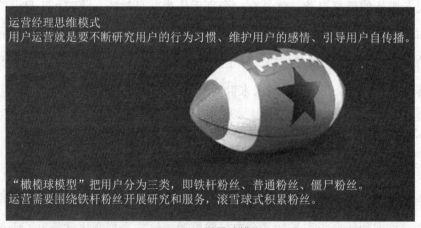

图20-6 橄榄球模型

运营经理的思维模式是从铁杆粉丝里面寻找最支持他的人，先研究他、服务好他，至于他在组织里面是否重要则没有太大关系。当铁杆粉丝在整个组织中占比达到16%时，就会出现自传播现象。用户基数的0~16%靠培训部的人运营，16%以后的增长就靠铁杆粉丝去帮助宣传、圈人，这也符合经常提到的六度空间理论。当80%的人都跟上了你的队伍，最后20%的僵尸粉丝只有两个选择，要么改变、要么离开。所以对于这部分人，不需要从开始就给予过多关注，运营要集中力量维护铁杆粉丝，最后让僵尸粉丝自己做选择。

想要改变一个人并不难，塑造好环境，推动每个人自己做选择，就能实现由内而外的改变。我们在做培训线上线下学习项目时，应思考和借鉴产品经理和运营经理的思维模式。

案例20-2 华夏幸福大学

有一次，老板在视察一个项目时提出三个问题：第一，这些人行不行？第二，他们不行谁行？第三，如果这些人做这个不行那么他们做什么行？看起来非常简单的三个问题，回答起来非常有挑战性。

针对第一个问题，大学和组织发展中心通力合作，对这些人进行了详尽的盘点，以此来考察现有人员是否具备这个职位所要求的能力；针对第二个问题，我们制订了一个详尽的类似接班人的计划，用以明确这些人现在具备什么条件，离目标岗位还有多远距离，上岗的风险有多大等；针对第三个问题，我们要测评他们的能力与哪些岗位具有适配性，也是出于对他们的理解和尊重，不是说他做不了这份工作就让他离开，而是让他在合适的岗位发挥作用。这是我们要做的，如果我们能做到这一点，那么现在的评价中心就能成为人才供应保障体系。

我们发现，未来的学习方式会呈现不同的特点，不仅在头脑层面接受大量的知识，同时会用双手进行更多的实践，参与更多对心灵产生触动的学习和培训，从而帮助我们由内而外地产生真正的行为变化，而不是外在的"胡萝卜+大棒"或考核因素迫使我们产生变化。我相信未来的培训会更加关注每一个人，更加实用，能够学以致用，更多增进学员之间的交互学习，而不仅仅是学员向老师学习，会有更多的对自己内在的觉察。在更多关注个人意识的同时，还会关注集体意识，以此支持我们的组织去迎接那些看似不可能成功的挑战。我相信，这也是我们每一个培训工作者发自内心想去完成的事业。

20.1.5 环境工程师

企业人数增加一倍，活跃度会下降30%。人越多、自由度越低，人的创造性就会被束缚。所以，需要通过改变环境来推动人的成长，因为人不是教育出来的，人是通过环境塑造出来的。适应环境生存，是人的一种本能，这种本能也是人在环境中做出改变的重要推手。

部门经理就是一个部门的环境工程师，要想在部门中创造一种环境让员工努力工作，靠的就是搭建环境的能力。

推动企业生态的建立对管理者的领导力有更高的要求，如图20-7所示，领导力由低到高分为4个层级，即机会主义者、专家、成就者和塑造者。其中，前3类占比达90%，只有10%的优秀领导者能进入第4层，靠搭建环境和营造氛围推动应该发生的事情自然而然地发生，这种领导力对这个时代越来越重要。

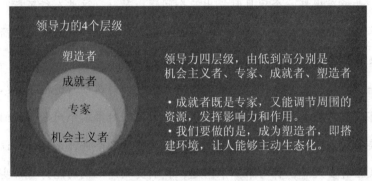

图20-7　领导力的4个层级

在《重新定义组织：用户如何与企业联盟》这本书中，我指出现在这个时代需要三轮驱动(3个核心如图20-8所示)，即老板拼命努力、员工热火朝天、用户出谋划策。这样的组织具有很强的灵活性和适应性，而改变的核心就是改变关系，塑造一种新环境。

图20-8　3个核心

> 高手在民间。老板和员工的关系不再是上面做规划下面做执行，而是相信员工

有非常强的解决问题的能力，给予他们机会。

> 无边界组织。团队领导能和用户进行互动，让他们参与到产品使用反馈甚至产品研发和企业内部管理中，进而围绕用户实施流程再造。

> 共创空间。搭建环境让员工和用户发生化学反应，从而自发创新，甚至不需要领导审批。让员工完成从0到1的过程，领导的角色是分配资源，促进从1到100的发展。

我们需要在培训设计中多加入领导的角色、用户的角色、员工的角色，很多时候培训项目本身就是促进公司变革的一种手段。

培训要搭建环境、创造连接让大家认识更多的人，一个人在工作中有机会和更多的部门联系，他就会变成节点，节点越大，对组织就越重要、越有价值。

如果员工成了对组织很有价值的大节点，企业就要做到保留人才，让这些人才当导师，给予更多的荣誉，让他觉得自己很重要并乐于帮助其他人更好地成长。

"创建连接"+"保留人才"这两个动作(如图20-9示)甚至比动态知识管理更有意义，人只要能在组织中发挥其需要发挥的作用就可以了。如果他能帮助别人解决问题，不一定非要萃取他的知识，因为把知识从人脑中萃取出来的动态知识管理其实是反人性的。

公司的眼光应放长远一些，不仅要在教室里、在线课程里培养员工，更要从生态角度和系统角度去看待每个个体的成长对组织的价值。

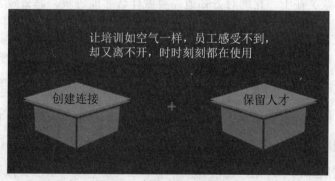

图20-9　创建连接+保留人才

维珍集团创始人理查德·布兰森说过一段话很值得我们借鉴，"栽培员工，让他们强大到足以离开；对他们好，好到让他们想要留下来"。这就是个体不断地创建连接成为一个强节点，促使公司用各种资源让他们留下来，从而推动组织发展的过程。

20.2 学习搭建人性化

20.2.1 学习应遵循人性

我们知道,只有遵循人性管理才能发挥其应有的作用,而培训也是一样,只有尊重人性,最大化启动和利用人的学习习惯,才能将学习效果发挥到最优。

这就好比送人礼物,只有对方喜欢,礼物才会有价值,礼物的价值并不取决于赠予者的喜好和认知,而取决于接受者的需求和喜好。培训就好比一次营销,培训工作者要把自己的知识营销给顾客,也就是学员,因此,培训和所有的营销流程一样,都有一个发现兴趣、挖掘需求、介绍产品(就是要介绍培训主题)、推动接纳、答疑解惑的过程。

说到这里,有两个思路要阐述:一是作为培训的实际操作者,我们要更多地关注学员要什么、需求什么、关注什么,只有培训的主题是对方所需要的,才能确保培训的成功。这也是企业培训一定要紧贴业务的原因。培训关注和呈现了对方在实际工作中遇到的困难,才能引起学员的共鸣,成为对方需要和想参与的培训。二是培训的核心不仅要关注员工工作中的问题,更要关注员工的绩效并改善和提升绩效表现。在现实社会中,并不是每个人都能意识到自己的差距和偏离,没有不想进步的人,只有不知道怎么进步的人,而培训的意义在于,帮助对方知道需要做什么才能进步、怎么做才能进步。

我在京东大学工作时,有个案例特别能说明"遵循人性"的重要性。当时,我发现京东的蓝领员工对培训评价不高,认为公司不重视培训。深入交流后发现,抱怨最多的是没有茶歇!这时我们才知道,蓝领员工和白领员工对培训的理解不一样。白领员工认为培训是学习,能学到东西是最重要的。蓝领员工则把培训视为福利,有吃有喝就说明公司很重视他们。

于是,我们从2014年开始,在培训预算中单独列了一项"茶歇费预算",保证每次培训都提供点心和饮料。从此,蓝领员工的培训满意度直线上升。

20.2.2 人性的根本是体验感

体验感是指人在切身经历和执行中,对执行对象和外部环境的直观感受和反馈。体验感代表体验者对体验对象的直接反馈和评价,也代表体验者和体验对象之间的关系的发展方向。从迪士尼的"园区本来并没有路,走的人多了就变成了路"到苹果手机的体验依赖感，我们发现，所有成功的产品设计案例，都离不开成功的用户体验。而培训的设计和操作，也是一个产品设计的完整过程，我们在设计和研发培训课程的时候，同样也要从体验出发。

我们可以看到，教条式的流程培训和操作培训已经逐渐被强大的信息技术所超越，我们之前经常用的"旅游攻略""使用说明""安装流程"等常规的培训项目，现在都被视频、网络等手段所取代，在10年前被称为"宝典"的销售流程课程现如今都变成了"过时"和"僵化培训"的代名词。

国内领先的企业大学用友大学近年来开始研究和探寻培训体验的领域，他们用视频呈现绩效培训，将每个人在工作和生活中的喜怒哀乐都真实地呈现出来，同时将这些场景和培训目标以及新的绩效方式结合起来，让学员从自己的体验和共鸣中找到前进的目标和方向，而这个目标和方向正是培训者对学员的期望。

究竟采用什么方式才能让学员接受和运用培训所灌输的知识和技能？我相信有很多方式和方法，但唯一不变的，就是成功的培训，对学员来说，一定会是一次非常不错的体验。

所以，我们应从学员的角度出发，之前的培训经常会要求学员保持"空杯心态"，要抛开过去的经历和角色全身心地投入培训当中，甚至有一些比较极端的演绎，如有些培训为了达到让学员"放下"的目的，要求中年人脱下外套穿上自制的装备或要求学员纵情大喊等。那么，"空杯状态"是否真的有利于学员的学习和提升呢？刚开始的时候，有很多学员表达了自己的感悟和体会，认为在这样的培训场景下自己确实有所收获，然而随着时间的推移，人们往往会发现，当自己脱离了那个封闭的培训环境，回到自己的工作和生活场景中，那种激烈的感情并没有给自己带来变化和帮助。

无论我们用什么样的手段去搭建或者营造一个场景，我们都不可能放下自己的过往，因为时光和经历已在我们的内心表现和行为习惯上留下痕迹，如果抛开这些痕迹，那么我们的属性就会发生变化，不再是我们自己，这也正是很多学员回到自己的环境中便对培训感悟不再认可的原因。

那么，一场真正成功的培训应该营造出怎样的环境呢？最重要的一点就是学员能够进入学习环境中，在整场培训中扮演"自己"这个角色，与其他学员和讲师产生互动和碰撞。

在这里要引入一个概念，就是"构建学习"。学习的过程不是往一个杯子里倒水或者往一个篮子里放鸡蛋，而是在一个人原有的知识、性格、认知、经历中加入一些新元素以引发变化，从而根据自己原有的不同元素构建一个新的认知体。而作为学习环境工程师的培训人员，正是要搭建和营造这样一种环境，来让学员达到构建学习的目的。

20.2.3 学习环境工程

当我们进入一座寺院，听着悠扬的钟声，闻着淡雅的燃香，看着四大金刚及佛祖的塑像时，不管地位、财富甚至人品如何，我们都会自然地静默、虔诚地祷告。没有人告诉你禁止大声喧哗，没有人告诉你要虔诚，但所有的行为就这样自然而然地发生了。这就是场域！教育的本质不是让学生正襟危坐地听老师授课，而是营造学习场景，唤醒学员的学习欲望。如何构建有效的学习场域，将是未来培训转型的方向。

第一步，搭建自由的环境

要构建一个场域首先要营造一种平等、自由的沟通环境，要包容不一样的声音和不一样的表达方式，引导每一个学员去找寻和收获自己的学习成果。很多人害怕当众演讲，事实上人们害怕的并不是演讲这个行为本身，而是害怕自己当众受到质疑。设想一下，如果在培训或者演讲过程中，大家能够尊重和采纳不一样的声音，从中既成就了自己的课程，又帮助研发者构建了学习成果，那么人们还会害怕不一样的声音吗？所以，要想营造一个构建式的学习环境，首先就要允许出现不同的声音，让培训场景变成一个允许自由发言的环境。

第二步，搭建协作的环境

在很多培训课堂上，讲师允许学员提出自己的看法、发出不一样的声音，但要求学员就自己的观点进行辩论，直到有一个公认的答案。

我们既然允许和鼓励学员发出不一样的声音，为什么还要从中加以引导呢？因为不一样的声音来源于不一样的个体，那么就会产生不一样的结论，所以放下掌控课堂、达到灌输目的的想法，是互联网时代成功营造学习环境的关键路径。

那么，我们如何帮助这些不一样的个体有不一样的收获呢？这就涉及学习环境工程的第二步——搭建协作的环境。协作的前提是，我们认可每一个不同的个体都能够获得成功，并在学员之间的讨论中互相扮演对方情境中的角色，帮助对方完成环境构建，同时通过演练和扮演，找到自己的答案。我们每个人都有这样的经历，就是在与人交谈一些不相关的事情的时候，灵光一现解决了自己百思不解的问题。而这些看似不相关的讨论，成了解决问题的诱因，协作环境的搭建，就是要让环境中的每一个个体相互成为彼此的诱因,从而解决各自的问题、完成各自的构建。协作的另一个概念是分享,这里指的是自发的、乐见其成的、从帮助更多人的角度出发的分享。"分享经济时代,分享越多,获取越多;越分享,越获取。"在企业内部,也有不少部门尝试用分享模式传播业务专家的经验,比如业界知名的"京东Talk",就属于典型的基于分享模式的培训产品。

分享即获取,分享者未必都是那些大咖。任何人在其专业领域或实践过程中,都有一些干货可以分享。因此,在公司里,我们要建立好的分享机制,倒逼每个人去思考、去分享。

20.3 培训设计产品化

20.3.1 培训管理=培训产品开发+产品运营

随着新生代逐渐成为职场主力军,学习设计的理念也将迎来颠覆性的变化。我们会更加关注员工的需求,关注个体细分的需求,也会越来越倾向于以产品经理的方式来设计并运营学习产品和服务。这意味着我们需要更多地了解学员的学习偏好,关注他们的学习体验,以保证我们的学习活动足以吸引他们,并且融入他们的工作场景中,呈现一种分布式、场景化的趋势。这将会降低传统的培训课程和培训项目的计划性,也就是降低对一次性、全面、系统地完成设计开发工作的需求和期望值,转而借鉴互联网产品的敏捷开发、小步迭代的方式。这就要求设计人员持续关注、不断深化对需求的挖掘和理解,关注过程反馈而不是一次性集中进行的需求调研,员工也将在需求调研阶段获得更多的话语权。培训设计产品化如图20-10所示。

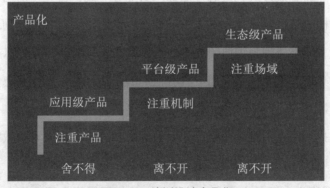

图20-10 培训设计产品化

传统的商业逻辑是"产品—营销—用户",即先研发制造产品,然后通过营销渠道的市场行为,将产品卖给终端用户。而互联网思维恰好相反,是先建立用户社群(粉丝群),再通过连接和协作,最终形成产品。

用户既是消费者,也是研发制造主体。

培训管理者无论是基于公司战略提供培训,还是基于员工需求提供培训,都属于工业思维范畴。而互联网思维模式是UGC,即用户生成内容。将产品设计好并制作出来,再提供给用户的时代将逐渐远去,这是用户主导的时代,因为他们知道自己想要什么,而且他们不会轻易否定自己想要的产品。

培训领域产品经理的具体工作包括以下两点。

第一,开发出具有产品经理思维的课程。找到大部分人普遍的痛点,推动组织改变。在组织内部,所有课程都要基于用户进行调整,重新找到痛点,重新基于他们的习惯设计内容,重新在测试的过程中随着用户的需求做调整,这就是产品经理思维。

第二,学习平台的产品经理的培养。用产品经理的工作方式来搭建学习平台和全员学习生态,建立培训感!什么叫培训感?就是让员工感觉到工作周边充满了学习的机会。

20.3.2 如何修炼成培训产品经理

想要修炼成一名合格的产品经理,需做到以下4点。

(1) 研究好的学习产品的设计逻辑,明确用什么模式和路径来解决用户痛点。这就要求我们关注更多的好产品,不仅是培训,游戏、视频都要涉及。

(2) 学习产品的设计要基于员工的痛点,并提出解决方案,这就需要培训产品经理多花时间跟用户在一起,对用户的需求要敏感。

获取员工痛点的有效方式就是想办法深入到业务一线。首先,需明确你要给谁做培训,要达到什么样的目标,这批人的需求是什么,他们是受益者还是创造者,爱独自思考还是爱讨论发言,不能因为调研问卷上他选了什么,你就认为是什么,问卷只能做参考。其次,你要真正深入到他们中间,看看他们的生活环境、工作状态,看看他们平时用什么方式沟通,看看他们平时和什么人打交道等。

归根结底,找到痛点不难。但是,如何去运用和分析培训需求的数据、贴合分析对象的生活和工作场景,真实有效地感受对方的感受,是非常难的。

(3) 无论是课程平台还是内容方面的学习产品都不要依靠行政指令去推广,一定要符合人性,做让人叫好、符合人性的产品。

(4) 在做产品的过程中需要两类人的帮助：一类是美工或UI(帮你设计用户界面)；另一类是推广传播运营类人员(帮你推广产品)。

目前，企业大学的产品有两种模式：第一种模式是以人才发展为核心，培训体系按照职业发展路径进行搭建，比如领导力培养体系；第二种模式是以解决问题为核心，培训设计就是不断总结解决问题的方法，形成各个领域内的"××××怎么做"，比如"淡季营销应该怎么做"等。第一种模式以人为中心，关注人才发展，但培训的有效性和实用性通常较难量化；第二种模式以事为中心，关注问题解决方法，但对人才的职业发展潜能挖掘体现不足。两种模式各有利弊，那我们该如何设计培训产品呢？

在这个互联网时代，通过对细分人群的生活方式和场景黏性的定义，我们可以轻而易举地打造一款爆品，人们也越来越愿意为特定场景的解决方案付费。所以，产品就是场景的解决方案。如果应用到培训中，我们的目标就是"通过观察细分人群的工作方式，识别这些有价值的场景，并提出解决方案"。

案例20-3 海通证券以低成本打造了一个实战性金融学院

日前，基于职行力移动培训和绩效支持系统，海通财富管理学院2.0正式上线。新平台融合了海通证券企业培训机制、员工工作习惯和社交关系，大大提高了员工工作效率和企业运营效率，深受海通员工欢迎，如图20-11所示。因此，新平台一上线，便快速度过适应期，员工活跃在平台上学习、交流、分享、社交、工作、协作、沟通……，平台好评如潮，产生了大量有价值的课程反馈、测评、行业动态、资讯等方面的数据。

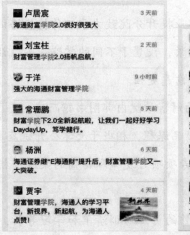

图20-11 学员评价

那么，海通财富管理学院(简称财富学院)是怎么做到让企业需求和员工需求和谐统一，既叫好又叫座呢？财富学院之所以能在短时间内赢得全体员工的心，并达到企业预定目标，主要在于以下几个方面。

1. 它是一所开拓创新的财富学院

财富学院是一所高效便捷的移动金融学院，为员工提供更好的使用体验，让员工乐于参加培训，乐于分享交流。

(1) 场景化虚拟学院。财富学院定制的个性化导航系统采用场景式指引，分为五大分院、一个中心、精品新课、云书院、资讯中心、活动中心、学习地图。它将浓郁的学院风格呈现给员工，深受员工喜爱。

① 五大分院、一个中心。相当于大学各大专业院系，如图20-12所示。

图20-12　五大分院、一个中心

专业技能分院致力于专业课提升；职业提升分院致力于工作技能培训；工商管理分院致力于管理深造等。针对不同的培训场景，设置了不同的学院，不仅让员工学习效率更高，也让员工参与培训的目标更明确，意愿更强。

② 云书院。基于作为职行力知识库的财富学院内部图书馆而建。

③ 精品新课。推荐最新、最热门的精品课程，相当于大学公开讲座。

④ 活动中心。企业文化活动、培训专项项目发布和传播的渠道，相当于大学的学生活动中心。

⑤ 学习地图。基于岗位晋升路径制作的员工培训清单和学习导引，相当于大学的专业课程列表。

⑥ 资讯中心。海通独有的研报、决策内参中心，是海通员工日常获取行业资讯的重要渠道。

(2) 考试验收机制。财富学院课程众多，通过创新培训验收机制，员工能像在大学里一样参加测评、课程测试，自然而然地追求优异成绩，并以成为学霸、工作标兵为荣。该机制下的富豪榜如图20-13所示。

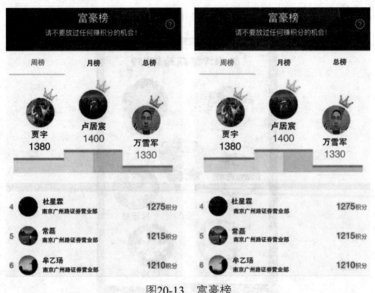

图20-13　富豪榜

(3) 企业社交平台。财富学院为员工创造了一个便于交流的扁平化企业社交平台，让来自天南地北的员工在平台上互动交流，在提升企业凝聚力的同时，也产生了大量的经验分享、行业动态等方面的资讯数据。

2. 它是一所低成本的财富学院

财富学院新平台的上线，降低了两方面成本：一是员工学习、获取资讯、互动交流的成本；二是企业培训组织成本以及培训占用工作时间的隐形人力成本。

(1) 降低员工学习成本。新平台的信息流实现了任务自动推送，极大地提高了员工的学习效率，降低了学习成本。而通过学习任务、学习清单、学习地图导引，又能让员工系统化地提升能力。

(2) 降低员工获取资讯和互动交流的成本。在瞬息万变的金融市场，对于员工而言，提高资讯获取和互动交流的效率十分重要。新平台的资讯中心和同事圈、全文搜索等功能为海通证券的员工提供了一个高效获取资讯、互动交流和协作的工作平台。

(3) 降低培训内容制作成本。新平台拥有自动化的培训内容UGC制作流程：大数据分析、搜索、分享、问答、测评，挖掘员工的真实培训需求；悬赏、专题收集等，鼓励员工UGC培训内容的产生(如图20-14所示)；通过课程反馈、点赞等机制筛选出优质课程，以此实现企业内训课程制作闭环。

(4) 降低企业隐形人力成本。财富学院新平台既缩短了新员工上岗周期，也降低了培训占用员工工作时间的隐形成本。员工利用工作间隙主动学习，既提升了自主性，也增加了培训总时长。

图20-14 平台奖励获取规则

3. 它是一所强绩效支持的财富学院

财富学院新平台除了实战性更强之外，在学习效率、课程更新速度、学习质量、员工能力提升等方面，也获得了强化。

(1) 实时性强，即学即用。新平台不仅是一个移动培训系统，更是一个员工可随身携带的业务工具箱，可以随时为员工提供业务支持，即学即用，即用即学，支持员工绩效提升。

(2) 包学包会。不论是新员工，还是正式员工，只要是应学应会的内容，通过财富学院，员工总能高效获取、高效学习。同时，以考代培机制提升了培训效率和质量，让员工一学就会，学以致用。

(3) 智慧培训。员工的学习数据、测评数据在平台上积淀之后，可为财富学院大数据分析、挖掘员工能力提升空间提供数据来源。此后，通过智能匹配和推荐，为员工能力提升提供个性化解决方案。

(4) 专项推动战略意图落地。集团专项在平台上宣导、训战，推动集团专项的贯彻、落实。

(5) 提升企业文化。财富学院是一个高度活跃的平台，本身就是一个灌输理想、强化价值观和塑造企业文化的移动企业家园。一方面，专项培训，传播企业文化；另一方面，员工互动交流，共同影响、升华，形成强势的企业文化。

正如海通财富管理学院的校训"笃学健行，开拓创新"所言，财富学院已经从一个企业培训平台创新成为海通证券的人力资源运营平台，随着平台的持续深入运营，将会更多、更直接地提升企业绩效。

20.4 培训管理运营化

20.4.1 对HR的重新解读

我们都知道培训起初是人力资源部门的一个职能模块，后来逐渐独立为培训中心或企业大学。虽然级别也不低，但其实没有实权。有些企业也设立了相应的机制，比如干部培训合格后方可晋升、管理者每年授课不低于多少小时才有资格调整薪酬等，但在实际执行中并不严格。干部晋升、薪酬调整大多是人力资源和业务部门沟通后的决定，没有人关注是否通过了培训。那么，企业大学如何构建与人力资源以及与业务部门的伙伴关系呢？

在过去的企业管理中，培训经常被作为HR体系的一个模块，根据公司的人才发展需求设计培训和提升方案，其核心设计思路是企业需要当前岗位的员工具备什么样的技能，培训人员即根据企业的人力需求进行课程设计和资源对接。但是我们发现传统的HR培训体系往往只从企业的人力需求角度出发，忽略了员工自身的发展和需求，因此，我对HR体系的培训产生了"三大失望"。

第一个失望是对培训很失望。因为我发现传统的培训方式并不能够真正地帮助被培训人提升能力，更无法帮助组织提升绩效。

第二个失望是对HR很失望。当然这个"HR"是指传统的HR。我发现很多HR只关注专业，设计了很多表单表格，让大家去给HR打工，填很多表格。结果导致很多业务部门的人没有时间去做业务，这就违背了HR部门的价值取向。因为HR部门的存在目的就应该是让业务部门舒服地活着，而不是给业务部门添麻烦。

第三个失望是对公司的管控机制很失望。因为我发现多数公司的管控机制就是把人才和智慧垄断在组织内部，只关注留人，却忽略了留心和留智慧，从而导致员工"人在心不在"的状况。

这"三大失望"背后有个逻辑，我希望大家能够从更深的角度去看待HR的工作和培训工作，以及公司组织设计的价值。换句话说，现在这个时代和五年前、十年前、二十年前都不一样，这是互联网时代，每个人都越来越关注个人意识。

20.4.2 新时代企业培训部门的定位与价值

关于培训的定位，我们可以罗列出多种，比如人才培养、战略推动、组织变革、文化传承、业绩提升、知识管理和品牌传播等。如果这些定位都能变成现实，那么培训部门无疑是企业的核心组织。但理想很丰满，现实很骨感。人才能培养出来吗？在战略推动、组织变革中，我们会是主导者吗？在业绩提升中，我们到底能发挥多大的价值呢？在培训中我们究竟应该扮演什么角色呢？培训部门应怎样定位呢？

在此，我说一下自己工作多年的经验，仅供大家参考。我做培训工作最关注的其实不是领导对我的评价，而是学员对我的评价，或者说用户对我的评价。这是我从事多年培训工作形成的底层逻辑。在这个过程之中，我一般很少把HR作为主要的说服对象，更多的是围绕业务领导者找到需求，之后和他一起设计学习项目。当我发现某个内容真的对业务系统很重要，需要在业务部门大范围推广的时候，我会去研究HR的KPI(关键绩效指标)，并且把业务部门的老大拉进来，一起去推动更大的项目。什么意思呢？就是用做产品的思维模式来做HR工作。大家知道有本书叫《从0到1：开启商业与未来的秘密》，其实背后还有一个逻辑叫从1到100。HR在什么阶段发挥作用呢？其实不是从0到1的阶段，而是从1到100的阶段。从0到1的阶段是产品经理的工作，这个阶段的关键工作说白了就是产品经理能不能设计出一个让学员叫好的产品。当你能突破从0到1这个阶段的时候，你就有信心了，这时候才能把业务领导者和HR拉进来，在更大范围内推广，这是我以往的工作心得。

很有意思的一点是，培训部门与各部门合作的时候有一个前提，就是平时要处好关系。在关系处好的情况下，你的合作伙伴才会愿意共享利益或者共享胜利成果，这就是人性！所以，我特别强调的一点就是培训部门平时要和业务部门处好关系，大家互相帮忙，到了具体的项目设计阶段，培训和业务部门一起来把这个事情做好，再通过小范围测试的形式把这个项目推广开来。这时候，我一般不会邀请HR的老大或者业务老大出场，而是依据学员的反应调整这个产品。当产品有价值的时候，再通过HR把业务老大拉进来，一起去做大型项目。这是我发起工作的一贯逻辑。

20.4.3　如何解决业务部门与HR部门需求不一致的问题

上文中，我们谈到的还是以HR部门为主导来推动一些学习项目，其实还有一些学习项目是业务部门发起的，我也经历过很多这样的项目。这时候，如果业务部门和HR部门的想法不一致就会很难办。我的建议是在培训前期做好准备工作，如果之前很多工作已经做到位，就不会出现这么难办的情况。如果你刚加入一个团队就面临这些问题，可以从三方面考虑：第一，你要明确发起者是业务部门还是HR部门，他们的诉求到底是什么。也就是说，你设计的学习方案和学习元素、时间安排都要符合发起者的期待，内外部资源、线上线下学习方面都要能够解决这个问题。第二，了解学员。我会在满足发起者的期待的同时考虑学员的诉求，让他们真正感觉到被重视，感觉到能够学到东西，所以在这个过程中要做很多设计工作。因为真正的口碑不是从HR或者业务部门老大那里传出来的，真正的口碑是从学员那里传出来的。第三，与HR或业务部门老大沟通，争取与他们达成共识。

20.4.4　培训管理如何为业务部门服务

在现代企业里，员工的生存状况并不是特别好。所以，培训部如果真想为员工成长负责，应用心设计一些让人耳目一新的项目。我带过的团队基本上都是这样，无论是在李宁还是在万达，包括在京东，我们团队的口碑都很好。所以说，建立信任关系真的很重要，但不要指望一战成名。一战成名之前你要做很多脏活、累活，有打仗的机会要保持兴奋，要一仗一仗地打，只要让学员真的感觉到自己受益了，他才会通过各种渠道让上级领导知道。

所以说，大家要明白一点，你不是学习专家，你是帮助业务老大解决问题的人。在企业里大家一定要清楚，HR的价值就是解决问题。所以说，有时无须采用什么行动来设计培训或者请什么名人来讲课，这些都是手段和形式，关键是要解决业务问题。如果业务老大有方向，并且方向相对正确，那么你就围绕这个方向全力以赴去做，这样反而更简单，并且也能发挥价值。

20.4.5　带好培训团队的三阶段

我带团队分三个阶段。第一个阶段就是让培训部的同事多干一些脏活和累活，比如预订会议室、订餐、搬桌椅、准备物料等。很多HR伙伴有时候不愿意做这些工作，我就要求我的团队主动去做。我把这个阶段称为"树立服务口碑"的阶段。既然是服务，你就不能挑活，也不能挑客户，只有这样才能让HR觉得培训部的人好像和其他部门不一样，其他部门好像要讲很多条件，而培训部门好像没什么条件，让干什么就干什么，从而产生一种亲近感，并且以后遇到困难的时候会主动找培训部的小伙伴帮忙。

事实上，这个阶段是我的团队成员最不理解、最难过的一个阶段。很多人都希望干价值最高的活，都希望把脏活、累活甩给其他部门来做。而如果你帮他们干活了，他们并不会感谢你。这时，你不要难受，因为人家来找你就意味着认可你。

这种工作模式有两个好处：第一个好处是提供服务后，可让业务部门对你刮目相看。有些人一开始可能会觉得你好欺负，但他们很快就会发现这个部门真的很不错，既没有心眼也不寻求回报。以后，他就会慢慢从愿意欺负你到开始喜欢你，再到开始佩服你，良好的人际关系就这样建立起来了。这种信任关系在公司内部特别稀缺，采用这种方式建立的信任关系非常扎实。第二个好处是，在服务过程中，很多业务部门的人和HR部门的人会在你面前毫无保留地说出他们的真实情况。当你帮他搬桌子的时候，你就可以和他聊聊他所属的业务部门的工作进展、遇到了什么压力、团队内部关系怎样等。他会相信你，还会觉得你挺关心他的，就会愿意和你说他的真情实感。

所以，我要求团队至少提供一年的"树立口碑"的服务，在这个过程中，尽力收集出现业务问题的底层和深层原因，包括大领导都不知道的原因。其实，咨询顾问公司能发挥价值的一个重要前提就是它能够找对问题，而找问题的方式往往是用三周左右的时间通过调研、访谈、跟随拜访来收集客户意见，最后锁定关键问题，组织更多的人讨论解决方案。而我所说的这种方式，虽然需用一年的时间陪伴业务部门，但在为组织里各种部门的各种人提供服务支持的时候，其实就是在收集信息、了解业务情况，并且收集到的信息的精准度要远远超过前种方式。

这就是我所说的在服务过程中的两大收获：一个是建立信任关系，另一个是了解真实的业务情况。基于此，就可以设计很多的高价值学习项目。

第二个阶段是"精品品牌"阶段。在第一阶段了解了组织的真实问题后，我的经验是把小伙伴里的精兵强将集中起来打一场"战役"——打造精品品牌。在这个过程中，大家基于对业务系统的理解，群策群力寻找一个系统的解决方案，从而整合内外部资源以及上级领导的意见，进而设计学习维度，然后打一场漂亮的翻身仗，争取一战成名。

一战成名的具体表现是什么？首先，业务系统的老大和培训部的领导者能够对话，并且业务系统的老大要表示感谢；其次，HR的领导者能够听到业务老大的感谢和业务部门的反馈。在传统公司中，老板的评价很重要，同事的评价也很重要。但在互联网公司，客户、客户的领导对你的评价要远远重要过部门领导对你的主观评价。

在第二阶段最难处理的一点就是不能接下第一阶段的所有工作。因为第一阶段往往是应变地接一些项目，但是到了要做精品项目的时候，你的团队在一年之内只能做3~5个精品项目。那其他工作怎么办？如果拒绝则意味着服务品牌会丢失。

因此，到第二阶段的时候，一方面应该集中精力做精品项目，另一方面要把大量的第一阶段的工作转包给组织里的其他人。组织中的很多人，特别是你之前培训过的学员，他们会被你的这种服务精神打动，他们也会发现这么做有助于组织内部协作，还能接触到很多人，是有价值的，所以他们愿意做。你就可以把工作转给这样的人去做，让他们有更多机会服务于内部客户，从而建立各种信任关系。所以说，在第二阶段要把第一阶段的工作尽量授权或者转给那些希望在组织里快速成长、希望获得更好的关系的小伙伴，然后你和你的团队集中精力打几场硬仗。

第三个阶段是"推手"阶段。这一阶段的目标不是一年做3~5个精品项目，而是一年做20~50个精品项目，并且要让业务部门的老大表示感谢。要达到这样的目标，单靠你自己的团队是不可能的。这个时候就需要业务部门的员工，甚至是一些业务部门的领导者来操盘和承担一些具体的工作，让他们在前面拼杀，去获得激励、奖励和荣誉，而你在后面推动他们来做这些项目，相当于幕后推手。所以，在第三个阶段，很重要的一点就是培训团队的人要能搭建环境、创造生态，推动业务系统的人取得成果，而你在后面为他们提供各种平台和服务支持。

我举个例子，在京东工作的时候，我发现圆桌会议(或私董会)是一种非常好的模式，大家群策群力去解决某一个部门的问题，同时还能提高其他人的管理和业务能力，在各个部门中应该被更多采用。于是，我们计划把外部顾问请过来，请业务部门中一些对此感兴趣的总监一起来认证学习。我们再组织他们去推动更多的圆桌学习，目标是一年做100场，这意味着一周要做2场这样的圆桌会议。王亮(我部门的同事)同意来做这个事情，做到半年的时候他告诉我，除了他在做，他还组织一些学员一起做。也就是说，他把这个任务分包给这些学员了,学员最后能否拿到认证就取决于每个人能否带3场这样的学习活动。20个学员,每人做3场就有60场。半年后,王亮告诉我,这个目标已经完成一半了。于是,我们又定了一个目标——下半年做200场。这个目标其实是逼着王亮进入第三个阶段,督促这些人再往下做认证,再把这种分包的任务往下分,推动业务顺利开展。最后的效果据说还不错,这就是一种推手的逻辑。

当培训团队的人都做到第三个阶段的时候,对公司的氛围和文化都会产生很大的影响。正如我所说的用一门课改变公司,甚至改变行业、改变社会,都是有可能的。

当你想推动一件事情的时候,能否把它从星星之火变成燎原之势,取决于你的运营能力。

我经常把一个群体中的人分成好、中、差三类,如图20-15所示。其中,"好"是指积极拥护你的那些粉丝,你还没说什么他就开始为你鼓掌了,身体前倾面露笑容;"中"是指观望的粉丝,他会衡量你提出的很多意见,进而明确和自己的关系,再决定是否跟随;"差"是指那些持怀疑、反对态度的人,他从一开始就表达不同的观点,甚至否定你的意见。围绕这三类人群,要想把培训做好,你需具备一定的运营能力。

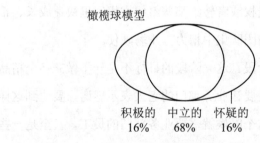

图20-15 用户分类及比例

很多人做运营的出发点是错的,会先关注持怀疑态度的人,我觉得这是一种费力不讨好的做法。其实,最好的做法是从铁杆粉丝做起,再把中间的人往积极的区域引导。从一个粉丝到两个粉丝再到三个粉丝,哪怕第一个粉丝只是一个部门助理也无所谓,关键是数量。当你的粉丝数量达到总人数的16%~30%时,就会出现一种非常奇怪的现象,这16%~30%的人会主动帮你引导中间那部分人快速进入粉丝状态。为什么有些事情你自己觉得做得很好,但别人都不参与呢?就是因为粉丝数量太少。粉丝数量太少的时候,铁杆粉丝都不好意思表现,因为他太另类了,他一说"这东西真的很好,一起来吧",其他人会觉得他不正常。当喜欢的人很多的时候,你就会发现他们的表现欲很强,并且更加放松、更愿意参与。当80%的人都参与进来的时候,剩下20%表示怀疑的人，你都不用说服他，他自己都会说服自己跟着你走。这就是从众效应，这就是群体动力学很重要的一个观点。我有一个观点，如果在一家公司里，你推荐的事情有100个人支持，就等于这公司里的所有人都会支持你，只是时间长短的问题。在这个过程中，反映的是你的运营能力，以及创造环境、改变环境、利用环境的能力。

20.5 培训机制多样化

20.5.1 学习游戏化

这里所说的"学习游戏化"并不是指传统培训中的游戏环节，而是指更加丰富多彩的学习模式和体验。在培训中，要淡化"培训"和"课堂"的概念，让学习者在各种有趣的、不一样的体验中完成学习。

游戏可以给人们带来快乐，吸引人们主动参与其中；而学习带给人们的感觉是枯燥的，甚至是强制性的，不能使人产生主动参与的动力，那么是否可以将游戏应用于学习中，借助游戏吸引人的特性，让人们主动学习、快乐学习呢？答案是肯定的，最近兴起的"游戏化学习"就是对将游戏应用到学习中的一种诠释。但在这个过程中我们面临"两大挑战"，同时需要实现"四个关键"，才能使游戏在学习中发挥更大的作用。

"两个挑战"体现在两个方面：第一个方面是对概念的认识，第二个方面是认识游戏的"心魔"。

概念认识是我们遇到的第一个挑战，盲人摸象的故事大家都很熟悉，因为盲人只掌握了大象的部分信息，导致对大象的整体概念认识错误。对于游戏化学习，用户同样会因为只了解部分信息而产生误解。为了让用户对游戏化学习有整体的认识，我们需要向用户普及游戏化学习的概念，包括什么是游戏化学习、什么是严肃游戏、什么是游戏化课件，从而让大家认识到游戏化学习不是游戏、不是奖励、不是开宝箱、不是打怪，不是一切游戏的外衣。

最后我们发现，其实用户并不关注这些学术概念，他们喜欢的是学员能以玩游戏的精神学习，进而迷上学习，从而创造业绩。例如，打麻将是一种受很多人喜爱的游戏，想象一下，如果我们用打麻将的精神去工作，工作业绩会发生怎样的改变呢？

认识游戏的"心魔"是我们遇到的第二个挑战，所谓破山中魔易、破心中魔难，在这个问题上，我们需要为用户解答"游戏是洪水猛兽吗"这个问题。

用户为什么会认为游戏是洪水猛兽呢？这是因为用户接触了过多的游戏负面信息，比如游戏上瘾造成的社会问题以及人们普遍认为的"玩游戏是不务正业""做游戏会导致社会问题"，导致社会上对游戏的声讨不断，从而影响了人们对游戏的看法。

我们发现一些大规模的互联网公司均涉足游戏行业，如网易、联想、新浪、谷歌、微软、索尼等。互联网公司的发展是以用户需求为导向的，这么多大公司投入游戏行业，足以证明游戏对用户有很强的吸引力。

我们将游戏的发展历程分为三个阶段：第一个阶段是野蛮生长，处于这一阶段的游戏，只是单纯地满足用户的各种需求而不考虑是否会给个人和社会带来危害；第二阶段是商业自律，这一阶段的游戏在不给个人和社会带来危害的前提下尽量满足用户的需求，并且指引用户向更好的方向发展；第三阶段是追求意义，这一阶段的游戏能够帮助人们提升能力，对个人的成长、对社会的发展更有意义。

现在，第三种力量正在崛起，有些杰出的游戏设计师已经开始思考游戏追求的意义，向更高的游戏层次迈进，如腾讯游戏喊出了"用心创造快乐"的口号，但玩游戏仅仅是追求快乐吗？也许游戏可以改变世界。简·麦戈尼格尔在《游戏改变世界》一书中指出，游戏化会让现实变得更美好。游戏可以应用到各个领域，包括学习，游戏化学习在学习发展领域已经初见成效。

将游戏化运用到企业学习中，并且让其发挥作用并非易事。首先，不要纠结游戏的好坏，不要质疑"游戏"，它只与创造它的人有关。其次，要知道如何科学地构建游戏化学习系统。我们认为，只有实现"4个关键"才能让游戏与企业学习完美结合，体现出游戏的价值。这4个关键分别是"体验""机制""设计"和"数据"。体验的重点是现实与虚拟的交互，机制的重点是学习与游戏的平衡，设计的重点是设计与创意的结合，数据的重点是学习与价值的呈现。下面，我们对"4个关键"进行详解。

关键一：体验之美

游戏为体验而生，用户主动参与到游戏中，是因为游戏可以给用户带来不同于真实环境中的体验，把游戏的体验应用到学习中，主要体现在无障碍、交互性和空间感三个方面。

首先是无障碍，设计者需要站在使用者的角度考虑，在学习中引入游戏元素时要设置简单的使用方式和交互方式，让使用者无须接受培训就可以轻松掌握要领，让学员望而止步的不是学习内容本身，往往是学习体验中的一道小门槛。

其次是交互性，游戏的交互性不仅是O2O的交互性，还广泛体现在各个学习场景中，如现实教学中的AR交互(通过计算机系统提供的信息增加用户对现实世界的感知)、团建活动、在线学习、混合式学习、课堂学习等，交互可以连接学习的一切，是享受学习的过程。

最后是空间感，游戏带给用户的空间感能使其沉浸其中，那么在学习中也需要构建游戏中的空间感，使用户能沉浸到学习中，从而专心学习。在空间感的构造中，我们认为可以模仿游戏地图创建学习地图场景。学习地图包括游戏地区、学习路径地图和子场景，在切换过程中，会给用户带来沉浸其中的学习感受。

关键二：机制之美

机制是游戏的灵魂，游戏的机制是吸引人们主动参与的关键。通过游戏机制，可以满足人们在虚拟世界里对社交、经济、地位等的需求。那么，在学习中也可以采用游戏机制，让用户主动参与到学习中，我们认为游戏机制中的反馈、渐进、社交和经济机制是学习中所必需的因素。

首先是反馈机制。游戏中的反馈能够引导玩家进而产生行动的动机，促进其执行下一步操作，保证游戏的持续性。在学习中，同样需要反馈循环来保证用户参与的持续性。对于用户的每一步学习行动，都要给出相应的反馈，如对用户的学习行为给予言语或虚拟货币鼓励，这样的反馈会激励用户继续学习后续内容。

其次是渐进机制。游戏中的渐进机制体现在游戏的关卡设置上，每一关都通过变换带给玩家不同的体验，同时难度相应增加，收益也相应增加，从而吸引玩家不停地闯关完成挑战，以获得新鲜感和成就感。将该机制应用到学习中，同样可以让用户保持对学习的新鲜感和成就感。

再次是社交机制。游戏中的社交机制可以促进团队协作，可以通过社交实现内部资源交易，从而丰富玩家体验，在集体环境的影响下玩家会持续参与到游戏中。将其引入学习中可以满足用户学习、沟通、交流的需求，通过沟通可以加深其对所学知识的理解。此外，通过社交机制还可以完成用户之间的打赏，打赏是对用户通过学习提升能力的赞赏，可以吸引更多用户参与到竞争学习中。

最后是经济机制。游戏中的经济机制包含游戏道具的买卖和虚拟货币的获取。通过虚拟货币构造了游戏中的经济体系，吸引玩家消费金币，进而不断获取金币，实现玩家留存。在学习中引入经济机制，同样可以实现用户留存，用户可以通过不断闯关学习赚取虚拟货币并获得对应的经验和等级。获得的虚拟货币可以直接用于消费购买真实或虚拟的物品，经验和等级可以区分购买物品的价值，这样可以促使用户不断学习以获得更高的经验和等级，从而购买更有价值的物品。

关键三：设计之美

游戏化学习设计要求设计者像游戏设计师一样思考，游戏设计需要通过适当的方法将游戏创意通过游戏设计工具展现出来，最终将完美的成果展示给玩家。在游戏化学习的设计中同样需要这些关键点，首先需要学习游戏化学习设计的方法，之后将方法和自己的学习项目相结合，通过设计工具快速实现游戏化学习项目的构建，最终将学习项目以一种艺术形态展示给学员。

首先是方法设计。我们要以学习设计师的角度对学习项目进行游戏化设计，参照游戏设计方法，给出游戏化学习的设计方法，包括以下几个步骤。

步骤一：定义目标。需要确定本项目的学员，确立学习目标。

步骤二：学员画像。对目标学员进行特征分析，如年龄、性别比例、职业、教育程度等。

步骤三：匹配模型。针对学员画像分析学员特征并进行模型匹配，得到相应的关键词。

步骤四：设计任务。根据学员特点和匹配到的模型，设计与学习项目相关的任务，并将任务以故事的形式整理成学习路径。

步骤五：设计机制。围绕目标、人群、任务、学习方式和内容，设计出清晰合理的规则、可视化的即时反馈机制和公平的激励机制。

步骤六：设计场景。根据任务路径设计带有空间感的游戏化学习场景，需要满足沉浸式需求。

其次是工具设计。所谓"工欲善其事，必先利其器"，游戏化学习项目的快速实现同样需要工具的支撑，否则设计时间过长会增加客户成本。在设计工具时可以参照游戏设计工具的快捷设计方式，通过拖拽的形式快速实现游戏化学习项目的构建，同时可以将设计创意和机制即时体现在设计器上。

最后是艺术设计。设计师在设计游戏化学习项目的过程中，要保持一种设计艺术品的心态，将方法和工具有效结合，才能设计出学习项目的艺术品，只有自己满意，才能吸引更多的用户欣赏作品。

关键四：数据之美

数据可以洞察有关学习的一切，在游戏中需要把大量的数据呈现给玩家，如比赛排名、获得积分、获得等级等，这些数据可以指引玩家发现问题进而不断弥补。学习中产生的数据对用户也同样重要，将数据连接到一起，以不同的形式和维度呈现出来，才能评估用户学习后得到的价值提升，从而指引用户下一步的学习方向，促使其更加积极地参与到学习中来，以弥补自己的不足。

首先是连接数据。在游戏中，玩家的每个操作都会被记录到服务器中以获得基础数据供系统分析。在学习中，可以通过(一个全新的在线学习技术规范，可以广泛收集用户参与学习过程的多种相关数据，将个人或者学习小组的学习活动信息记录为统一格式)数据接口连接学习过程与服务器，将学习过程中的所有记录存储到服务器中，作为评估学习效果的基础数据。

其次是呈现数据。在游戏中会将数据以不同的形式和不同的维度呈现给不同的用户，在学习中同样需要针对不同用户角色给予不同的数据呈现。例如，针对个人，可以展现个人的学习情况、任务完成情况和专业测评结果；针对企业培训管理者，可以展现学习参与度、学员满意度等。

最后是评估价值。在游戏每个关卡结束或游戏结束后都会出现玩家的成绩和贡献值等信息，这些信息会让玩家看到自己的价值，进而努力获得更好的成绩。

在学习中评估价值主要体现在三个方面：第一是个人价值的提升；第二是个人对企业贡献的价值的提升；第三是企业整体价值的提升。

游戏不是洪水猛兽，它是媒介的延伸，是一种全新的互动新媒介。就像其他伟大的艺术形式，如绘画、小说、音乐、电影一样，能够让我们感受这个世界的美。

在越来越多的领域，游戏正在改变我们的世界。而我们正在通过"体验""机制""设计""数据"4个方面创建快乐的学习环境，成就学习之美。

案例20-4 星巴克文化融入培训——3C项目

第一个C是Culture(文化)。通过各种视频、故事来介绍星巴克。星巴克非常讲究Story Telling(讲故事)这个技能，所以首先会用很多小伙伴的故事，包括伙伴自己拍摄的视频来传达星巴克的使命和价值观。

第二个C是Coffee(咖啡)。星巴克专门设立一个实验室让学员去体验咖啡的气味、香味和风味，去体验烘焙、制作咖啡过程。还会让学员亲自去门店感受实际业务，回来再做小组呈现。

第三个C是Connection(连接)。在课程中一定有至少一位领导来跟学员分享他个人和星巴克的故事，让学员感受到文化的传承。

"3C"项目展现了星巴克的培训特色。比如体验，每堂课都安排了大量的视觉、味觉和触觉等感官体验项目，也会让学员感受到人与人之间的连接。

20.5.2 学习碎片化

在移动互联、虚拟现实和认知科学技术飞速发展的时代，对技术层面的培训需求的获取也面临巨大的变化。

定时、定点和定量的培训活动将逐渐向碎片化的、自主的和在工作场景下的学习活动转变。学习和工作的边界越来越模糊，这意味着我们的学习设计从关注准确性、完整性向注重及时性、灵活性转变。借助数据挖掘和数据分析技术，我们的工作方向和重点会从依赖高层领导指示转向基于一系列行为数据甚至是心理数据的挖掘分析来获得需求。换句话讲，在需求获取阶段，设计人员将获得更多的机会，向高层领导提出专业并且有效的建议，用客观的数据赢得他们的信任。

第一个碎片是App。现在，各种App都已经迁入公司内部的移动办公系统，被广泛使用，学习技术应紧随时代发展。

第二个碎片是微信。微信刚推出，很多企业大学都争相建立微信公众号，常见的做法是在微信公众号上设置微课堂、微阅读、微现场、微发现和微分享5个栏目。采取众包的模式，把这些栏目分给公司内部不同的人运营，然后定期发布培训动态，介绍专业知识，推荐经典书籍，推荐高品质的文章和定期与粉丝互动等。

第三个碎片是O2O。O2O运作模式的关键是，讲师层面的问题尽可能通过现场解决，并加强学员线上互动。同时可以延长项目周期，增加落地实践的时间。

第四个碎片是微课程。微课程并不等同于网络视频课程，而是指运用科技手段实现并且可以利用碎片时间学习的课程形式。微课程的游戏性强、形式多样、体验多维度，一直是培训工作者研究的重点。

20.5.3 学习工作辅助化

为了让培训能够辅助工作开展、辅助绩效提升，在这里我们引入"知行合一"的理念，即真正具备成功实践经验的人才有资格去讲课。可实际上，市场上大部分老师都是在离职后才站在讲台之上的，商业教育的主角迟迟没有归位。尤其是移动互联的经营环境变化很快，员工离开岗位半年可能就不知道公司运营、工作方法所发生的变化。所以，在这样一个快速变化的时代，请在职人员作为讲师来分享心得是大家最迫切、最直接的需求。

我们经常会听到"教育是反人类的"这样的言论，是什么原因让人们对教育产生这样的偏见呢？在人工智能出现之前，无论是传统的课堂教学，还是E-Learning在线学习，都是以课程为中心的，而不是以人为中心的。学习者被迫学习和记忆在当下用不上的知识，而随着时间的流逝，当我们某一天真正需要这门知识时，我们已经将它忘得一干二净了。互联网时代的到来让我们面临的另外一个困境是，新知识如洪水般涌入，知识更新的速度从过去的几年，缩短到现在的几个月甚至几天，我们要适应环境不被淘汰，就要迅速掌握大量的新知识，这是对人类极限的挑战，我们有限的大脑已经无法存储和处理以幂来计算的知识量级。

人工智能的出现，突破了人类记忆的极限，我们获取知识解决问题的途径彻底改变了。我们不需要提前摄取知识，只要随身携带一个智能知识机器人即可，它知道我们需要的全部知识，我们只要向它发问，它在几秒内就可以给我们答案。它是一位无所不能的导师，上知天文，下知地理，我们再也不用四处请教不同领域的老师和专家；它是一位忠实的伙伴，24小时陪伴在我们身边，随叫随到，不知疲倦，从不抱怨；它是最了解我们的人，会细心分析我们每一次提问，猜测我们所处的环境和面临的困难，这些信息经过它聪明的大脑处理加工，形成了对我们全面而深刻的洞察：我们是怎样的人，我们需要什么，我们缺乏什么，未来可能会发生什么。传统学习与人工智能学习的差别如图20-16所示。

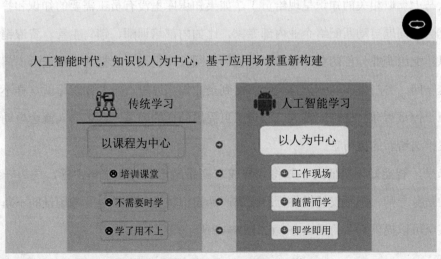

图20-16　传统学习与人工智能学习的区别

智能知识机器人小知帮助一线员工现场闪学闪用

我们推出的智能知识机器人小知(如图20-17所示),可以帮助一线员工解决在工作现场随学随用的问题。企业一线员工规模庞大,分布在全国各地,人员流动率高,如何低成本、高效率地培养一线员工快速上岗工作,是企业一直面临的问题。过去企业雇佣大量的内部培训师在全国各地出差,不断地重复培训新员工,成本投入非常高,员工也很难迅速掌握所有产品和业务知识,需要在工作中重复学、反复用,才会真正变成技能。

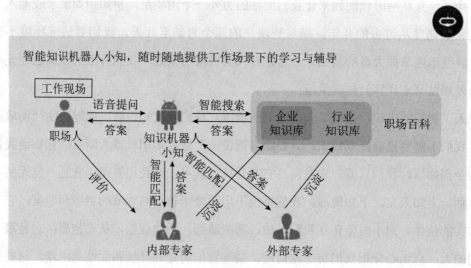

图20-17 智能知识机器人小知

现在有了人工智能知识机器人小知,我们收集员工在业务一线场景下需要的知识点形成知识库,当员工记不住产品知识、卖点、销售话术时,可以随时通过语音提问,机器人马上调取相关的知识呈现给员工。如果知识库里没有员工需要的知识和答案,机器人就会把问题自动匹配给企业内部专家,比如内部培训师、销售主管、资深销售等,也可以匹配给企业外部的业务专家,由他们来回答,机器人会把答案推送给提问者。同时,这一问一答产生的新知识点又会沉淀到企业知识库里,企业知识库就这样不断地动态累积,像滚雪球一样越滚越大,当员工再提出同样的问题时,机器人就会自动调取这个答案推送给新的提问者。

未来,智能知识机器人小知将代替成本高昂的培训师和销售主管,成为一线业务人员的贴身导师,它不仅能提供标准化的产品知识辅导,通过对业务场景的不断深度学习,甚至可以提供复杂的解决方案(如图20-18所示)。

第20章 做好企业大学的经验和展望

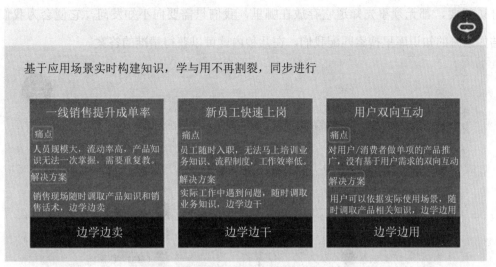

图20-18 基于应用场景实时构建知识

智能知识机器人的服务从一线员工向用户延伸

过去我们与用户的互动是通过市场和销售两个途径来完成的。我们需要投入大量的传播推广费用，把用户拉过来。同时，我们还要招募和培养大批销售人员，把我们的产品推给用户，这一拉一推耗费大量的人力、物力。随着互联网时代的到来，人们的消费意识和习惯都在发生根本改变，过去的推销模式不但不能很好地抓住用户，反而会引起用户的反感。那些年轻的用户更喜欢自由自主地消费，企业扮演的角色不再是推销者，而是专业顾问，在消费者需要的时候及时给出专业的辅导，从而促成购买行为。

从这一点来说，智能知识机器人小知可以代替销售人员更好地完成这一角色的转换，因为他们能记住大量的业务背景知识，能回答消费者提出的各种专业问题，他们可以通过大量的数据分析帮助消费者做出更加科学的决策，而这一切都是人脑无法实现的。

从多平台的分散查找，到一句话获取解决方案

现在，我们看文章要到今日头条，听书评要到喜马拉雅，问问题要到知乎，买书要到京东和当当，找专家要到分答在行。在企业里，我们刚刚学会如何使用基于电脑端的OA系统、CRM系统、E-Learning系统，移动端的各种App又上了一大批，知识被高度分散化在各个终端、各个平台。我们能获取的知识虽然越来越多，但找到知识的难度大大增加了。

未来，智能知识机器人小知将代替我们对接各个知识入口(如图20-19所示)，不管我们是想找一本书、一门课程、一个专家，还是想找公司的一个流程文件、一份客户拜访纪要,都无须事先知道它存放在哪里,我们只需要向小知发问,它便会为我们在浩如烟海的知识库里搜索匹配我们,在几秒内就可以获得精准的答案。

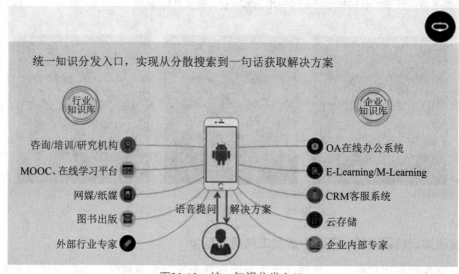

图20-19　统一知识分发入口

智能知识机器人小知,重塑我们的职业能力

过去,我们接受职业教育时需记忆大量的知识,因此我们培养了很强的记忆能力,而应用能力却大大弱化了。今天,知识机器人小知帮我们从记忆中解放出来,知识随手可得,考验我们职业能力的不再是我们记忆和存储了多少知识,而是如何将知识应用到工作中。人工智能3S知识引擎如图20-20所示。

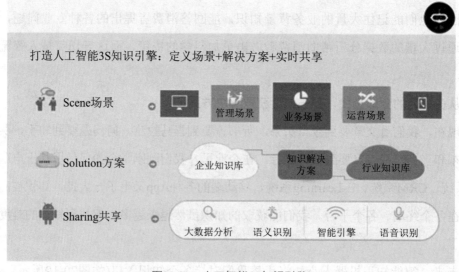

图20-20　人工智能3S知识引擎

20.5.4 学习媒体化

培训项目应该注重项目品牌化运作。每个项目都有自己的Logo，这是品牌化运作的方式。我们不会把项目做得很大，但一定要保证每个项目都有良好的口碑，只要一部分项目成了企业的"招牌菜"，就会吸引公司内外部员工。

相较于书本和企业知识库，现在我们更愿意依赖电脑、网络和身边的同事。例如，对于乐视来说，我们要宣导和传播的无外乎乐视生态知识、乐视生态产品知识和乐视画板经验，我们现在的规划是围绕这三条线先做一条主线，然后设计一些体验模式，通过视频、竞赛、闯关、共创把知识分享给大家，通过投票、积分的形式形成激励，最终这些知识和模式会长成一棵树，这就是乐视生态模式下的学习和传播树。

更具体地说，我们计划先通过内部的传播系统找到10个"网红"，即公司内部乐于表现自己的同事或专业知识比较强的员工，让他们通过视频传播一些内容，这些内容70%左右应与业务相关，其余30%就是英语等非业务知识点，每人每周录制一节时长为5分钟的视频课程，前两次我们会让部门的同事专门去策划、拍摄、剪辑，后期我们会找更好的方式鼓励大家自己录制和上传。针对这个项目，我们会申请一点津贴，激励参与的同事。这些做法的核心目标就是在企业内部创建更多的连接，让每个人都成为强大的个体，让每个人变得更优秀。

那么，接下来我们要做的就是从员工学习过渡到用户学习，其业务逻辑核心就是找到解决问题的手段，把问题解决，让用户满意，让现有用户更多、更久地使用产品，让用户的数量越来越多。在公司内部做教育比做业务更有情怀，可通过教育用户的方式实现教育员工。

20.5.5 学习无形化

在未来，有形的和有组织的培训将会越来越少，学习模式的多样化和碎片时间的利用会逐渐让我们忘记培训这件事，我们会在无形的学习中不断提升自己。

假设一个场景，我们组织一门课程，这门课程没有固定的课件和需要打分的学习内容，只是设计了很多活动让参与者去体验。通过这个活动，我们让参与者之间变得非常熟悉，创建了人与人的关系连接，也许到了打分的时候，你会觉得好像没学到什么知识，但过两个月再看，个人的工作和境遇可能会有这样或那样的改变，其中的原因也许是某个想法、某个技能甚至某项资源发挥了作用。这些想法、技能或者资源也许来自一个人，而这个人正是你在培训的时候认识的，那么这次培训到底有没有产生价值呢？结果是显而易见的。

上面的例子告诉我们，就算学习这种行为不再有具体的形式和组织，甚至我们不再需要确立一个目标来引导学习，我们的工作能力依然会有所提升。所以说，等到人与人、人与知识、人与资源、人与场景的连接更加紧密和更加稳定的时候，学习就可以在无形中进行，"不学习的学习时代"也就到来了。